生灵与超越

祭祀的人类学释义

王铭铭 著

生活·讀書·新知 三联书店

Copyright © 2024 by SDX Joint Publishing Company.
All Rights Reserved.
本作品版权由生活·读书·新知三联书店所有。
未经许可，不得翻印。

图书在版编目（CIP）数据

生灵与超越：祭祀的人类学释义 / 王铭铭著
北京：生活·读书·新知三联书店，2024.10
　ISBN 978-7-108-07860-5

　Ⅰ.①生⋯ Ⅱ.①王⋯ Ⅲ.①祭祀－研究－世界
Ⅳ.①B933

中国国家版本馆 CIP 数据核字 (2024) 第 110353 号

责任编辑	王晨晨	
装帧设计	何　浩	
责任校对	陈　格	
责任印制	李思佳	
出版发行	生活·讀書·新知 三联书店	
	（北京市东城区美术馆东街 22 号 100010）	
网　　址	www.sdxjpc.com	
经　　销	新华书店	
印　　刷	三河市航远印刷有限公司	
版　　次	2024 年 10 月北京第 1 版	
	2024 年 10 月北京第 1 次印刷	
开　　本	880 毫米 × 1092 毫米　1/32　印张 13.5	
字　　数	280 千字	
印　　数	0,001－4,000 册	
定　　价	78.00 元	

（印装查询：01064002715；邮购查询：01084010542）

目 录

绪论　二元与三元　1

1. 泰勒与史密斯：灵与物　23
2. 弗雷泽：高级交感巫术　58
3. 莫斯、于贝尔：祭祀的社会逻辑　75
4. 葛兰言："食色"、祭祀与社会　113
5. 马林诺夫斯基与布朗："功能科学"中的祭祀　140
6. 埃文斯-普理查德：从祭祀到"原始哲学"　155
7. 列维-斯特劳斯："反祭祀"的神话学　221
8. 基拉尔：摹仿欲与"神圣的暴力"　274
9. 韦尔南与德许什：古希腊与非洲的祭祀　297
10. 布洛克及其后：祭祀与"超越"　344

结语　朝向"畏天之心"　380

参考文献　414

后　记　427

绪论　二元与三元

本书所要讨论的是"祭祀"两字所指向的那类"礼"。

汉语中"祭"这个字最初只有上面那部分，左边是一块滴血的肉，右边是手，意在用手给出动物的肉。要么是由于接受祭品的"存在者"或"力量"古时候被想象为不可见的，要么是由于以手供肉意思已足够明确，总之"祭"这个字最初没有下面"示"这一部分。直到晚商，"示"旁才被加上，指盛祭品的器物（大抵是那些能与祭品合成一体、显示祭礼之庄重的"工艺品"）或祭台（似应指使不可见力量显现自身在场之处）。此后，"祭"字经历了一些变化，但晚商出现的这一三合一结构长期绵续。

古时"祭"的意思与交际的"际"相通，指的是"人神相接"。在"人神相接"中，所供的带血之肉所起的作用显然是关联。带血之肉缘何有这一作用？或许是因为，在古人的思想里，非人间力量不同于人，它们吃生食，要与其"交际"，便须以其惯于"消耗"的活物为"礼"；或许是因为要使"祭"产生"际"的作用，便要先杀死活物（"祭"字本与"杀"字意思相通，"祭品"本也被理解为"牺牲"），使其生命之液/气流动起来。

"祭祀"中的"祀"字，本与"祭"字意思差不太多

（与其意思相通的还有享、荐、至、察等），出现的时间也相近，可指在祭祀场所长期摆放供品的那种"祭"。不过，"祀"字里有"巳"这个部分，它本指胎儿或后嗣，由此，"祀"字大抵有了求子之祭的意思，延伸而论，它的含义可指祭祀之"化育功能"（保障或促进人和世界的生命力增殖）。

"祭祀"两字的意义既明[1]，我们可知，这个词之所指，为"礼"这个大范畴中的一类。

"礼"这个字最初也没有"示"这个偏旁，而仅有右边的"豊"。"豊"这个字下面的部分是"豆"，象"行礼之器"的器，上面的部分本来并不是"曲"，而是"玨"，即两串玉上下叠加，意思是《说文》讲的"事神致福"。王国维先生早已发现，"礼"的直接解释应为"盛玉以奉神人之器"，"推之而奉神人之酒醴亦谓之醴，又推之而奉神人之事通谓之礼"[2]。也就是说，"礼"字既指敬神又指敬人，其接受方既可以是非人间力量又可以是尘世中人，所奉的物品是像玉那样珍贵的东西，但却不局限于玉。

古人有时将祭祀的"祭"字与其同义字"荐"相区分，认为前者"用牲"，后者用非动物的供品。他们一般还把祭品接受者限定在"超越人间的存在"这一范畴中，狭义上包括祖先、人、鬼和神[3]，广义上则包括带有"神秘性"的一

---

[1] 李学勤（主编）：《字源》上卷，天津、沈阳：天津古籍出版社、辽宁人民出版社，2012，7页。
[2] 王国维：《释礼》，载其《观堂集林》上卷，石家庄：河北教育出版社，2001，177—178页。
[3] "祭"字延伸开来指"纪念"。

切超人间力量。

说到祭祀，我们不禁会想到《仪礼》《礼记》等古籍，这些可为我们从供品"接受者"的种类（先人、天地四方、名山大川、五祀、八蜡、英烈、厉鬼等）、祭主和其他参与者的角色安排（如王、侯、大夫、士、庶及亲属制度上的"差序格局"）与表现到祭祀的程式（时间节律、祭祀场所的勘定和建设、仪式的人和物方面的准备、祭品的处置与分配）及"理论"（有关"礼"的重要心理和社会价值的思想）等角度得出有关"繁文缛节"的认识提供支持。[4]

然而，祭、祀、礼三字，意义本已足够丰富。它们气韵生动，展现了人借助一种非人（物或被视作物的人）来与另一种非人（广义的神或非人间力量）沟通的情形（祭），揭示了我们称为"仪式"的东西对于生命绵续和繁荣的意义（祀），说明了通过人所珍视之物表示的敬畏之心既是面向人的他者（他人）又是朝向非人的"它者"（神或物）的（礼）。

这些字构成了一个"广义人文关系"的维度，它表明，人在其生活中处理的关系，范围远远超出"自己"，它们本身是在物我、人神、自他之间活动着的"力量"。

祭祀与世界观

我曾对"广义人文关系"体系做过一些讨论[5]，此后的

---

[4] 李安宅：《〈仪礼〉与〈礼记〉之社会学的研究》，上海：上海人民出版社，2005，47—51页。
[5] 王铭铭：《人文生境》，北京：生活·读书·新知三联书店，2021，410—501页及590—645页。

几年里,我写下这本有关祭祀的书。这期间,我总是想到与上述"解字"相关的如下问题:

我们所知最早的"祭"字,缘何没有"示"这个部分?

"祭"这个字建立的三合一结构,是否为所有祭祀的普遍样式?

不同社会共同体的祭祀是否必然基于对人、物、神"三界"的区分展开?若是,三类"存在者"各自又被界定为何物?其概念范畴的边界有哪些差异?

祭祀是普遍存在的,还是仅在"古代文明"中存在?

祭祀中的人、物、神三者之间关系的中间者是不是一定是"祭"这个字中的那一物,或者说,即使是被视作那一物,它是否可以转喻或替代人或神?换言之,祭祀在为人、物、神提供"际会"的机会之同时,是否也为人与他们的"广义他者"(他人、物、神)提供了相互转化的可能?

在不同社会共同体中,"广义人文关系"是否有不同的形态?其中的关系是平等互惠的,还是差序有别的?平等和差序又是如何具体界定的?不同文化如何排列人、物、神三者在等级秩序中的地位?

"祀"字体现的通过祭祀增强生命力,是不是诸社会共同体所共同追求的?在追求生命力增殖之同时,不同社会共同体是否也追求其自身的"道德升华"和秩序完善?不同的人是否以此为手段达成生存的功利目的?

祭祀既然是一种人神之间的交流方式,这种特殊"语言"能否以一般语言的逻辑来化约?或者倒过来说,这一以物为载体的交流方式是何种"语言"?

如果祭祀往往是以生灵（包括作为个体或集体的人和万物）的生命力之更新为追求，为什么这一对"生"的追求往往以牺牲的"死"为方式来实现？如果"死"是生灵的生命力难以规避的宿命，为什么人们会借助祭祀使之"提前发生"？其在祭祀中的"提前发生"与在战事中的"提前发生"是不是可比的？二者是不是都可以用"暴力"来理解？

"祭"字既然有"杀"的意思，仪式中缘何要使用暴力？祭祀的"暴力性"是否可以化约为"人性"之"恶"？一些"轴心文明"出现"反祭祀"倾向，是否源自对祭祀的"暴力性"的抵御？

祭祀无疑是古老的神话和习俗，在当代，这些是否毫无存在价值？

……

采取个案或比较的方法，对以上问题展开"经验研究"，无疑会有许多收获。然而，我这里所要做的工作却不属于此类。我将聚焦对祭祀的既有解释，特别是近现代西学的祭祀理论，具体言之，我将以19世纪中期以来西学的一支——英法人类学——为例，分析、说明和讨论一个多世纪以来西方学者解析祭祀的不同方式。我坚信，研究这些既有方式，审视其方法、内容及思想特征，理解其如何追溯祭祀的源流，如何以学术概念来"化"实际生活情景下的祭祀实践和观念，同样有助于我们把握上述问题并趋近答案。

这些述评来自对经典文本的研读，这些文本是现代英法人类学的成果（有的已有中文译本，有的则尚待翻译），代表在学科史上有突出建树的人类学家的观点。我的关怀虽是学理性的，但我将围绕一系列学术人物展开。选择这些人物的依据是他们的"范式"或"学派"代表性，这些"范式"或"学派"广泛包括了19世纪后半期的各种进化论，在反思或反思地继承进化论基础上形成的不同功能论（文明史、结构和个人主义功能人类学）、20世纪50年代出现的"宗教"与"结构"对立范式、"后结构"时代涌现出的不同思想（如祭祀的暴力或"替罪"论解释、结构-历史功能论、过程论及本体论解释等）。

我将表明，除了时代性之外，这些"范式"或"学派"还有国别性，与置身于英吉利海峡两岸的"英国派"与"法国派"相关，其总体历史形象是由两大派系势力的此消彼长构成的；与此同时，这些国别范式或派系同样具备国内性和国际性，与英法两国内部的思想分歧及其"国际效应"相关。[6]

我多次通读书中处理的这些文本，也摸索过它们背后的思想脉络，但这里我将聚焦于其中有关祭祀的部分。我努力趋近作者的原意，但在解读文本的过程中我不免戴着自己的"有色眼镜"。这副"有色眼镜"是由广义人文关系的镜片制成的。

这批名著（与这门学科的巨大产量相比，它们无疑仅属其中的少数，但它们是兼具广度和深度的重要少数），没

---

[6] 这一切说明，"范式"或"学派"生成和再生成的历史远比人们想象的复杂，"普遍理论"演绎的时间性总是和差异与关联共生的地理空间性难解难分。

有一本提到"广义人文关系"概念——坦率地说，这些作者并没有用它代表的视角来看问题，他们中甚至有不少是我试图用这一"关系主义"看法来批判的"二元论""人类中心主义""功利主义""神圣论""暴力论"等观念形态的表现。然而，如我将表明的，透过"广义人文关系"镜片审视这些文本，我们能更顺利地进出于经典的思想世界。

做"文献研究"，尊重文本制作者的本来想法至为重要，但在做这项有特殊旨趣（祭祀的广义人文关系释义）的研究时，我们似乎更应面对这一事实：唯有将视野拓展到汉文"祭"字涵括的人、物、神"三界"并采取区分与关联的辩证法展开想象，方能更好地深入原典之中，对其提供的有关祭祀的源流、性质、作用与历史地理转化的解释形成于己相关的理解；因而，即使文本作者并没有采取这个视角和辩证法，其理论若是被"过滤"，其原意亦将得到更好的澄清。

科学之"二"，文明之"三"

英法人类学有关祭祀的不同理论都是在分析、解释、归纳来自世界各地的经验事实中形成的。进化人类学家采用的素材广泛来自原始社会、古代文明及近现代欧洲。此后，人类学区域化了，有的人类学家集中精力对欧亚诸文明进行范例和比较研究，有的则参与到太平洋岛民、美洲印第安人及非洲诸族的"当代生活"中，沉浸于个案（民族志）的考察工作。透过不同区域的特殊看普遍，人类学家提出了许多有扎实事实依据的看法。

无论是"全球化"的进化人类学理论，还是"区域化"

的后进化人类学诠释，都弥足珍贵：它们不仅有助于我们认识祭祀这一广义人文关系的"舞台"之样貌，而且兼容了大量来自世界各区域的民族志案例，有助于我们形成有具体内容和一般判断的认识。

浅涉所要解读的文本，我们会以为，将学者从遥远的地理区位或历史时代得到的东西"运输"到我们面前的交通工具，大部分是"客观看法"。深读同一些文本，我们则会发现，这些作者并不被动，其所制作的文本并不只是"他方造物"的运输工具，这些"客观看法"都具有人们通常说的"主观性"，这一主观性除了来自作者的特殊气质和独到创造，还来源于作者参与其中的时代。

因此，在拥抱这批理论的同时，我亦重视检视它们与时代的特殊关系，以及这一关系对其主观性形成的"贡献"。

人类学有古代文明之根，但作为"人的科学"，这一西学分支是在"后中世纪时代"到来三百多年后才兴起的。此前，欧洲思想已经历了文艺复兴和启蒙运动的洗礼，科学也已在天文学、地质学及生物学诸领域中长成了。人类学继生物学之后成为一门综合性的科学。祭祀是这门科学诸多研究方向中的一个。人类学家对祭祀这类事进行的研究，不同于古代人文学者和中世纪神学，它不承认"神"的实在。因而，在过去一个多世纪里，绝大多数大师在解析祭祀时，总是先设定"神"这个类别的想象性乃至虚幻性，然后再从人人关系和物我关系等"世俗角度"进行诠释。

作为"后中世纪"的产物，"人的科学"无疑起到了解放思想的作用，它使学者"实事求是"，使他们"并不因为某个显要的权威说过某些命题是正确的,就要求人们信奉它们",而是"诉之于感官的证据",坚持"以事实为依据的学说"[7]。

然而,这门学科在对世界"祛魅"时,也给自身引来了一些理解上的困难。一旦非人间力量这一"界"被视作幻象,人文关系视野也随之被狭义化了——成为仅是看得见、摸得着的"实在"事物之间的"实在"关系。这固然完全符合自然科学给出的对世界本质的物质性界定,但对以"人的科学"为天职的人类学家来说,却是有问题的:人类学家担负着内在地感知和认识"野蛮人"与"古代人"之文明成就的使命,为了完成这一使命,他们必须换位思考,但狭义的人文关系视野往往大大降低了这样做的能力。

幸运的是,成为大师的人类学家(我们这里要研习的主要理论就是他们提出的)充满着思想活力,他们多数能想象到,无论是人人关系还是物我关系,通常都要受思想和意义系统的"过滤"或"支撑",因而,他们对不同社会共同体中的人如何想象"神"和世界、如何拟制人神关系也给予了充分重视,并由此触及了广义人文关系的边界乃至腹地。

即便如此,狭义化的人文关系也在他们的心灵中起到了抵消理解的作用,使他们有意无意地将"蒙昧人""野蛮人"和"古代文明人"心目中实实在在的"非人间力量"化约成抽象的象征或语词。

在人文关系狭义化之后复原它原本的广义,返身面对

---

[7] 罗素:《宗教与科学》,徐奕春、林国夫译,北京:商务印书馆,2010,6页。

由关系狭义化导出的理论，我们这里所要做的工作或许可以说是有其新意的。这一新意不能归功于我们自己，它是从这批被我们察看的文献"地层"中挖掘出来的。此前它们没有显山露水的原因是，在现代人类学产生和发展的时代里，用近现代自然主义二元论——它将世界视作由判若两别的物（自然）与我（文化）构成——来遮蔽形式各异的广义人文关系论，似乎是一切"科学"必须做的。如果说我们的工作有什么新意，那么，这个新意只不过在于掀开了既有解释的二元论面纱。

广义人文关系论之所以在自然主义二元论已成为"正统"的时代依旧深藏于人类学文本的深处，显然是因为现代西学虽有其时代性，但这类新学毕竟是在历史悠久的西方"文明母体"中生长出来的。以英法人类学为例，影响这门学问的除了"后中世纪"的自然主义二元论，还有自文艺复兴时期起便将人们的心灵带回到"古典时代"的艺术与人文；此外，古典神话和神学也作为所谓"文化遗存"延续存在，它被多数革新者当作"对手"，但这一"对手"身份无形中也为其传统概念范畴和价值观渗进新学提供了流通管道。

在近代艺术、人文、信仰中发挥作用的古典神话与神学，是英法学术所属文明母体的"分身"。它们的文明母体一方面包含着与古代汉字在"立象尽意"中所建立的相似的意义系统，另一方面则自有独特的概念范畴和价值关切。无论它们是相似还是相异，这些意义系统、概念范畴和价值关切或隐或显，以各种方式持续影响着英法人类学家对于祭祀的理解。

相比于科学二元论,归属于西方文明母体的不同民族文化,与其他民族文化更易找到相同点。作为所谓"传统宇宙观",它们都具有广义人文关系的丰富内涵。英法人类学界一向有杰出者,善于用这些内涵来涵养学术,也一向有杰出者精于将其当作具有说明性的"范型"来呈现。这些杰出者使其文明母体成为科学的补充,使"人的科学"能借助古代智慧放眼世界,对其多样性兼容并蓄,从而减少人文关系狭义化的思想僵化作用。

那么,这一文明母体为何?

致力于鉴知己身学术之文明归属的英法人类学家对概念范畴和价值观意义上的"母语"有不同判断,他们有的认为它是印欧语系,有的将它与古希腊-罗马文明相联系,有的相信它是犹太-基督教经典记述的古老文明(如,与犹太-基督教的来源关系密切的闪米特文明)。尽管学者们对文明母体到底为何莫衷一是,但他们却共享一个认识:文明母体中的祭祀概念表明,在纷繁的古人思想中,世界是三元的。

以本书的关键词"祭祀"为例,在英法学术中,用来与汉语"祭祀"对应、互译的词是sacrifice[8](在意大利、西

---

[8] 多数学者在翻译时都将"sacrifice"译作"献祭",而一些汉学家在研究东方古礼时则将"祭祀"一词译作"sacrifice"。我选择以"祭祀"来翻译"sacrifice",这样做考虑有二:其一,在英法人类学中,并不是所有"sacrifice"都可以被解释为自下而上的"献"的等级化人神关系;其二,反过来用被西译的汉语概念"祭祀"翻译"sacrifice",有助于我们关联看待即将进入的不无困难的西学之旅与其所在文明。

班牙、葡萄牙等语言中则是"sacrificio")。这个词有时也与英语的"offer"(给予、贡献、祭献)、法语的"offrir"(赠送、献、奉献、祭献)[9]一起使用。当"sacrifice"指"offer"或"offrir",其意义相当于汉字"祭"的上面部分,在其提供的意象中,非人间力量是不可见的;而"sacrifice"一词,则颇像晚商之后的"祭"字所意味的,也指通过祭杀、奉献动物牺牲与非人间力量交流。

当英法人类学家以"sacrifice"概念"翻译"世界各地的文化时,他们的国度已经浸染在自然主义二元论的"正统"之中,存活下来的宗教也已完成了一次"自我革命"。与科学的出现几乎同时,一些神学家提出了某种颇接近我们熟悉的"心学"的观点[10],认为神是与人截然有别的存在,它(们)不需要人所需要的,人要对它(们)表示尊敬,受其"熏陶",最合适的办法是借助我们可以称为"心语"的东西;像祭祀上出现的那些外在的、物质性的东西,不仅都是无益的而且会玷污神的纯一性。这一称为"心语"的祭祀敬神主张,被认为是革命性的(因为它破除了"繁文缛节"的社会性),但它起的作用,在于使传统广义他者中的"神"这一元进一步升华。它以心代物,但没有破除三元说框架。

此间,尽管"心语"之说已开始在欧洲诸社会传播,"sacrifice"所指的传统祭祀仪式仍旧流行着。在犹太-基督

---

[9] 在德语和丹麦语中则分别是"opfergabe"和"opofrelse",其含义与"offer"相通。
[10] 钱穆:《灵魂与心》,桂林:广西师范大学出版社,2004。

教下，世界也是由人、物、神构成的，只是三者的差序有所不同，先是神，才有人和物，神创造了人，又创造了服务于人的不同等级的物。祭祀也是人通过物与神交流，但这不是因为人需要非人间生命力之滋养或护佑，而是因为人本性就有"罪"，需要定期以物载罪，赎回人生。而由于无论是人还是物或其存在场所都是神创的，这个"绝对他者"对所有一切担负着责任，因而，这个宗教也设置出一个世界的共主，由其化作"牺牲"，担负其"替罪"的角色。

作为现代人类学的奠基者，进化人类学家信奉科学，但对自身所处的文明母体之历史定格兴致颇高。他们一面将"心语"当成祭祀的"最高形式"，一面致力于为犹太-基督教的"替罪"观点寻找历史前身，以此推测这种信仰的"较高形式"的前因后果。在此过程中，人类学家将作为其文明母体的印欧与闪米特文明纳入自己的视野，使其在自己构想的"大历史"中有了一席之地。

如我在第二、三章将详解的，19世纪最后30年，对于初民是否有祭祀，人类学家有不同意见，有的认为人一开始便晓得做祭祀了，祭祀是人之为人的"原因"，有的则认为，这类仪式存在的前提是祭祀对象或接受者已与人和物区分开来，成为一个单列的"类"，而人之初并无这一"类"，故而祭祀是后发的。虽则有这一分歧，不少人类学家仍坚信，初民所属的历史年代在印欧和闪米特文明之前，他们对三元分得并没有那么清，要么人神不分，要么物我不分。在这种思想条件下，他们即使有祭祀——若不是巫术——也是像我们所说的"人情"这种东西，或是指某种欢愉的集体宴会。

进化人类学家也深信，印欧和闪米特文明都与原始文化有不同程度的重叠，它们是分层次的（这些层次的划分并不严格遵守地理区位进行，其本质是历史进步论的），其外圈的祭祀更接近原始形态，其核心圈的祭祀则接近欧洲古典时代和《旧约》记录的情况（有了圣俗之分及道德形而上学），其中间圈充满杂糅。

由于科学已将三元世界二元化为物我（自然/文化）二分的世界，人类学家仅能在排除了神的另外两元——物与人——中选择"决定性"。他们中那些选择"物决定性"的，容易对图腾崇拜和拜物教更关注，并以之来解释自身所处文明母体的本性，反之则易于对万物有灵信仰中的"人化世界"样貌更加着迷。但无论选择何种"决定性"，他们都对作为现代性之前身的文明母体加以如上分区，也都将文明母体当成有内在混杂性的历史环节。

必须承认，这一文明混杂性看法是有历史依据的。再以"祭祀"概念为例，其印欧语系的混杂性便显然存在于历史中。

自18世纪英国语言学家威廉·琼斯（William Jones, 1746—1794）提出"印欧语系"概念以来，许多西方学者都相信，他们的不同"国语"有共同的根，都是在久远的过去从"原始印欧语系"土壤中生长出来的。他们同样相信，"sacrifice"这个关键词的源流和意义也必须在这个语系里寻找。

然而，如其所熟知的，印欧语系内部不是纯一的，其下含印度、伊朗、罗马、希腊、日耳曼、斯拉夫、凯尔特、亚美尼亚、波罗的海各国等语族。在不同语族中，受特定人群的习俗、信仰、社会制度和语言使用习惯的影响，人们用来言说有关祭祀之事的词非常不同[11]，这些词所呈现的是生活在不同语族中的人做祭祀的特定形式，而非汉字"祭"所指向的一般图式。如古印度和古希腊人倾向于用倾洒特定液体来进行祭祀，其洒祭的主要是助火燃烧和供养神明的牛油、脂肪等，人们也倾向于将祭祀与烧烤动物时冒出来的烟相联系[12]；在拉丁语中有个动词mactare，指的是献祭动物，而它与名词mactus相应，后者指的是"勇气"，而"勇气"与"褒扬"相联系，意味着用祭祀来供养神，可以使他的力量得以增强[13]。同时，古罗马人倾向于用奢华的宴会和旨在"照亮"人群景观的"洁净仪式"来表现祭祀的壮景。围绕着指代祭祀形式的词中的某一个，也会有几个不同的相关词语。一个例子是，拉丁文的daps指祭祀的仪式宴会，与其可互换的则有罗马法中的dammum（毁坏）。祭祀的仪式宴会到底与毁坏有何关联？在古罗马，作为祭祀核心内容的仪式宴会往往需要表现出祭主的慷慨，而慷慨意味着毁坏自己的财物。这里daps与耗费是一个意思，而耗费让人想到offer或offrir，它本质上有"毁坏"自

---

[11] 在众多可以指代祭祀的词中，梵文juhoti和古希腊文spéndō指洒祭，拉丁文voveo和古希腊文eúkhomai指仪式中庄重的语言表达（祷告），拉丁文daps指奢华的宴会，古希腊文thúō指烟/气熏，拉丁文lustro指照亮（仪式空间中人群的齐整、壮观）。

[12] Émile Benveniste, *Dictionary of Indo-European Concepts and Society*, translated by Elizabeth Palma, Chicago: Hau Books, 2016, p.490.

[13] Ibid., p.491.

己拥有之物的含义。[14]

在印欧语系中,最接近"sacrifice"的单个古词似乎是梵文的"yaj~"。它的意思是尊敬神,给神荣光,恳求神给予帮助,通过供奉的方式承认神的权力。[15]

印欧诸语中牵涉祭祀的字词,有些对我们来说似曾相识,与汉字祭、祀、礼之所指大同小异,但也有些令我们感到需要解释。这些需要解释的概念,不是那些用来指祭祀形式的词(其在汉字中的对应应该是存在的),不是像汉字"祭"意象中的程式,而是指向作为祭祀接收者的"神"和"神圣"的词。从梵文"yaj~"的意义可见,在印欧文明的一个重要局部中,祭祀的原意既是创造神,又是将人的属性转移到神圣那里,以期得到回馈,可见对于理解"sacrifice"的一般含义,"神圣"这个概念很关键。

何为"神圣"(亦即英语的"sacred""divine""holy"或法语的"sacral""sacramentel""sacré""saint [e]""divin")?由于印欧语系出奇地有内在多样性,这个问题解答起来也相当困难。在印欧语系中的亚美尼亚、斯拉夫、波罗的海各国诸语言中,与此对应的词要么与"神仙""圣人"或代表世界中的物质元素的神明相关,指向"心力"或"元气",要么代指"强""有力""有益",又或者指"成长""增殖""繁荣"。在古伊朗、波罗的海各国及斯拉夫语族中,存

---

[14] Émile Benveniste, *Dictionary of Indo-European Concepts and Society*, pp.492–494.
[15] Ibid., p.489.

在着原始印欧语系用来指"神圣"的古文遗迹，考察这些遗迹可知，最初"神圣"概念往往与"安康""幸福""好运"等概念对应。印欧语中的"heilig"，是后来"神圣"概念的前身，它的含义是：人的"安康""幸福""好运"便是人的"完好"，人的"完好"与其看到的征兆一致，是带有神圣意义的恩宠的表现。这意味着"从本质上讲，神圣拥有完整、幸福、好运这一礼物，他/它能以好运的征兆为方式，把这一礼物赐予人，使他们得到物质性的康健"[16]，神圣概念的本来含义是，有益于人的"成长""增殖""繁荣"的"神仙""圣人""元素"等代表"心力""元气"的力量。这种力量的概念很早就出现了，其最早形态应是"deiwos"，意思是有"发光"和"天上"属性的神，他/它与有"地上"属性的人（拉丁文中的"homo"）相区分。

显而易见，在印欧语系的史前时代，并不存在从拉丁语开始才有的将神圣与世俗对立处理的概念，所存在的，似乎更多是人神物我之间相对的区分及互惠式的关系。

与此同时，古时的神圣概念并不"单纯"，它不以一个单一的词来表达，而总是由至少两个词来共同呈现其意义。

比如，拉丁语的sacer/sanctus这一对词语或许表明，在印欧语系的史前时代，已存在神圣双重性的概念，这一概念的"正面"指的是神圣的在场导致的变化，"负面"指的是禁止人接触的东西（神圣）。当然，古希腊语的hierós/hágios复杂一些，其中hágios与用来指界限分明的外显神圣的拉丁

---

[16] Émile Benveniste, *Dictionary of Indo-European Concepts and Society*, p.460.

文sanctus不同,它指的是"神容许人做的事"[17]。

我将在不同章节详述英法人类学的祭祀理论,这些理论有的看上去与华夏文明的视角相关,个中原因大抵是:在其理论形成过程中,它们受那些与古汉字所呈现的"景观"相似的意境之影响,而这些意境与他们的文明母体之史前面貌也接近;相比之下,那些更易令人惊奇的见解,则似乎出自其文明的某种固有特殊性在"后史前时代"的特殊发挥。

属于后面这种情况的突出例子,是古罗马时期开始出现的使"神圣"与"世俗"截然对立的词。生活在欧亚大陆东部,我们似乎更易接受所谓"主体欧洲"(罗马)周边的那种把"非人间力量"(神圣)视作生命力的看法(这大抵也是汉语的"示"这个字或偏旁的意思),而不易理解缘何一定要将其精神化、纯洁化为"超尘脱俗"之物。对于印欧文明的边缘人及"他者"而言,我们的感受或许比较符合他们的想象。

思想"钟摆"

在英法人类学的早期阶段,人类学家们为了"人的科学",要么放弃教籍,要么致力于使其身处的教派得到进化科学的滋养,他们都将其文明母体(无论是印欧文明还是闪米特文明,抑或是犹太–基督教)划归为被研究的客体,将其与"非我族类"之"心"并置,历史地联想自我与他者。

---

[17] Émile Benveniste, *Dictionary of Indo-European Concepts and Society*, p.453.

如我在第四、五、六章将表明的，20世纪上半叶，英法人类学走进了一个比19世纪"更科学"的时代。此间涌现出了各种功能主义者，他们背向进化论的历史臆想，致力于更实证、经验、逻辑地进行个案和比较研究。对他们中的个案研究者而言，与其费神为自己的文明母体及其"逆子"（科学）寻找历史的定位，人类学家毋宁亲赴远方，在美洲印第安人、澳大利亚土著、太平洋岛民、远东的文化或社会中探寻人与社会的"生存性智慧"。在研究这些文化或社会时，人类学家的文明母体在"后史前时代"的特殊发挥最多只会被借用为"形容"，在人类学文本中替代其地位的是各种"非我"的习俗、信仰及制度。

20世纪上半叶，英法人类学似乎从"他者为下"的进化人类学转向了一个"他者为上"的阶段；此间，哪怕是"犹抱琵琶半遮面"的文明自我显现也被视作错误观念的余孽。

复杂的是，如我在第四章将表明的，这个时代之来临，与19世纪最后一年法国社会学年鉴派对祭祀的再解释有关，而这项研究旨在以印欧、闪米特"文明主义"替代英国人类学"原始主义"。这里的"文明主义"，具体操作是以社会学的"社会逻辑"来替代进化人类学的"历史逻辑"，它反对"舍近求远"，主张从印欧文明出发，构想祭祀的"一般图式"。这个图式含有"国际主义"内容，在追求科学普遍主义的过程中兼容并激发了不少非印欧叙述，但它的出发点是文明母体。如我在第七章和第九章将详述的，到20世纪下半叶，这种以自身文明母体为出发点的人类学被反思地继承，演变成了"神学人类学"和"暴力论"的祭祀解释；此类解释可谓文明母体的"自觉"之表现。

英法人类学史上，有不少先贤将源于其文明母体的圣俗"对立统一辩证法"拿来"化"世界各地的不同祭祀制度，但他们中的更多人致力于文明的换位思考这项工作。对这些换位思考者而言，无论是质朴的初民生活世界（如第四章述及的澳大利亚土著的生活世界）中的生活、组织和观念范例，还是来自欧亚大陆其他区域之"古人"（如第五章华夏世界之"古人"）对神圣所存在的不求甚解的心态，不仅都是合理的，还颇有启发意义。

立足于这一信念，许多人类学家将自己的天职界定为在他者中寻找生活、制度和思想的"基本形式"，并将"基本形式"的框定视作社会科学的使命。在他们笔下，来自"非西方"的、本来也与印欧文明边缘无异的区域之纷繁多样的祭祀，都各得其所，有自己的根基、解释及存在理由，人类学的使命在于对这些根基、解释及存在理由加以挖掘、再解释及总体把握。

由于"祭祀"这个词总是令人不禁联想到"高级宗教"对于"上帝"和"神圣"的界定，如我在第八章将指出的，主张"人文科学"的人类学家自一开始便有"反祭祀"的倾向。他们并不反对作为特定社会共同体的习俗、信仰和神话之组成部分的"实际的祭祀"，而仅反对以欧洲文明母体为模板在各地寻找祭祀的踪迹。为此，他们主张将祭祀还原为"非祭祀"（可以是生活、制度或观念）。

在思想上规避文明母体的最鲜明主张存在于结构主义

中。然而，如我在第九、十章（前半部分）将叙述的，追求人文科学所提出的主张其实很容易转化成文明母体的"自传"：在其出现不久，用这种"科学"来解析《旧约》及古希腊祭祀与祭祀神话的努力便接踵而至。

如果说以文明母体为出发点进行祭祀研究，问题常常出自高看文明自我，那么也可以说，那些规避文明母体的解释，问题则往往出自为了"更科学"而淡忘了一个事实：被当作认识者自我的母体是内在多元的，在其所含的各种"语族"中，有不少是介于他我之间的，它们作为"模糊的文类"往往潜藏着反过来抵消科学普遍解释的能量。

科学有力，文明潜移默化。[18] 与这一事实相叠加的还有另外一个事实：如我们根据"祭""祀""礼"等汉字的解释所表明的，东西方之间也是"你中有我，我中有你"。"祭祀"之所以能与"sacrifice"互译，正是因为文明的"你我"相对性是个难以否定的事实。我认为正是出于这点，在识别出了东西方祭祀概念存在微妙差异的同时，我们尚能看到：从印欧语系诸语族找来的众多有关祭祀和神圣的词有些杂乱，但它们的意象并非如此。它们似乎也构建了某种广义人文关系的系统；其中，物及其呈现形式有别于汉字"祭"所指的带血的肉，但这不意味着它们不是人神"交际"的中间者——无论是洒祭、燔祭还是祷告之词，都有这个"交际"的角色。另外，在祭祀三重结构中，印欧和华夏对祭主都没

---

[18] 现代英法人类学中，"科学/传统"这对认识倾向在不同思想中的势力此消彼长，其互动造就了不同学说。

有给予独立界定，这些主体似乎被规定为需要定期从祭祀接受者那里得到生命力或德性之"补充"的存在者，他们给神呈供的"礼物"是有作用的，这个作用在于强化人的生命力或德性施予者的力量。

在临近这个学术之旅的终点，我们将进入非洲班图与曼德诸族的居所及20世纪90年代以来英法人类学和宗教史中世界各民族的内在世界与超越境界。我们将审视西方学术的一种纠结：这些被观察民族的祭祀，多数有异于"替罪"理论所呈现的"人的现实"，但这些仪式所代表的人论与世界观，又与人类学家所在的文明母体相通，它们表明，通过祭祀进行神、人、物三元的区别与关联，意在使宇宙之力与人间社会生命上下"交通"，表达人对于其广义他者的依赖，它们之间的差异是相对的，可能源于"非现代"的各种可能性，也可能与"轴心文明"的巨变相联系。我们亦将再次借助"祭"字中人手、带血的肉和神明三合一的意象分析相关文本，复原西学对"暴力象征"在礼仪中的重要地位、这一象征与人存在状况的关系及对这一象征的节制之由来等问题的解释。

1. 泰勒与史密斯：灵与物

后人将现代人类学最早的两种祭祀理论概括为"礼物理论"（gift theory）和"圣餐理论"（communion theory）。前一种将初民的祭祀解释为向地位犹如酋长的神明献上礼物的仪式，后一种将之当作崇拜者与其崇拜对象共餐的盛宴。[1]

这两种理论分别是英国进化人类学家爱德华·伯内特·泰勒（Edward Burnett Tylor, 1832—1917）与威廉·罗伯森·史密斯（William Robertson Smith, 1846—1894）提出的。他们活跃于大英帝国维多利亚时代（1837—1901）鼎盛期及鼎盛期向式微期过渡的阶段，带着其时代的气息和关切，追溯了祭祀的"原始"，从不同角度界定了祭祀的本质。泰勒改良了既有精神论观点，对人神的"礼尚往来"提出了万物有灵论（animism）解释，史密斯则基于约翰·弗格森·麦克伦南（John Ferguson McLennan, 1827—1881）的图腾论（totemism）定义，围绕"圣餐"，展开了他的共同体解释。

泰勒的《原始文化》和史密斯的《闪米特人的宗教演

---

[1] E. E. Evans-Pritchard, *Nuer Religion*, Oxford: Oxford University Press, 1956, pp.272–276.

讲录》是这两种理论的载体。两部经典的涉及面都极广。为了理解他们有关祭祀的思想，我们必须有所侧重，不能充分兼顾"情景分析"。所幸者，关于这些思想，史铎金（George W. Stocking, Jr., 1928—2013）对维多利亚时代及其后英国人类学的观念史、社会史和"集体心态"研究[2]，以及人类学家贝德尔曼（T. O. Beidelman）对史密斯的人生、学术及影响进行的分析[3]等，都专业而翔实，为我们将要开始的学术思想史之旅铺平了道路。

此外，泰勒和史密斯的著作引据了大量民族志素材。作者如何用这些素材来论证他们的观点，这是一个很好的研究课题。但为了更好地辨明他们的祭祀理论，这里有理由搁置对这些素材的由来及作用的分析。

泰勒：万物有灵论解释

泰勒的巨著《原始文化》[4]最初出版于1871年。该书广泛综合了民族学、考古学、民俗学、古典学、宗教史等学科的知识，构建了一门"关于文化的科学"。这门"科学"旨在探究"一些事物是在何种程度上从另一些事物发展起来

---

[2] George W. Stocking, Jr., *Victorian Anthropology*, New York: The Free Press, 1987; *After Tylor: British Social Anthropology, 1888–1951*, Madison: University of Wisconsin Press, 1995.

[3] T. O. Beidelman, *W. Robertson Smith and the Sociological Study of Religion*, Chicago: University of Chicago Press, 1974.

[4] Edward Tylor, *Primitive Culture: Researches into the Development of Mythology, Philosophy, Religion, Language, Art, and Custom*, 2 vols., London: John Murray, 1871, 1873.

的"[5]，涉及面至广。作为其对象的"文化"，"包括全部的知识、信仰、艺术、道德、法律、风俗以及作为社会成员的人所掌握和接受的任何其他才能和习惯的复合体"（2）。泰勒运用源于启蒙文明论、史前考古学"时间革命"及浪漫主义文化学的历史时间形态[6]，呈现了文化发展的恢宏图景。

《原始文化》共19章，是泰勒深耕人类文明史的心得总汇。前4章是"关于文化的科学"的总论，它们论述了文化变（进步）与不变（主要指"文化遗留"）的历史双重性。接下来的6章则从语言、算术、神话、艺术等角度考察了人类"思想才能"的源流。再接着，泰勒用长达7章的篇幅阐明了他对宗教史的看法，尤其集中考察万物有灵论的本质和流变；以大约一章的篇幅考察了仪式和仪典，将之界定为受"原始理论"（万物有灵论）规定的"实践"。最后，他在结论章中从其"科学"引申出了若干对于知识、伦理、法律的主张。

泰勒讨论的话题是人类"才能和习惯"的诸面向，但他关注的焦点显然是宗教。如泰勒表明的，"关于文化的科学"集中探讨的是"贯穿所有宗教的那种联系"，是从宗教的"最粗糙形式到文明的基督教教法典"的过渡（16）。

《原始文化》出版时，泰勒的家园英国经济繁盛，科学技术创新成为风气，进步论广为流传，文艺界群星璀璨。在

---

[5] 泰勒：《原始文化：神话、哲学、宗教、语言、艺术和习俗发展之研究》（重译本），连树声译，桂林：广西师范大学出版社，2005，10页。下文仅在正文括号内标示页码。

[6] George W. Stocking, Jr.,"Matthew Arnold, E. B. Tylor and the Uses of Invention", *American Anthropology*, vol.65, 1963, pp.783-799.

与人类学相关的领域里，启蒙进步论和文化论导致了传统神学的危机，考古发现带来了历史认识的革命，殖民地官员、传教士、商人、旅行家的世界活动推进了民族志素材的积累，这些素材有不少被用来注解萌芽中的社会和生物进化论观点。

选择了这个意义上的"科学"，泰勒相信，他的理论和方法有别于作为其文明母体一部分的神学，但他也认为，没有必要对这些旧学说展开"直接斗争"，其致力于开创的与神学有别的科学，即使是对于解释教条主义的神学之由来也是有帮助的，能使神学解释的谬误不言自明。

在泰勒看来，对作为"理论"的宗教信仰和作为实践的宗教仪式展开"民族学研究"，应以重新梳理文明的源流脉络为目的。在他所处的时代，有不少民族学家和宗教史家相信，文化上的"自我"与"他者"之间是一种先后关系，欧亚大陆的文明是源，这一大陆边缘地带和其他大陆的文化是流。泰勒没有否定近代西方文明对于其所到之处的其他社会的影响，但他明确主张，这种自他关系的先后解释，"把高级文化当作最初状态，而蒙昧状态是自它退化了的结果"，"一下子就把文化起源的复杂问题给砍断了"（27）。为了理顺文明史的脉络，他主张，文明源流研究应当采取一种不同的先后关系看法：蒙昧是文明的源，文明是蒙昧的流。就其所集中关注的宗教而论，泰勒认为，近代欧洲人仍身处其中的"高级宗教"并不是像教条的神学家所想象的那样，"从'神启'就可以清楚地了解的"，更不是"一开始就是高级的"（26）；相反，"高级宗教"不过是在"低级信仰"的原始基础上经过进化过渡而来的。"高级宗教"的许多要素在"低级信仰"中早已存在。在这些要素中具有奠基地位的就是万物有灵论。这是对于人和世界及其相互之间关系的看法,它在最原始的蒙昧人当中已盛行,随着野蛮、半文明和高级文明时代的来临,它渐渐失去了现实基础,但作为"文化遗留"仍旧长期绵延,甚至影响着人们的现实生活。

《原始文化》一书直接述及祭祀的部分总计只占一章的篇幅,它们分布在界定万物有灵论的第十一章及阐述作为"理论"的万物有灵论如何被实践的第十八章,服务于说明"原始宗教理论",可以说是作为"思想"的万物有灵论的脚注。[7]

泰勒主张,万物有灵论是"原始宗教理论"的主体。这是一种"原始的生物学";不同于其现代版,从其视角看,世界中的所有物和所有人,无论是"有机"还是"无机",是"生物"还是"非生物",是"活的"还是"死的"(或者说,是"活着的"还是"已死了的"),都全部属于活跃的生命体。这些居住在世界上的生命体,都有物和灵的双重属性,但其生命的动力在于能够脱离物质而存在的灵魂。也就是说,这是一种"以灵魂为生命之源的学说",它"把生命的机能看作灵魂的作用"(357)。它的提出先是与人的自我认识相关,但并不只关涉人,而是对包括人在内的世界的普遍解释:

---

[7] George W. Stocking, Jr., "Animism in Theory and Practice: E. B. Tylor's Unpublished Notes on 'Spiritualism'", *Man* (New Series), vol.1, 1971, pp.88-103.

> 灵魂是不可捉摸的虚幻的人的影像,按其本质来说虚无得像蒸汽、薄雾或阴影;它是那赋予个体以生气的生命和思想之源,它独立地支配着肉体所有者过去和现在的个人意识和意志;它能够离开肉体并从一个地方迅速地转移到另一个地方;它大部分是摸不着看不到的,它同样也显示物质力量,尤其看起来好像醒着的或者睡着的人,一个离开肉体但跟肉体相似的幽灵;它继续存在和生活在死后的人的肉体上;它能进入另一个人的肉体中去,能够进入动物体内甚至物体内,支配它们,影响它们。(351)

由以上思想,万物有灵论的第一信条便是:"包括各个生物的灵魂,这灵魂在肉体死亡或消灭之后能够继续存在。"(349)泰勒称,这是一种"原始哲学"。从我们的角度看,这一"原始哲学"同样是一种对人、物、神(广义的"神",包括泰勒所述的灵魂与各种精灵)三者差异与联系的广义人文关系解释。不过,在"原始哲学"下,神并没有与人和物分离,它作为灵魂内在于各种生命之中,也因此,人与那个"文明人"界定为外在于人的"自然"之间,本来是相似、互相关联和渗透乃至难解难分的。

万物有灵论还有其第二信条,这个信条与第一信条同时产生,但随后得到更大发展,它的要义是:灵魂有超肉体的生命力和非凡的流动性,能赋予精灵本身"上升到强大的诸神行列"的潜能。(349-50)

在物我之间流动着的、作为生命力的广义的"神",使原始人采取一种兼有"异类"的人格观,他们由此能在自己中看到他者,在他者中看到自己。

"神灵被认为影响或控制着世界的现象和人的今生和来世的生活,并且认为神灵和人是相通的,人的一举一动都可以引起神灵高兴或不悦;于是对他们存在的信仰就或早或晚自然地甚至可以说必不可免地导致对他们的实际崇拜或得到他们的怜悯。"(350)由于所谓的"神"在蒙昧人那里并不是现代非物质的形而上学概念,而如亡魂那样,"被想象为一种轻浮的或气状的物质","能适合于会晤、运动、谈话"(373),"能够按照自己的意愿留在坟墓里,周游大地,在空中飞荡或者去到精灵们的真正住所——阴曹地府"(374),因而,将活人作为牺牲杀死,让他们跟着亡魂继续为之服务,自然成了一种在早期人类中最为流行的习俗——人殉。在泰勒看来,人殉是祭祀的原型。在东印度群岛、太平洋群岛、美洲、非洲蒙昧部族及欧亚大陆文明社会都有众多有关人殉(殉葬)的民族志事例,这些事例表明,祭祀缘起于原始人对死而犹生的不朽亡灵——亡灵有的是一体的,有的是多元或可分的——的崇拜。

在第十一章中,泰勒界定了万物有灵论,他表明,尽管我们可以用对永生的灵魂之崇拜来描述蒙昧人万物有灵论的特征,但后者本质上是建立在物我不分的观念基础上的。对原始人而言,人与动物之间没有文明世界认为的那种"绝对的心理差别"。与人一样,所有的动物都有自己的灵魂,这些灵魂在生命体亡故之后依旧活着,它们也像人的亡者那样有其生活。如此一来,蒙昧人便不仅会杀死妻子和奴隶,"以便让他们的灵魂死亡继续尽自己的职责",而且也会杀死动物,"让它们能够继续为已故的主人服务"(385)。与人殉一道,动物的献祭发生了。同样地,植物乃至被现代人看作"无机物"的东西,也被蒙昧人认定为有灵魂。无论是动物、植物还是其他物体,"为了供给飞出的灵魂食物、服装或武器,就需要将它们同尸体一起焚烧或埋葬"(396),使之通过死亡获得新生命,通过特殊的传递方式,随亡故的人进入其所在空间。至此,泰勒得出结论,认为祭祀缘起于生者送给死者的"礼物"。

在接着的六章续论中,泰勒从万物有灵论两个主要信条延展开去,论述了亡灵崇拜与丧礼、冥国观念、精灵学说与偶像崇拜、多神教和最高神观念的起源。

在第十八章中,泰勒考察了作为宗教"理论"的"实践"的仪式,系统阐明了他为解释祭祀之源提出的"礼物理论",并考察了"供奉"仪式转化为"庆贺"(homage)和"丧失"(abnegation)的历史进程。

泰勒首先解释了缘何他在解释祭祀的起源时先诉诸给亡者上供的过程。如其所言,在原始人中,灵魂和神之间是不分的,"在他们那里,神的人之灵魂常常因而也就是那些接受祭品的神"(699)。原始人赋予人与物共通的"灵魂",似乎采取某种整齐划一的"心理学"和世界观,但在他们的心目中,无论是灵魂本身还是精灵和神,都是在存在体之上的。最早的祭祀犹如送礼,在此过程中,神如同人,但这个意义上的人不是一般人,而接近于头人或酋长。拥有超自然力的神可包括被赋予人性的水、地、火、大气乃至建筑。(700)送给他们的礼物也必须是贵重之物，而"送"有献礼的特征，献礼可如几内亚人那样，向发怒的大海抛进稻米、谷物、白酒、布匹，也可如北美印第安人那样，将礼物埋进土地，送给向有所获的人索要祭品的土地精灵。此外，"具有物神之体现、代表、代理或象征的各种意义的神圣动物，自然获得殷实供品及其他礼物"(702)，这些物神如阿帕奇人的"太阳鸟"、西非的圣蛇、印度的乳牛等，它们从人那里得到玉米、白母鸡、鲜草等礼物。在一些原始人中，神圣动物也包括人，特别是作为神之化身的人，他们也会在节日期间消耗人奉献的牺牲。那些与神离得最近的人，如祭司，作为专门的神仆和神的代理人，往往也会得到部分的祭祀品。

在蒙昧人中，神与世间的人和物既相通互惠，又有所区别，其区别使原始人既将其看作祭祀时所献礼物的接受者和消耗者，又将其看作只接受供品的精灵或灵魂的存在体。在原始人那里，供品的精灵或灵魂往往被理解为供品的物质性的抽象化。(704)正是因为可以如此理解，所以，人们才可以解释缘何送给神的礼物有的消失了（被神消耗了），有的减少了（部分被消耗了），有的则丝毫没有被动过。

这种物质性的抽象化观点，使许多早期祭祀仪式被理解为主要与血有关。在原始世界观里，"生命就是血"，而这个意义上的血可以说是抽象化的物，它常常作为主要祭品出现在祭祀仪式中，即使是在古代文明社会中亦是如此。

由于精灵也往往被看作某种类似于烟或蒸汽的东西，因而，能达到烟或蒸汽一类状态的物品，往往也被看作易于上升到灵界的抽象化祭品。这解释了缘何熏香和焚化的祭品常常出现在不同社会的祭祀仪式中。

泰勒将血、烟、蒸汽、香这几类"抽象化的物"界定为祭品的"精华形式或精神形式"(713)。他认为,这些与祭品的"物质形式"有别,但所起的作用都在于承载"实际转达给神的思想"(713)。至于缘何人们要通过物质和非物质形式向神转达"思想",泰勒认为这应考察送给神礼物的人奉献供品的动机。他说:

> 假如注意到自然的万物有灵观宗教的基本原理,即人的灵魂观念是神的观念的原型,那么,人和人的相互关系就应当按类比阐明祭祀的动机。事实上祭祀正是这样。可以在最普通的意义上断言,假如在普通人为了获得利益或者避免某种不愉快的事,为了得到帮助和申诉委屈而向地位高的人物送礼的活动中,重要的人物由神代替,并以适当的方式来适应转送给神礼物的方法,则在我们面前就出现了合乎逻辑的供物仪式的理论,同时为经历了各种变化的时代过程之供物仪式的直接目的提供了几乎圆满的解释,甚至指出了它们的原始意义。(713)

也就是说,一方面,给神奉献礼物或祭品,初始的动机是像处理人与人之间的关系那样处理人与神的关系,在这当中,作为关系的另一方或者"他者"的人与神,都被看作高于自己,而处理关系就等同于趋利避害,思想上是理性的；另一方面，这种原始的理性因没有区分人、物、神诸类存在体而常常遭受对神与非神截然两分的"高级宗教"（如基督宗教）的排斥，但它的基本原理——"原始哲学"——却也能充分解释"高级宗教"的本质。

并不是说，从"低级宗教"到"高级宗教"的仪式实践是一成不变的。泰勒将这个由低而高的漫长转化过程纳入蒙昧—野蛮—文明的文明进程史中进行考察，他一面引用大量来自不同阶段的案例去解释祭祀的基本原理，一面对"原型"的历史转化展开了富有阶段论意涵的陈述。他敏锐地指出，在献给灵魂和神的礼物中一开始就包含着两种不同的思想，一种是"关于表现在供品形式中的尊敬的思想"，另一种是"否定的观点，即所奉献的供物的优点在于丧失了任何价值"（699）。由这一"对立统一"，祭祀的观念形态便也易于出现变化，而变化的大方向是祭祀由从注重现实作用的做法蜕变为形式化的仪典，"供品从最初是确实贵重的东西，逐渐变成较少或较低廉的物品，最后到达什么都不摆或象征的程度"（700）。泰勒认为这个变化过程与祈祷的变化过程是一致的（后者也是从带有现实祈求的语言向程式化的祷文重复转变）（691-9），他还认为，驱动这一转变的是态度：早期，人们的态度是奉献给神的供品必须有价值并适于神的用处，后来，他们渐渐不这么看了，转而认为对神的恭敬态度本身已然足够，能起到令神满意或发慈悲心的作用。（714）

在不少野蛮部落和文明社会中，祭祀往往与节庆的宴饮是一体的。泰勒称这种祭祀形态为"祝宴"，且认为它是脱离了祭祀之原始意义的后发祭祀形态。在"祝宴"这一祭祀形态中,对神的恭敬态度得以表达,与此同时,崇拜者在节庆宴会上大吃大喝,与神分享奉献给他们的牺牲,在现场获得了一份现实的收益。这个转变的例子之一来自古希腊。最初,古希腊人向神献祭采取的是燔祭的形式,即焚烧牺牲以将其精灵传送给神,后来,祭祀的形式变成了"只为人们的筵席提供食物的大宴"(715)。

在"祝宴"阶段,供品已变为尊敬的标志,此后,将供品看作尊敬态度的表达的观点进一步发展,于是产生一种新学说,这一新学说认为,"祭祀的本质不是让神获得某种珍贵的礼物,而是让崇拜者为神而献身"(715)。泰勒将这种新的献祭学说称作"丧失论"。"丧失论"往往被理解为"舍弃自我""弃绝私利",其最典型的案例似乎是闪米特人、腓尼基人及意大利人向神奉献作为自己一部分的孩子这种仪式。但泰勒认为,正是原始的礼物之说能更好地解释"丧失论",因为这种"为神而献身"的做法追求的正是"供品对于奉献者的价值大大超过它对于神的预想的价值"(717),本质上是一种视祭祀的尊敬态度重于供品价值的看法。"丧失论"易于被另一种看法所替代,这种看法主张,缩减祭品的开支对祭品的实际作用没有损害。由于这种看法的出现,祭祀领域出现了以部分代表牺牲整体的做法。在古希腊人中,就出现了普罗米修斯神话中的"节约的仪式"。这一仪式由牺牲燔祭的古代习俗转化而来,其做法是"只为神焚烧一些被杀之牛的骨头和油脂,肉则被信徒们吃光"(718);又如在古印度人中,为了避免失去孩子,本应"为神献身",

但现实做法却是砍掉自己的手指作为献给神的祭品。(719)以部分代表牺牲整体的做法,还包括割断头发和人为出血。与此同时,也出现了将牺牲的代替物奉献给神的祭祀形式。比如,古代墨西哥人在祭祀水神和山神时,将生面团做成牺牲的造型,并对其施加"杀牲"(721),古代中国有用纸扎代替殉葬的人的做法,古埃及则将木制的人的肢体抛进河里取悦河神。

泰勒将美洲、非洲、太平洋岛屿、加里曼丹岛的许多土著部落列入蒙昧人的范畴,将古代亚洲、欧洲、美洲部分部落列入野蛮人的范畴,将欧亚大陆的主要文明列入文明人的范畴。在论述祭祀之源时,他引用了来自蒙昧人的素材(特别是加里曼丹岛的卡扬人、美洲奥萨格部落、加勒比人以及斐济岛、中美洲、墨西哥、波哥大、秘鲁、某些非洲部落的殉葬事例),借助对他们思想和习俗的记述,对宗教和文明追根溯源。蒙昧人的思想和习俗构成了他笔下的"他者"意象,但这个"他者"并不与他所在的文明无关;相反,蒙昧的"他者"既是文明的源头,又嵌在文明内部,作为其"内在的他者"绵续着。

泰勒分解了穆勒(Max Müller, 1823—1900)对欧亚大陆的几个"方言"(即前民族的文明)大区——闪米特、印欧、图兰——的区划,指出这些大区内部的文化发展程度不一,不能一概而论。他认为,这些大区被认为文化落后者,其实内在有先进的部分,而被认为文化先进者,也内在地存在原始的部分。(36-42)即使是仅就基督教覆盖的"文明区域"而言,泰勒也持一个中立的态度,他承认这一区域的文明是高度发达的，但同时明确指出，正是在同一个区域，我们也看到了文化意义上的"他者"广泛存在。就祭祀而论，基督教成为"官方宗教"并不意味着作为"民间宗教"的信仰和祭祀的消退；相反，这些东西广泛流传于民间，其势力如此巨大，以至教堂必须适应它。教堂崇尚一种高高在上、抽象化、纯粹精神的神，这使上帝成为一种超越人与物及其生活世界的神，他甚至不需要任何祭品乃至任何"身外之物"，仅要求信徒有内在的景仰和与之相随的德性。然而，这些都没有降低研究蒙昧部落的民族学关于文明源流的理论的解释力。于是泰勒说：

> 在基督教的寺庙里也像在前基督教的寺庙中一样，同样升起缕缕香烟……基督教在民众中网罗自己的拥护者，在民众中，祭祀的观念是根深蒂固的，而祭祀的仪典是最重要的敬神仪式之一。由此就产生了填补基督教取代异教之后的空白的习俗。这种习俗不是革新而是适应。（724）

从麦克伦南到罗伯森·史密斯：图腾论

19世纪中叶起，德国自然神话学派代表人物之一、牛津大学万灵学院院士麦克斯·穆勒基于印欧文明研究提出了一种"神圣直觉论"。穆勒认为：

> 人总是有一种对神圣者的直觉，关于无限者——在他那里指的是上帝——的观念派生于感官经验。因

此,我们不必像当时一些人所做的那样,在原始启示或者在宗教本能或官能中探寻其起源。人类的所有知识都是通过感官获得的,感知提供关于实在的最深刻的印象,而所有的推理都是建立在它们的基础上的。宗教方面的情况也是如此:过往的信仰中没有什么不是从感觉得来的(nihil in fide quod non ante fuerit in sensu)。这样,像太阳和天空等不可触及的东西便为人们提供了关于无限者的观念,也为神灵提供了基础。[8]

泰勒将穆勒"神圣直觉论"当作对立面,拒绝将"无限者"的显现和觉知看作宗教之源,他认为,若想理解宗教的发生,便应将人自身看作认识的主体,应该看到宗教起源于作为认识主体的人对自然客体的神圣化。

泰勒的这一主张,为同时代许多转向"人的科学"的学者所共享,但其对万物有灵论的叙述却不无争议。原始人是不是真的将神明看作来自人的灵魂?对神的信仰是否自古有之?我们是否能将"宗教"概念泛化到如此程度,以至也用它来定义原始人和乡民的"迷信"(superstition)?换句话说,原始人是否真的有"宗教"?如果万物有灵论是从原始人的理性中发生的,那么,我们又如何解释其以主观代客观的"错误"及其在"实践"中的"无效"?关于这些问题,

---

[8] 埃文斯-普理查德:《原始宗教理论》,孙尚扬译,北京:商务印书馆,2001,25页。

不少进化论者得出了与泰勒不同的结论。[9]

在泰勒思考万物有灵论之时,另一些学者也正在探究"原始宗教"问题。泰勒成长于大不列颠南方,而在北方,几位杰出的人类学家也于19世纪中后期成长起来了。在他们之中,同代人(年龄比他稍大)约翰·弗格森·麦克伦南可谓泰勒的"对手"。麦克伦南同样不接受"神圣直觉论",他与泰勒一样,致力于在印欧文明之外的蒙昧和野蛮的"他者"中找寻文明的源头。然而,他并没有像泰勒那样执着于在原始人中找到神的灵魂解释,他转向拜物教之说,通过解释物神崇拜,他提出了图腾论看法,并将之与社会的构成相联系。

麦克伦南1865年出版《原始婚姻》一书,随后撰文论述古希腊亲属制度。在写作该书时他已认识到,古希腊人与美洲印第安人一样,曾经拜动植物与宏大自然现象为图腾。在1869年至1870年分上下篇连载于《双周评论》(*Fortnightly Reviews*)的《动植物崇拜》一文中,麦克伦南基于18世纪法国学者德布罗塞(Charles de Brosses,1709—1777)提出的"拜物教"(fetishism)概念[10]界定了图腾,德布罗塞通过对"澳大拉西亚"地理范畴(包括澳大利亚大陆、新西兰、美拉尼西亚)的观察得出的这一概念指的是原始神灵信仰观念之前存在并绵延至后世的信仰,包括对宏大的自然现象、动植

---

[9] George W. Stocking, Jr., *Victorian Anthropology*, p.195.
[10] Charles de Brosses, Rosalind Morris, and Daniel Leonard, *The Return of Fetishism: Charles de Brosses and the Afterlives of an Idea*, Chicago: University of Chicago Press, 2017.

物和无生命物在人的想象中可感觉而又超感觉的物的崇拜。

从具体论述来看,麦克伦南之"图腾"与泰勒之"万物有灵"有颇多相近之处,二者均指原始人通过观察、想象、思考得出的认识,是人类心智进化"低级阶段"的思想,而不是指包括穆勒在内的"退化论者"眼中的"败坏的信仰"。此外,图腾论也与泰勒笔下的"原始生物学"一样:它也不认为人与万物、有生命之物与无生命之物之间有根本区别,而是认为二者都具有灵肉双重性。因而,在论述这一观念形态(尤其是它在古代文明中的后期发展)时,麦克伦南多次诉诸万物有灵论概念。所不同的是,麦克伦南相信,从澳大利亚土著和美洲印第安人的情况看,人类最早崇拜的图腾,不能说是人的灵魂转化而成的,它们是有灵的,但其存在方式是物质性的,与任何生命无异,只是到了早期文明社会(如古印度、古埃及和古希腊)阶段,灵魂和精神的可迁移流动性才得到凸显。[11]

不同于泰勒,麦克伦南并不关注作为理论与实践的宗教信仰和仪式何者为决定性层次的问题,他专注于婚姻史的研究;图腾之所以引起他的关注,是因为在他看来,拜物教与社会现象之间有着密切关系。麦克伦南在《动植物崇拜》上篇中说:

> 大地上存在一些处在图腾信仰阶段的部落(我们

---

[11] John McLennan, "The Worship of Animals and Plants", *Fortnightly Reviews*, vol.6, 1869, pp. 407–427, vol.7, 1870, pp.194–216.

称其为"原始人"),其中的每个部落都用某个动物或植物来命名。作为象征或旗帜,动植物图腾受部落民的敬奉。部落的亲属是通过母亲来传承的,外婚制是他们的婚姻法。在某些例子中我们看到,部落民相信他们是由图腾降临于世间的,至少从名义上讲,属于它的品种或种属。我们也看到,在部落民与他们的图腾之间有着某种关系,以熊图腾为例,这一关系可以发展成祭拜者与神的关系,并导致宗教仪典的建立。[12]

也就是说,不管图腾的本体是物质还是精神性的"灵",原本它的作用就在于区分社会团体,使他们明了通婚必须发生在群体的自我与他者之间。随着历史的发展,图腾崇拜演变成神的崇拜,为宗教仪典的设立奠定基础。

麦克伦南仅在一篇论文中论述了图腾论,但他确实是"最早把图腾制度当作理论主题来讨论的"[13],他提出"图腾制度等于物神崇拜加上外婚制和母系继嗣"这一公式,使他成为古典人类学文化史研究领域中与泰勒并立的另一位开创者。

在19世纪末,泰勒有包括安德鲁·朗(Andrew Lang,1844—1912)在内的追随者[14],他们继续沿着由"灵"和"神"构成的框架追溯欧亚文明的源流。同样地,麦克伦南

---

[12] John McLennan, "The Worship of Animals and Plants", p.427.
[13] 列维-斯特劳斯:《图腾制度》,渠敬东译,北京:商务印书馆,2012,17页。
[14] George W. Stocking, Jr., *After Tylor*, pp.50–62.

也有他的信徒，致力于在原始"物神"中寻找文明之根，史密斯是其中最杰出的人之一。

史密斯小麦克伦南近20岁，也是苏格兰人。他在阿伯丁大学学过科学、修辞学、逻辑学和心理学，向往新兴的功利－经验主义观点。后来他到苏格兰自由教会设立的爱丁堡新学院就学，对新旧学术都兴致盎然，在《圣经》批判——围绕新旧约展开的文本、语文学、文学、传统及形式的分析——方面，他深受《旧约》诠释学中"自由派"思想的吸引。其间，他到德国短期访学，十分欣赏当时德国的《圣经》"高级批判"。史密斯的学术是在《圣经》研究领域展开的，在英德两国的"无信仰"年代，他提出了"辩证神学"主张，认为坚守正统并不应意味着排斥新思想和新学术。

史密斯在希伯来传统和《圣经》研究上颇有心得。他以阿伯丁自由教会希伯来文明和《旧约》学教授身份在爱丁堡一个俱乐部结识了麦克伦南，两人相见甚欢，成为忘年交。史密斯宣明的意图是让基督教经学接受进步论，以克服其近代困境。然而他提出的解释并不被当时的教会接受，他也因此失去了自己在教会中的职位。[15] 为了进一步将《圣经》当作科学历史学的对象来研究，史密斯研习了古代闪米特人所在区域的语言文化，还曾到过埃及和阿拉伯地区实地考察。1883年起，他由于已经精通阿拉伯语文而受聘于剑桥大学。

---

[15] T. O. Beidelman, *W. Robertson Smith and the Sociological Study of Religion*, pp.13–21.

史密斯主张在《圣经》学术中兼顾"经"（经文原理注释）和"史"（历史情景与"民族性格"）。在与麦克伦南的交往中，他越发重视"史"的方面，并特别着力于结合《圣经》研究与作为科学的进化人类学。然而，不同于以泰勒为代表的其他进化人类学家，他没有放弃其家族在教会中的成员资格，也没有综合人类史和民族志的资料进而提出某种"关于文化的科学"的愿望。他集中心力于求索其所在文明传统（基督教）的历史根基。对他而言，涉及所有人类史前社会的历史和民族志资料都是重要的，但对这些资料的分类、比较和分析，不见得一定要服从于反复论证分门别类的事物从源到流的进程。[16]他认为，这些资料要获得意义，学者应参考相关经典，并对其背后的意义加以深究，从而能在比较视野里提出有关《圣经》的"史"的解释。这一"史"的解释留有深刻的进化人类学烙印，但史密斯的历史叙述似乎总给人一种由后往前推的感觉。其身处的传统总是他叙述的起点，其中间的铺陈总是在这一传统形成之前古老年代存在的另一种传统的样貌，其结论总是关涉到"人之初"的"根本制度"。受麦克伦南影响，他深信欧洲人曾经与其他原始人及古代文明一样有过母权制，信奉过"异教"。在他看来，《圣经》也是历史文献，特别是《旧约》，其有关先知的记录其实反映了"罪""至圣"等伦理修辞出现之前一个阶段的社会状况，而这与闪米特种族的社会组织与前先知宗教有关。

---

[16] George W. Stocking, Jr., *After Tylor*, p.65.

在其著述中，史密斯丰富了"麦克伦南公式"的亲属制度和社会组织内涵。他在《阿拉伯地区早期的亲属制度与婚姻》[17]一书中表明，社会的原初基础不是梅因（Henri Main, 1822—1888）想象的原始父权制，而是麦克伦南笔下的母权制。他以自己的方式将麦克伦南的进化人类学与其所从事的《旧约》的"经史"关联起来。但他坚持对其所专攻的特定文明传统加以深究，没有从原始人的亲属制度状况入手，而选择将闪米特人中一个在晚近历史阶段有明显父权制特征的文明传统作为叙述的起点。这个文明传统是穆罕默德时代的父权制部落模式（在论述过程中，他的笔调甚至与麦克伦南的对立派梅因的《古代法》很像）。史密斯在详述了这一模式的特征之后，揭示出了这个模式内部存在的反常现象。在他看来，这些反常现象表明，阿拉伯父权制似乎与一种不同的体系相续，这个不同的体系便是父权制之前在阿拉伯人中曾经广泛流行的母权制。在外婚制下，早期阿拉伯人与其他原始人一样，从族外引入婚配对象，这就使他们的内部人口出现了大量混杂的因素。在避免乱伦、辨明何者可婚的过程中，他们依托血缘纽带的标识物，这些标识物便是图腾。受麦克伦南启发，史密斯认为图腾最初以母系为传承线条。图腾使"物以类聚，人以群分"。阿拉伯人由此分为各类"图腾存库"（totem stocks）。在其所在区域，人们相信，部落的生命来自动植物和某些自然对象，到了希伯来人那里，随着

---

[17] W. Robertson Smith, *Kinship and Marriage in Early Arabia*, Cambridge: Cambridge University Press, 1885.

农业的发展，母权制产生了一定变化，图腾也不再只是那些神秘自然之物，但早一些的体制因素还是留存着。

史密斯的祭祀理论

1887年，应布尔内特基金会（Burnett Fund）之邀，史密斯回到阿伯丁做演讲，演讲的主题是闪米特人的原始宗教及其与其他古代宗教、《旧约》、基督教诸"精神宗教"之关系。按计划，演讲自1888年至1991年延续三年，分三个系列。第一系列完成后，史密斯对讲稿进行补充，编订出版了《闪米特人的宗教》[18]。该书集中呈现了史密斯关于闪米特人古代祭祀研究的成就，可谓对"麦克伦南公式"的宗教社会学运用。

史密斯界定的"闪米特人"，是指一个在母语属性上有关联的民族志群组（ethnological group）或族类，包括阿拉伯人、犹太人和叙利亚人。这个群组最早分布在一个广阔的区域，该区域的中心在阿拉伯半岛，边缘在两河流域，自西向东有地中海、红海、亚美尼亚高原、伊朗山脉和波斯湾等天然屏障与其他区域分离。这个区域在历史上曾经有不少人群往来，与此同时，其内部的山脉、沙漠构成了部落的自然边界，使其长期处于分化状态。然而，分化对闪米特人文化共通性的延续并没有产生根本影响。[19] 史密斯相信，研究闪

---

[18] W. Robertson Smith, *Lectures on the Religion of the Semites: First Series, the Fundamental Institutions*, new edition, London: Adam and Charles Black, 1894.

[19] Ibid., pp.11–12.

米特人的历史，我们可以看到从游牧到定居农耕这一清晰的演变线索，这一线索与宗教史基本一致。

世界各大宗教中有三个发源于闪米特人，它们是基督教、犹太教及伊斯兰教。史密斯称这些被泰勒形容成"高级宗教"的大宗教为"积极宗教"。其所谓"积极"意味着，它们的起源可以明确追溯到宗教发明者的教示。史密斯指出，神学和宗教学一向重视"积极宗教"本身的研究，对于"积极宗教"身后的"传统宗教"则并不关注。在他看来，传统宗教之所以是"传统的"，乃因其实践和信仰都不能追溯到个人的思想（或者说，不是由个人权威传播的），而是在无意识的悄然作用下生成、由各民族世代相传的，本质为"无意识宗教"。"积极宗教"建立之初，作为"神启器官"的宗教发明者必须基于旧宗教的实践来创造。"积极宗教"不能凭空创造，"新的信仰方案只有对业已存在于受众中的本能与感觉有吸引力，方能得到聆听"。[20]

那么，在积极宗教建立之前流传于早期闪米特民族和他们的原始邻人中的传统宗教是什么样的？史密斯有时将之称作"原始宗教"，还表明，"原始宗教"不是原始人在智识上的创造，与先知个人阐发的宗教精神不同，它弥散于生活中，是生活的核心组成部分。它也不能与巫术混为一谈，因为巫术是危机时刻出现的宗教败坏。关于巫术产生的原因，史密斯说：

---

[20] W. Robertson Smith, *Lectures on the Religion of the Semites*, p.2.

只有在社会瓦解时期，如在末日的闪米特小国，人们与他们的神明在亚述帝国大步伐进攻面前变得无力之时，基于恐惧产生的巫术迷信或者为抚慰外国神明设计的仪式，方会侵蚀部落或民族宗教。在较好的时期，部落或国家的宗教与私人外来迷信或巫术仪式没有任何相通之处，后者是蒙昧恐惧给个人带来的。宗教不是个体的人与超自然力量之间的人文关系，而是一个共同体的所有成员与心怀着共同体的福利并保护其法律和道德秩序的神明之间的关系。[21]

史密斯相信，理解先在的传统宗教，对于透彻理解积极宗教的系统、历史起源、形式以及抽象原则有着重要意义。传统宗教尚未像大宗教那样各自分立，是远古时代闪米特人与他们的异族共享的，它与后起的积极宗教不同，不以信仰为主导，它没有信条，只有制度和实践。每种制度或实践固然都有解释，但这些解释是模糊而多样的，因而，也没有正统与异端之分。[22] 传统宗教没有教条，只有神话，但即使是神话，也没有神圣制裁和约束的功能，而主要是作为崇拜的一部分，起着激发崇拜者感情的作用，其地位是次要的。"原始时期的宗教不是一个含实践运用的信仰体系，而是一个由固定的传统实践构成的实体。"[23] 这

---

[21] W. Robertson Smith, *Lectures on the Religion of the Semites*, p.68.
[22] Ibid., p.16.
[23] Ibid., p.20.

意味着，宗教的制度和实践比宗教的信仰更古老。在原始人中，"宗教是有组织的社会生活的组成部分，人们生活在他们的宗教传统中，无意识地遵循它，于是陷在他们生活于其中的社会的任何习惯实践中"[24]。

社会的"习惯实践"核心内容是仪式——特别是祭祀——的制度和实践，它们对传统宗教而言是首要的。史密斯主张，要全面理解传统宗教，便应摆脱从积极宗教提炼出的神学形而上学的制约，应看到在远古时期，信仰、教条、神话这些观念上的东西都是附属的，应集中研究祭祀仪式的社会构成。

仪式是远古人类作为崇拜者处理其与神之间关系的实践，这类实践不是心灵的内部活动，而是实在的社会行为，且是在特定物质空间中展开的，因而仪式同时也是远古人类处理人和神与客观存在的自然之间关系的办法。所有古代崇拜都有物性的对象，行为一样都有物质体现。在原始人中，"某些地方，某些事物，甚至某些动物类型被看作是神圣的，也就是看作是与神的关系很近的，因而要求人们敬畏的"[25]。因而，要理解传统宗教，便要考察人们如何处理人与自然（物）之间的关系，而这牵涉到古人对宇宙及其组成部分之间相互关系的看法。

《闪米特人的宗教》共含十一讲（前九讲是讲座稿，后两讲为出版时所增订），在第一讲中，史密斯阐述了其研究主

---

[24] W. Robertson Smith, *Lectures on the Religion of the Semites*, p.21.
[25] Ibid., p.25.

题与方法（特别是历史比较方法）。在此后的四讲中，他先从人神关系入手，考察了"宗教共同体"的本质，然后用三讲的篇幅论述了圣地所见之神物关系、人地关系及圣域的类型（自然和人为）。在最后长达六讲的篇幅中，史密斯集中呈现了其对祭祀的历史社会学考察，牵涉到祭祀的一般面貌、共餐、动物祭祀的意义和神圣效力、礼物论与赎罪论等。

如上文提到的，在19世纪60年代，麦克伦南早已提出了一种不同于泰勒万物有灵论的看法，他指出，万物有灵论中灵魂和精神的可迁移看法，其实是到了古代文明出现后才出现的。在麦克伦南的启发下，史密斯重新梳理了祭祀的历史线索。他只在两处引述了泰勒《原始文化》的资料[26]，没有在正文中与其观点进行正面交锋，悄然用自己的研究表明，用礼物论来解释祭祀的起源，意味着误以为原始人已经有了与"积极宗教"一样的灵魂和精神理论。史密斯坚信，礼物论是后发的，是作为"神启器官"的宗教发明者为了建立积极宗教而提出的等级化的人神关系看法，只有当神被说成是高于人的存在，才有可能以对其贡献礼物为方式来展开祭祀。在传统宗教中，祭祀不是被释放出来的精神性由人向神的流动，而被泰勒看作后发的祝宴，不是别的，正是图腾论下的共同体在特定时间、特定地点通过人神共餐更新生命的仪式活动。

史密斯在"共同体"一词前面加上"宗教"二字，使之成为"宗教共同体"，含义似乎是，这种共同体不仅由人

---

[26] W. Robertson Smith, *Lectures on the Religion of the Semites*, p.234, p.322.

构成，而且也由灵肉不分的神与物构成。在远古时代，人既降生在人与人相互关联的亲属关系中，又降生在与自身生活密切相关的人神关系中，而人神关系也被当作人际关系。人用亲属称谓（如"母亲"或"父亲"）来称呼他们的崇拜对象，实际的意思是说，人是神（包括图腾）的后裔，人神共同构成有相互责任的广义的家。人神都是生命，生命可以被解释为"神性"，但"神性"的本质不是精神性，而是一种活生生的生命力，是由血的流淌来表现的，它赋予存在体感觉和感情。动植物、自然客体、人都有流淌着血的"血管"，所有存在体都分享生命，相互之间的关系是亲属关系，而亲属关系不局限于人际，是由生命关联人、物、神的广义关系体制。这种广义的关系体制，是早期闪米特人与世界中的其他存在体建立图腾关联的依据。原始的闪米特人物我不分，认为物与人一样，生活在不同的群体中，而这些群体同人类建立亲属关系，图腾由此而来。

对史密斯而言：

> 早期人类当然没有动物生命神圣的观念，一样也没有人类生命神圣的观念。同氏族的人如果说是神圣的，那么，并不是因为他是人，而是因为他是亲属；同样地，对蒙昧人来说，图腾动物的生命是神圣的，并不是因为它是活的，而是因为它和人一样是从同一个图腾库存中生发出来的，二者是堂表亲。[27]

---

[27] W. Robertson Smith, *Lectures on the Religion of the Semites*, p.285.

如果说祭祀以人与神的共餐为主要内容,那么也可以说,这与一家人吃饭没有太大差别。最初人类认识的万物和神明,其存在方式是物质性的,家或亲属制度所包含的关系是有血有肉的,其范畴并不只是人,也包括神,而人与神的存在方式都主要是物质性的,因而,二者所在的共同体可谓是一种"社会体"。

而如史密斯所言,以物质为存在方式的人与神,都被视作有其物理局限性,早期闪米特的神同样有这一局限性,它们不是自由飘移的魂灵:

> 一个人与他的同伴之间的关系,会受物质性条件限制,因为人之身体器官本身是物质宇宙的一部分,人亦是如此;而当我们发现人与神的关系也同样受限制时,我们便会得出结论,神也可以被看作宇宙的一部分。这也就是为什么人可以通过物来与神交流。[28]

祭祀是共同体在特殊的方位更新自身的活力的活动,在早期闪米特人中,这类活动有特定地点。祭祀地点与游牧的特定地理范围有关,是游牧人跋涉在干旱沙漠时于峰回路转间走进山谷、经过涌泉绿洲发现的众神的花园和各种动植物精灵的所在地。[29] 这些方位可谓"自然圣地",它们是人与神通过祭祀进行亲人间的交往的场所,其中心往往得到极

---

[28] W. Robertson Smith, *Lectures on the Religion of the Semites*, p. 85.
[29] Ibid., pp.129–131.

其细致的呵护,正是在这些方位,作为社会基本制度的亲属制度得以将地理化为人伦。

游牧的闪米特人的祭祀主要是人神共餐,主要食品是家畜,特别是诸如骆驼这样的图腾动物。作为祭品的家畜被看作人类的亲属,在家中被养成,是家庭的成员。祭祀意味着作为共同体成员的图腾动物的死亡。它们被"谋杀"要有特定的时机,需要得到共同体成员的一致同意和参与,而它们被认为是为了共同体而献身。它们的死亡不是以灵魂的离开为形式,而是以血的喷涌和肉的颤动这类生命的流淌为表现。以血肉为主的物质——而非牺牲的魂灵——是祭祀带来的生命力,这种生命力也是物质性的,它以物质性的方式被摄取,作用在于更新共同体的社会生命。由于共同体是由人和神共同构成的,不仅人要分食祭品,神也要参与其中,得到他们作为共同体成员应得的份额。

积极宗教的孕育过程,也是神从共同体分化出来成为高高在上的精神性存在的过程。这个过程与祭祀的物质主义特征的式微相应,其结果是人们认为,一方面,神不需要人所需要的血肉,另一方面,他们却拥有所有供奉给他们的祭品。如史密斯所言:

> 原本所有祭品都是被崇拜者吃掉的。渐渐地,通常祭品的某些部分和特殊祭品的肉不再被食用了。没有被使用的祭品被焚烧,而随着时间的推移,祭品变成是在祭坛上被焚烧的,人们认为,这样做是为了将祭品献给神。一样的变化也发生在献祭的血上,所不

同的只是,这里无须用火。在最古老的祭祀中,血是被崇拜者吞饮的,后来人们不再饮用供奉给神的血,他们将血全部泼洒在祭坛上。燔祭和泼血祭,在倾向上显然意味着,祭祀者不再消耗祭品的任一部分,祭品全然是直接送交给上神的……[30]

得到完整祭品的神,当然会返回一部分给人,以显示其堂皇的风度。然而,这种新型的"交换",已经不同于发生在人、物、神共生的共同体中的那种互动了。

转变与闪米特人从游牧的沙漠迁徙到农耕的平原这一历史过程有关。随着定居性农耕社会的出现,神变成具有赋予土地生殖力的种类,不再是人的亲人,他们就像君王那样接受赋税。由此,祭祀的内涵变成了"送礼",而礼物往往是动植物的初生果实。礼物也不再单纯是互惠性的,而是具有浓厚等级色彩的"供献"(tribute)。成了"供献"之后,祭品便不再是由人、物、神构成的共同体赖以焕发和维系社会生命的纽带了。人和神之间一旦具有了等级性,便预示着共同体成员的亲属关系分化为有远近高低之别的层次,在诸层次中,宗教和国家中的特权阶层得以生成和巩固。而在此过程中,在内(内部专制)外(异族入侵)的双重挤压下,地方性共同体让位于王国政体,随之,宗教在去地方化中向普世的方向演变。积极宗教的建立,使共同体陷入瓦解的危机,与之相关,人心陷入深深的疑虑之中——只有不断安抚

---

[30] W. Robertson Smith, *Lectures on the Religion of the Semites*, p.390.

易怒的神，方可得到社会和心理的安宁。赎罪祭的地位在祭祀的行列中悄然升高，关于"罪与罚"的话语成为宗教的重要内容，宗教本身越来越变成从物质中解救精神的手段。

然而，正如闪米特人在转变期所经历过的，祭祀的"家"的逻辑易于拓展到"国"的范畴。即使是到了积极宗教建立之后，人们依旧还是将君王当作父亲，在仪式中与他共享"祝宴"或向他贡献"供品"，而后者被相信有责任关照他的"子民"。从"家"到"国"，社会产生了变化，但在包括古希腊和古罗马在内的早期文明社会，二者之间的界限并不分明。[31] 倘若可以称由人神共同构成的原始的"家"为宗教共同体，那么，这一共同体便有无可置疑的"根本性"。

史密斯的比较宗教看法，与自己所在的家庭实践的那种宗教有关。他出生在一个苏格兰家庭，其所属的苏格兰自由教会虽属于新教的一种，但有其自身特色。这个教会与英国国教会有别，主张寓教于社会，特别重视通过家庭对共同体公共生活的参与，维持人与神圣的亲密性。生活在有这样信仰的家庭中，史密斯能感知到，宗教"理论"之外的"非理论"制度和实践，其重要性并不亚于前者，甚至可以认为，它是前者的"基本制度"。

在结论中，史密斯说：

> 拯救、替代、净化、赎罪之血、正义的外衣，所

---

[31] W. Robertson Smith, *Lectures on the Religion of the Semites*, p.32.

有这些都可以追溯到远古仪式上。但在古代宗教中，所有这些都是被非常模糊地界定的，它们显示的是仪式特征在崇拜者脑子里制造出的印记。我们没有任何理由试图在它们中找到与基督教神学家们所用的那些词同等精确而确然的概念。但有一点是清楚而深刻的，这就是，古代祭祀的基本思想是圣餐，而所有赎罪仪式最终都应被作这样的理解：它们将神圣生命传递给崇拜者，并在崇拜者与他们的神之间建立或确认某种活着的关系。[32]

英格兰与苏格兰

19世纪70年代初至80年代末，在大不列颠岛上，两个对立的人类学范式相继形成。在英格兰，万物有灵论范式得到系统阐述，随之由一些受泰勒启发的学者运用于域外"当代蒙昧人"的民族志研究，也影响了一大批民俗学家，将它广泛运用于研究英国乃至整个欧洲的"文化遗存"之中。在苏格兰，麦克伦南从亲属制度和宗教两方面同时入手界定了图腾制。到了史密斯在阿伯丁做那些有关宗教"根本制度"的演讲之时，图腾论终于发展成一种"宗教共同体"理论，深刻影响了英法学术。

作为两个范式的代表人物，泰勒与史密斯在学术上并不是毫无相通之处。比如，他们都认为，一方面，文化从"低级"到"高级"，宗教从"传统"到"积极"，变迁转化

---

[32] W. Robertson Smith, *Lectures on the Religion of the Semites*, p.439.

是主导的;另一方面,在后发文明中,先发文化的"影子"总是依旧可见。又比如解释祭祀的缘起,泰勒在论证万物有灵论时时常重申,"灵"在原始人那里常常被理解为某些流动性超强的物质,史密斯在论证图腾论时往往强调"物神"的存在,物质性的"灵"与"物神"相互之间的差异似乎并不是根本性的。

然而,泰勒与史密斯之间还是存在着重要差异。

首先,二者对宗教和科学的态度有异:他们一个(泰勒)为了创造"文化的科学",刻意与生养他的家庭之教会归属贵格会(Quakers,其特点是主张撇开繁文缛节,直接凭借神灵的启示进行生活)保持距离,另一个(史密斯)则不仅从未放弃这一归属,而且还将同一门"科学"看作《圣经》学术之革新的思想条件。

更重要的是,二者还构成了心理学与社会学的学派对立。[33] 所谓"心理学",特指对作为理性个体的人之"智识活动"的研究,所谓"社会学",则特指对作为非理性、情感的集体的人之制度与实践的复原。以其对祭祀的解释论之,泰勒的确将仪式背后的心理和"智识"当成决定性因素,而史密斯反对用后发的信仰理论来解释原始人,反对将原始人的仪式制度和实践归结为原始心灵的表现。泰勒将蒙昧人描述成与文明人一样理性,认为他们的万物有灵论虽是对世界的错误认知,但毕竟是认知,是源于理性的。史密斯则不同,他基于苏格兰自由教会的观念与实践提出他的社会学解

---

[33] 埃文斯-普理查德:《原始宗教理论》,24—92页。

释,将"传统宗教"描绘成弥散于生活中的系统,认为它含有强烈非理性或情感的内容。

两种学术路径的学派差异,与其代表创立者所在区域的思想传统是有关系的:如果泰勒的解释可以说是英格兰的个体-功利主义传统的某种进化人类学显现,那么史密斯的解释也可以说与苏格兰自由教会的共同体主张是相应的。

当然,说泰勒的解释是心理学的,并不是说他在论述"关于文化的科学"时从未诉诸社会学,说史密斯的解释是社会学的,也并不是说他在论述比较宗教史时从未诉诸心理学。泰勒与史密斯的杰作,都综合了心理学和社会学的内容,二者的差异主要表现为,他们对何者为"根本"有不同见解。这里所谓"根本"并非哲学意义上的"决定"与"被决定"关系,而是历史的先后顺序。在其坚持的立场下,在论及祭祀的起源时,泰勒一面认为它源于人与神之间那种如同邻人或友人一般的和善关系,另一面用供奉来形容祭祀,相信接受供奉的神被人看作是高于人的。由于他不重视共同体观念,因而,他将祭祀中人神共餐的仪式看作较高阶段的文化产物。而史密斯则不同,他在辨析祭祀制度与实践时,将泰勒的供奉祝宴先后说颠倒了过来,认为祝宴先于供奉,也就是说,共同体先于个体。对泰勒而言,历史上先出现的是"供奉",后出现的是"祝宴"和内在化尊敬的各种形式,而供奉虽发生于人神之间,但其本质如同作为个体的人与他人之间的"人际互惠",祝宴和内在化尊敬是社会性的,但这些都是后发的。而对史密斯而言,历史的先后顺序正好是倒过来的,富有社会内涵和价值的祝宴是先出现的,它的本质是广义而自然的社会,是人、物、神的相互性,供奉之实质是个体化、等级化的私有财产观念和制度,而这些是后发的。

与这一差异相关,在泰勒与史密斯之间还存在另一个重要的分歧。在泰勒笔下,与现代人一样依赖智识生活的原始人对世界的看法是"以人为本"的,他们眼中的世界同样是由人、物、神构成的,但贯通世界的却是人的灵魂及从其生发出来的"精神性";而在史密斯笔下,原始人与现代人不同,前者的生活是以带有神性的物为本的。

2. 弗雷泽：高级交感巫术

詹姆斯·乔治·弗雷泽（James George Frazer, 1854—1941）的学术人格尚未成型之前，泰勒与史密斯已如"先知"那样感召着许多人。弗雷泽是苏格兰人，小泰勒22岁，小史密斯8岁。大学期间，他学习古典学、哲学、自然科学，毕业后到剑桥大学三一学院继续攻读古典学，之后学习法学。进入人类学领域之前，他已活跃于心理学和哲学领域，受过德国理想主义思想影响，但倾心于密尔（John Stuart Mill, 1806—1873）和斯宾塞（Herbert Spencer, 1820—1903）的心灵进化观点。弗雷泽早期做的研究是古典文献编校，对富含民族志内容的古代史地文献情有独钟，他从古典时代历史遗存的记述中领略到了原始文化的样貌。

19世纪80年代初，弗雷泽阅读了泰勒的《原始文化》，正计划着借其洞见重塑古典学，幸运的是，几年后（1885年），他应邀到英国皇家人类学会发表演讲，当时大师泰勒在座。他多次引述泰勒观点，还坦言，正是泰勒的著述使他对人类学产生了兴趣，其人生也发生了变化，这使泰勒相当欣喜。

在弗雷泽的人类学生涯中，泰勒的启迪有关键意义，但史密斯的友情、帮助和教导同样重要。弗雷泽1884年初在三一学院与史密斯见面,虽不能完全赞同后者的观点,但其渊博的学识也令他五体投地。此后,两人的关系亲密了起来。史密斯担任《大英百科全书》主编,邀请弗雷泽编写若干词条,其中发表于1887年的"图腾"一条[1]成为弗雷泽的早期人类学代表作。在该条中,弗雷泽引据史密斯的解释,将图腾界定为一种宗教和社会系统,并认为最初图腾制社会性较强,随着时间的推移,这种社会性才让位于符号性。其实弗雷泽内心并没有完全接受史密斯的主张。在叙述中,他一面迎合史密斯,一面沿用泰勒的看法,将作为宗教的图腾制解释为"原始哲学家"在理性地思考自然中得出的观点(在他看来,这些观点是"错误"的)。他一方面综合澳大利亚原住民的民族志材料和进化人类学亲属制度的研究成果,将原始人对物的分类与他们的社会体制联系起来,另一方面暗示,作为社会体制的图腾是受原始智识规定的。在三年后出版的《金枝》第一版中,弗雷泽赋予图腾起源心理学的解释,引用民俗学的观点,提出图腾起源于原始人对于"外在灵魂"(external soul)的信仰。在他看来,图腾信仰之所以出现,是因为原始人没有能力进行抽象思考,为安全起见,只好将他们惧怕的"外在灵魂"识别为某种具体的物质性事物。[2]

弗雷泽摇摆在泰勒的"心理学"万物有灵论与史密斯

---

[1] James Frazer, "Totem", in his *Totemism and Exogamy: A Treatise on Certain Forms of Superstition and Society* (4 vols.), London: Routledge-Curzon, vol.1, 1910[2000], pp.1-87.

[2] George W. Stocking, Jr., *After Tylor*, p.141.

的"社会学"图腾论之间,但他在内心深处暗藏了对史密斯从苏格兰自由教会共同体主张推衍出的原始图腾"社会学"解释的质疑,因而,他"摇摆"的总体方向偏向于泰勒的"心理学"。与致力于用"史"来解释基督教之"经"的史密斯不同,弗雷泽虽然也随其双亲参与教堂的礼拜活动,但他从小对"经"兴趣不大,而是沉浸于各种"史"的记述中。古典学中的古希腊-罗马和人类学中的奇异风俗方为弗雷泽之所好,他"以基督教为完全荒谬而拒绝它"[3],可见其对宗教的态度远比史密斯激进。

当然,弗雷泽的学术并不是泰勒的翻版,在泰勒与史密斯之间,他还是找到了万物有灵论与图腾论之外的"第三条道路"。这便是"巫术论"解释,这一解释与弗雷泽对史密斯《闪米特人的宗教》一书的批判性解读有关。

《金枝》与"神-人"牺牲

1889年,史密斯《闪米特人的宗教》第一版问世,次年,弗雷泽出版了他的名著《金枝》。初版时该书为两卷本,再版时副题改为"一项巫术与宗教研究"[4]。1915年该书出第三版时,规模已达十二卷之巨,1922年由弗雷泽妻子缩编为单卷本。1936年十二卷《金枝》则又增补了补编第十三卷,弗雷泽将其献给史密斯。

---

[3] Robert Ackerman, *J. G. Frazer: His Life and Work*, Cambridge: Cambridge University Press, 1987, pp.188–189; George W. Stocking, Jr., *After Tylor*, p.128.
[4] James Frazer, *The Golden Bough: A Study in Magic and Religion*, 2 vols., New York and London: MacMillan and Co., Limited, 1894.

《金枝》中既有泰勒用以论证蒙昧—野蛮—文明进步史的证据，又有史密斯对原始人和古代游牧与农耕阶段的闪米特人习俗的记述。此外，它大量增补了弗雷泽自己在阅读中的发现。弗雷泽在《金枝》中悄然将史密斯在《闪米特人的宗教演讲录》一书中给定的祭祀仪式优先于信仰的次序颠倒了过来。于是，如泰勒在《原始文化》中所做的那样，他在书中先对信仰进行描述和排序，接着才对仪式进行解析。

在《金枝》中，弗雷泽对史密斯在其著作第一版中的一段话加以戏剧性的演绎。史密斯这段话是：

> 将神之死解释为同自然年复一年的枯萎相通对应，自然是偶像崇拜所暗示的，这种解释最终将通向年度宗教哀悼的任何伦理解释的那道大门关闭了。神-人为其人民而死，他的死便是人民的生，这一思想由最早的神秘祭祀所预示。它的预示确实采取一种非常天然粗糙而物质主义的形式，这毫无基督教在有关赎罪的信条中包含的那些伦理思想，这些思想是从更为深刻的罪与神圣正义意识中发源的。而如我们已经看到的，神圣牺牲的自愿死亡这一观念，对古人而言并不陌生，其含义早已被包含在其宗教祭祀仪式中。这一观念蕴藏着基督教信仰的最根源性的思想，这一思想是：救世主将自己献给了人民，"为了人民，主奉献了自己，人民也因此能切实地奉献自己"。然而在偶像崇拜中，在神之死仅仅成为一个宇宙过程之时，古代宗教的最

庄严仪典下降到季节性的革命的景观表现层次，随之，那些包含着更好事物的原初仪式风光，便切实地从我们的视野中隐去了，从而，宗教的官能便停止诉诸更为高级的感受，而更多停滞于对自然的情绪之变的感同身受之中。[5]

似乎是考虑到这段话直接暴露了以"史"论述基督教神学之"经"的旨趣，在修订《闪米特人的宗教》时，史密斯将它删去了。不过，史密斯的看法依然不变：从有关闪米特人与其他"种族"的历史和民族学资料看，在《旧约》成书很久之前，祭祀早已出现，它是与人类史一道开始的，而基督之死的说法，乃是古老的祭祀制度的历史结果，是其观念的巅峰。

史密斯在阿伯丁发表演讲期间，弗雷泽在故纸堆里重新发现了古罗马神话中狄安娜的祭司兼森林之王的奇异继承规则。关于狄安娜崇拜，弗雷泽描绘如下：

> 对内米圣林中狄安娜的崇拜，曾起源于极久远的古代，并且具有极大的重要性，人们崇拜她为主管森林、野兽以及家畜和大地丰产的女神。信仰她能保佑人们多子多孙和帮助母亲们顺利分娩，她的生活即一个圆形庙宇中的长明灯，由贞女们侍奉。与她在一起

---

[5] W. Robertson Smith, *Lectures on the Religion of the Semites: First Series, the Fundamental Institutions*, Edinburgh: A. and C. Black, 1889, p. 393.

的还有一位清泉女神伊吉利亚，她解除妇女们的分娩之痛，以此来分担本属狄安娜的圣职。人们还以为，她曾与一位古老的罗马国王在圣林中结合，另外，"林中的狄安娜"自己也有一位名为维尔比厄斯的男性伴侣，他俩之间的关系正如阿多尼斯之于维纳斯或阿蒂斯之于库柏勒一样，这位神话中的维尔比厄斯在有史时期则以一代代的祭司面目出现，他们被称为"林中之王"，他们照规矩总是死在他们的继承者的宝剑之下，而他们的生命又与林中的一株神圣的树息息相关，只有那棵树未受损伤，他们才能不遭受攻击，平安无恙。[6]

在狄安娜神话里，首先，人的生命与森林、野兽、家畜、大地共处在一个世界里。其次，这个世界是由丰产女神狄安娜主管的，狄安娜如母亲一般，将图腾生命力传递于人间，也就是说，她既是自然的化身又是史密斯所谓的"人民"的生命之源。再次，与她为伴的是维尔比厄斯，后者以祭司面目出现，又是林中之王，他不像狄安娜那样属于永恒的自然，而是会像人那样死去，作为人间的领袖和圣界的职司，他的"中间性"表现为他的职位的永恒与生命的有限。

麦克伦南和史密斯及其他相信人类曾经历过一段漫长的母权制阶段的人类学家，必定会将以上三点中的前两点与

---

[6] 弗雷泽：《金枝：巫术与宗教之研究》，上册，汪培基、徐育新、张泽石译，汪培基校，北京：商务印书馆，2013，20页。

图腾制和母系继嗣相联系。在亲属制度研究方面,弗雷泽也表现出了对于两位苏格兰前辈学者主张之认同。然而,在《金枝》中,令弗雷泽着迷的并不是亲属制度问题,而是与史密斯有关祭祀的论述相关的问题。这个问题出自上述最后一点,即:与自然地承载生命的狄安娜不同,要成为狄安娜的职司或者兼有祭司角色的亡者,维尔比厄斯们必须首先摘掉"金枝"并杀死其前任。那么,"第一,为什么内米的狄安娜的祭司,即林中之王,必须杀死他的前任祭司?第二,为什么这样做之前他又必须折下长在某棵树上的、被古代人公认就是'维吉尔的金枝'的树枝?"(22)在弗雷泽看来,杀死祭司兼林中之王的习俗,是一个广泛存在的弑神制度的组成部分,唯有研究这一制度,方能解答这一问题。弗雷泽于是对这一制度展开了研究,并在其1910年出版的《图腾与外婚制》一书中将自己对弑神的研究归功于史密斯,承认后者在《闪米特人的宗教》中对祭祀的论述,将他引向了《金枝》所表明的研究方向。[7]

然而,弗雷泽并不愿意止步于史密斯的解释,他想要独有建树。弗雷泽表明,若要解答以上两个问题,便首先要理解古人眼中王者之生死到底为何。在有关狄安娜的神话中,祭司兼林中之王既是自然的存在又是超自然的存在,既是人又是神,或者说是介于人神之间的存在体。王与祭司的合体,在西方上古史上曾经以"祭祀王"的形式存在过,而相似的

---

[7] T. O. Beidelman, *W. Robertson Smith and the Sociological Study of Religion*, p.57.

类型，还包括欧洲中世纪教皇、小亚细亚大祭司、古代中国的皇帝、东非和中南美洲广泛存在的祭司长和国王。(23)形形色色的超凡人物都源于混淆自然/超自然的前现代思想：在这种思想里，世界是由超自然力支配的，超自然力来自神，神有人性，与人一样有理性和情绪，也与人一样会怜悯和受感动。在这种状态下，国王必然不仅会被当成祭司，被当作人神之间的联系人，而且也被当作具有凡人所没有的能力的神。他们要当好人神之间的联系人便要精通巫术，因而，作为祭司，他们也是巫师，他们起作用的方式是巫术性质的。

在呈现王者的人神双重性时，弗雷泽自觉或不自觉地从史密斯对祭祀的共餐解释滑向了泰勒对祭祀的礼物解释。他不相信蒙昧人有泰勒说的神灵观念（他暗示这种观念是后发的），但他相信他们生活得像"神王"一样，相信自己拥有促进己身及同伴之幸福的力量。(24) 弗雷泽也相信，在这种普遍的人-神观念园地里，必然会生长出高于人的"神-人"来。神-人是介于人神之间的"大人物"，他们担负着史密斯界定的那种社会作用，他们本来可能只是为民众服务的巫师，但会渐渐地顺应时代的要求，兼而承担为公众组织祭祀以取悦神灵的角色。

在弗雷泽看来，神-人才是祭祀的动因，因而，要理解祭祀的性质，便先要理解接受礼物的神和他们"身边的"神-人之高于凡人之处到底为何。换句话说，既然作为神-人，要当好人神之间的联系人需要掌握超凡的巫术，那么，要理解神-人的生命属性，便应从理解其巫术到底为何入手。

泰勒因止步于信仰分析而对"巫术"不加深究,史密斯因执迷于社会的先在性而将祭祀的巫术属性看成是后发的,为了克服这两种解释的缺陷,弗雷泽独辟蹊径,进入了巫术的园地。

从巫术到"高级交感巫术"

在《金枝》被引用最频繁的第三章中,弗雷泽以"交感巫术"为题,概述了其对巫术的类型与本质的看法。弗雷泽所说的"交感巫术"是指所有巫术的总体理论和技术,它认为物体通过某种神秘的交往可以远距离地相互作用。(28)在"交感巫术"之下有依据相似律产生的顺势巫术,以及依据接触律产生的接触巫术,前者的理论是同类相生或同果必同因,后者的理论是物体一旦接触,在中断实体接触之后依然可以远距离地产生相互作用,前者的巫术通过模仿产生影响,后者的巫术是通过接触被某人接触过的物体或物体的一部分对该主体产生影响。(26)作为理论,巫术是伪科学,作为法术,它是一种伪技术,而法术又包含积极和消极(或禁忌)两类(40),对人可以产生正面或负面的作用。

与史密斯一样,弗雷泽认为,巫术之"术"的一面并不是服务于人、物、神共生的广义共同体的,而仅是为了人之个体利益而设。关于巫术的历史时代性,弗雷泽也提出了与史密斯完全不同的看法。如前所述,在史密斯看来,在最古老的年代,社会已从原始共同体的欢乐宴饮中诞生了,个体主义巫术是在此种古老的公共宗教不再能满足人们的愿望和欲求之时才出现的,是被设计来收买或限制"恶魔的力量"的[8]。与史密斯相反,弗雷泽坚持认为,在原始共同体时代之前还存在一个个体主义时代,与之相随,巫术服务着蒙昧人的功利需求,它远比宗教共同体古老。

在弗雷泽看来,巫术起源于社会还不存在的时代,此后经久不绝。巫术最初是个人性的,在能人时代到来之后,有公共关怀的巫术得以出现。能人是因应对部落的社会共同福利的关注而产生的,那时,人们尚沉浸在巫术迷信之中,因而,这些能人很容易取得他们的信任,成为担任首领或国王的权势人物。巫术是伪科学,因而,若要在部落中成为权势人物,能人便要善于"欺骗",也就是说,他们必须是最善于权术和法术的人。结果是,"公共巫术"涌现的时代,"最高权力往往趋向于落入那些最具有聪明智慧和最无耻的心地的人们手中"(83)。可以认为,神话中的那些祭司兼国王,原型便是这些"最具有聪明智慧和最无耻的心地的人们"。然而,不能像史密斯那样将使用巫术的能人看作是负面的。从进化的角度看,兼有智慧与欺骗性的能人或"大人物"所起的历史作用,积极的方面比消极的方面要大得多。基于原始巫术迷信生成的能人政治,趋向于将管理权集中在个别的杰出人物手中,将原始民主制度推向君权和寡头政治。弗雷泽认为,这有利于推进包括艺术和科学在内的各类变革,而无论这些变革是否与社会的生成有关,都有利于比较快速地"使人类从野蛮状态脱离出来"(84)。

---

[8] W. Robertson Smith, *Lectures on the Religion of the Semites*, p.264.

很显然，弗雷泽所感兴趣的，并不是宗教的社会根基，而是心智的历史进程及社会与它的关联。在这点上，他与泰勒何其相似。然而与泰勒和史密斯不同，弗雷泽不认为应该将科学时代之前的漫长历史阶段统一界定为"宗教"时代。其实如前所述，泰勒和史密斯也并没有将宗教看成是无时代变异的存在，他们中一个用"低级"与"高级"，一个用"传统"与"积极"，对宗教史加以时代区分。然而，弗雷泽显然并不满足于此，他将泰勒所谓"低级宗教"和史密斯所谓"传统宗教"所指的时代称为"巫术时代"。如此一来，他便有可能论证科学对原始思维的"曲折回归"了。

弗雷泽在《金枝》第四章表明，在宇宙观上，巫术与科学都认为自然是外在于人的，在自然之上，也不存在上帝那样的"超人"（神），自然自身有其秩序和运行规律，这些既不是人为的，也不是神创的，人不能通过施行手段——特别是宗教仪式手段——改变自然，而只能接近它。巫术之所以不是科学，原因在于，它是智识进化的低级阶段人受限于智力而对自然产生的错误认识。宗教则不同，在宇宙观上，它与科学对立，认为世界不是自成一体的，而是由凌驾于其上的超人力量统治着的，这一力量是人格化的、有意识的。与宗教一样，巫术也跟神明打交道，也认为神是有人格的（特别是如图腾物那样），但与宗教不同，它像对待物那样对待神，旨趣在于使神符合人的目的，而非相反，使人符合神的目的。

正因为巫术与宗教有上述差异，到了"高级野蛮阶段"，巫师与祭司之间才开始出现对立，后者视前者为对神的特权的篡夺（93），前者信守着以人的手段影响世界的

"迷信"。弗雷泽一面承认原始人也有神的观念,一面强调,在他看来,巫术与宗教的并存混合(特别是表现在祭祀仪式中控制神和取悦神的两种对立态度的并存混合),主要是因为在宗教阶段巫术得以延续所致。他相信,远比宗教古老的巫术,是对相似律或接触律的"简单认识",而宗教则不同,它要"复杂得多",它认为自然进程取决于有意识的力量(97)。在原始阶段,人极其渺小,宇宙何其之大,而渺小的人以为他们用有限的手段便可处理自己难以把握的不确定性,因而,他们总是生活在盲目的自信与无穷无尽的烦恼之中。在能人阶段,人暂时依赖有神异力量的大人物来处理生活中的困难,但当其信仰和实践遭到粗暴的动摇之后,他们的思想便"颠簸在怀疑和不确定的艰难的海上"(102),直到发现宗教这个新的信仰与实践的"港湾"。此后,在人的世界与物的世界之上还出现了另一个世界,在那个世界中,神对另外两个世界起决定作用,"平安都在它们的意志之中"(107)。

总之,弗雷泽将被史密斯当作是"根基性"社会制度的宗教解释为后发的。对他而言,巫术既然是最早出现的,那它必定是"根基性"的,其个人-功利主义理性本质即使到了文明社会也难以被根除。不同于多变的宗教,"巫术信仰呈现了单一性、普遍性和永恒性"(100),使现实中的宗教总是含有原始的巫术内涵和诉求。

从其行文可以看出,弗雷泽对巫术与作为宗教仪式的祭祀是做了清楚区分的。他引用澳大利亚土著的民族志记述表明,在最原始时期,所有人都是巫师却没有一个人是神父,"每个人都自以为能够用'交感巫术'来影响他的同伴或自然的进程,却没有一个人梦想用祈祷或祭品来讨好神灵"(98)。在弗雷泽看来,最早的人类只有巫术没有祭祀,祭祀是用来讨好神灵的后发的习俗。在这点上,他既不同于泰勒,又不同于史密斯,他不认为早期蒙昧人需要用"供奉"来取悦神,也不认为他们已经有了共同体主义的"共餐"实践,他认为二者都是后发的:"人在努力通过祈祷、献祭等温和谄媚手段以求哄诱安抚顽固暴躁、变幻莫测的神灵之前,曾试图凭借符咒魔法的力量来使自然界符合人的愿望。"(98)在巫术向宗教过渡之前,大人物依旧施行符咒魔法从而服务于公共性的目的,但其法术的真实性和有效性渐渐被看破。"人现在谦卑地承认自己要依赖于他们那看不见的权力,恳求他们赐予他一切美好的东西,保护他免遭从各个方面威胁着他有限生命的危险和灾难,最后,在痛苦和悲哀到来之前,将他的灵魂从躯体的重负下解脱出来。"(103)只有到此时,泰勒和史密斯刻画的那种祭祀才开始成为主导的制度与实践,而即使是在此之后,巫术的根本性依旧藕断丝连地藏在形形色色的祭祀的文化底层中。

有学者批评说,弗雷泽从史密斯那里接过了这样或那样的论题,"但却没有能力将它们安置在有关社会的任何理论中,而仅是在一套缺乏想象力而有限的描述性类别中积累越来越多的材料"[9]。这个批评有其依据。的确,在长达69章

---

[9] T. O. Beidelman, *W. Robertson Smith and the Sociological Study of Religion*, p.58.

的《金枝》两卷本中，弗雷泽以狄安娜神话为起点与终点，设计出一个故事情节，在叙述的首尾之间布置了大量描述性类别，用以填充各式各样有关巫术、禁忌与祭祀的古史与民族志材料。他以文学笔调陈述观点和证据，时常使其叙述与"科学"相距甚远。

不过，弗雷泽自己并没有以此为憾。1908年在利物浦大学社会人类学教授就任演讲[10]中，他对20世纪初人类学从"历史科学"转为"社会学"的潮流表示无异议，但他没有将社会人类学等同于社会学，而是坚持其理想，将人类学界定为对"野蛮人的风俗和信仰"及"残存于文明程度较高的民族的思想和制度之中的这些风俗和信仰的遗留物"的研究[11]。风俗和信仰这两个概念，既让人想到泰勒，又让人想到史密斯。弗雷泽似乎既不接受泰勒的信仰决定论，又不接受史密斯的仪式（风俗）决定论，而是选择一个介于二者之间的状态，因此，他还是通过材料的松散组织，表达他通过对"史"的摸索获得的看法。

如其在1889年11月写给麦克米兰出版公司老板的信中所言，广泛分布于欧亚和非洲的弑神传说与习俗表明，"蒙昧人的习俗和思想与基督教的基本教义之间有着惊人的相似性"[12]，对这一相似性展开解释正是他要做的工作。弗雷泽深刻意识到，到了他落笔之时，基督教因其道德形而上学而取

---

[10] 弗雷泽:《社会人类学界说》，载其《魔鬼的律师：为迷信辩护》，阎云翔、龚小夏译，北京：东方出版社，1988，151—188页。
[11] 同上书，159页。
[12] 转引自 George W. Stocking, Jr., *After Tylor*, p.139。

得了"用以征服世界的力量"(92),这种力量来自将神/人对立看待的思想。在这个思想里,神是完美无瑕的,人的渺小心灵无以把握这个高高在上的神,因而,他们开始相信,对神只需要服从便足够了。要服从神,人便只要尽"柔弱心灵之可能"去模仿神性。为此,他们无须依赖带血的祭品、赞歌和香火及布满庙宇的贵重礼物来取悦神,而只须仿效完美的神,以廉洁、宽厚、仁慈去对待芸芸众生。(91)这一态度可谓是道德形而上学所指向的。与泰勒和史密斯一样,弗雷泽没有直接否认这一道德形而上学,而仅是暗示,这是极其晚近的文化变化的结果。他将自己的工作界定为"以史为鉴",揭示这一形而上学的历史特殊性。

弗雷泽重新界定了图腾信仰,似乎将植物当成图腾的本体,将动物和其他客体当成它们的化身,并用泰勒的神灵论来解释图腾的生命力,认为内在于人的"小我"是通达物我的神灵。《金枝》中的许多内容描述了树神、谷精的各种变相,将祭祀呈现为向物神求取丰产力的手段。1922年,完成《金枝》十二卷本时,弗雷泽在其为缩略本所写的前言中谈道,他在书中由古典时代的"森林之王"诸事,延伸到树神和谷精崇拜,述及与这些崇拜相关的许多不同事例,但他无意夸大它们在宗教史中的重要性,更无意从它们中推演出一套完整的神话体系,他只是把"这一现象作为宗教发展过程中极其重要的现象之一来看待,认为它应该完全从属于其他因素,特别是害怕死者这一因素"(4)。对弗雷泽而言,正是由于"害怕死者这一因素",神人的类型、制度与相关仪式得以生成,"风俗"得以对人与万物产生"起死回生"

的作用。在《金枝》里，这点是从古史和民族志记述中有关形形色色的祈雨、禁忌、弑神、复活、驱邪风俗和神话的研究中提出的，但它有助于表明，如果宗教的本质在于对统治世界的神明的信仰及认定自然进程是可人为干预的，那么，在理论上，它便与相信自然法则和规律的巫术决裂了，但在实践和"感觉"上，它却依旧与巫术有惊人的相似性。作为一个最好的例证，"高级宗教"的祭祀仍旧是可以参照"交感巫术"来解释的。

由以上这个枢纽，弗雷泽绕回了他在古希腊神话中找到的与史密斯笔下神为人而死相对应的祭司兼国王的"奇异继承规则"。作为神界与人界的中间者，祭司兼森林之王的生命必须被付出（处死）才可能保证其职能——协助超越人界的神界保证人与万物的生生不息——的延续。这意味着，他们的死或者牺牲是手段，而如果说这个手段可以被理解为祭祀，那么我们也就可以说，祭祀是一种交换，它要换的是作为自然和全体的人之化身的神的"永生"（也就是祭祀主体的"永生"）。

从道德形而上学角度看，这种仪式可谓是"善"的，但信奉自然主义科学观的弗雷泽相信有必要将它放在进化的客观进程中加以审视。他由此发现，诸如狄安娜神话之类的叙述代表的那种生生不息的宇宙观，背后隐藏着一种有史以来难以消除的恐惧感。弗雷泽认为，这一恐惧感的根源是对死亡的意识。

于是，原始人不再是泰勒笔下借助灵魂穿透有限空间与时间的存在体了，也不再是史密斯笔下定期参与在集体欢腾中的"欢快的野蛮人"了,他们一样有恐惧。经历着"生命周期"的生老病死,他们认识到,若是不采取手段,他们一样终将离开这个世界。他们观察四周而得知,万物与人的生命一样有兴衰、生死的周期,仰观天象而知晓,那些上下之间的存在体一样也是"阴阳交替"。若说人、物、神是一个共同体,那这个共同体的命运似乎是,其所有成员(不仅是人类成员,还有物性与神性成员)的共同命运便是死亡(尽管对于死亡不同民族给予不同的界定)。可以认为,对弗雷泽而言,祭祀的本来面目是,以局部的物、局部的人、局部的神换回整体的物、整体的人、整体的神的生命。祭祀原本不含明显的道德内涵,仅是为了克服死亡恐惧而动用的"法术"。然而,这个"法术"却又是一个如此广阔而肥沃的思想园地,以至即使是道德感也能得以生长。道德感的起源还是恐惧感,它原本的样貌是"替罪羊逻辑"。这种"逻辑"的原型为,杀掉人神或动物神,以防他因衰老而带来与之有关的其他生命体的死亡,其"高级形态"为清理邪恶和罪过,牺牲个别或局部的物、人、神——通常被界定为"有罪者"或罪过和不幸的承载者——换回"命运共同体"的生机。这种被泰勒界定为"舍弃"和"替代"的献祭,可以转化为"为人而死的神"的形象,但其本质与诸如杀死谷精之类"农业献祭"仪式一样,也与焚烧死亡之神的偶像一样,是对担负着死亡的"祸害"的处置,其本质是"交感巫术",其思想由来是对死亡的恐惧。(897-9)

3. 莫斯、于贝尔：祭祀的社会逻辑

"关于祭祀的文献巨多，但社会学和人类学的贡献很少。这篇论文当然是这些贡献中之最重要者之一。"[1]"这篇论文"指的就是《献祭的性质与功能》，它在19世纪的最后一年问世，作者是法国社会学年鉴派的两位重要成员——于贝尔（Henri Hubert，1872—1927）和莫斯（Marcel Mauss，1872—1950）。

于贝尔和莫斯青年时已是欧亚文明研究者，前者钻研闪米特和拜占庭历史、语言、宗教，后者攻读梵文和印度学。他们是同龄人，1896年相识后一见如故，成为社会学年鉴派导师涂尔干（Émile Durkheim, 1858—1917）门下的一对学术"双子星"。他们共同担负《社会学年鉴》的编撰工作，还为它写作一系列论文，对年鉴派贡献巨大。《献祭的性质与功能》（即《论献祭》）这一长篇论文是为初创的《社会学年鉴》第二卷而作，1899年刊出。[2]

《献祭的性质与功能》发表后，随即引起法国学界的热

---

[1] 埃文斯-普理查德：《原始宗教理论》，84页。
[2] Henri Hubert and Marcel Mauss, "Essai sur la nature et la fonction du sacrifice", *L'Année sociologique*, 1899, pp. 29–138.

烈反响,并在英国学界得到高度评价[3],很快惠及两国从事古典学、宗教史和民俗学研究的学者,启迪他们对欧亚诸文明的习俗、神话、宗教、宇宙观进行新理解。于贝尔和莫斯在文中提出的观点,不久也进入涂尔干1912年所著《宗教生活的基本形式》一书[4],得到丰富、延伸和修订,直接或间接地引领了以宗教为核心课题的社会学研究。这种社会学研究冲击了英国人类学,使它产生了"思想方法革命",随之进入了一个相当长的"结构-功能主义"阶段。[5]

有些诡异的是,于贝尔和莫斯之作直到半个多世纪后才被有选择地译为英文。[6]20世纪60年代初,深深为莫斯思想所吸引的牛津大学第二代社会人类学领导者埃文斯-普理查德(E. E. Evans-Pritchard, 1902—1973)亲自安排,才使其被全部翻译。[7]英文译本1964年由芝加哥大学出版社以单行本形式发行,之后又过了近半个世纪,才有了中文版。[8]

---

[3] 福尼耶:《莫斯传》,赵玉燕译,北京:北京大学出版社,2013,86—87页。

[4] 涂尔干:《宗教生活的基本形式》,渠东、汲喆译,上海:上海人民出版社,1999。

[5] 吴文藻:《吴文藻人类学社会学研究文集》,北京:民族出版社,1990,159—189页。

[6] Arthur Nelson, "The Nature and Significance of the Ceremony of Sacrifice", *The Open Court*, vol.xl, 1926, pp.33-45, 93-108, 169-179.

[7] Henri Hubert and Marcel Mauss, *Sacrifice: Its Nature and Function*, translated by V. D. Hall, Chicago: University of Chicago Press,1964.

[8] 因技术性原因,梁永佳、赵丙祥两位译者所提供的译稿未能以单行本出现,而是与杨渝东所译《巫术的一般理论》合订出版。于贝尔、莫斯:《献祭的性质与功能》,梁永佳、赵丙祥译,载莫斯、于贝尔《巫术的一般理论·献祭的性质与功能》,杨渝东等译,桂林:广西师范大学出版社,2007,171—293页。下文仅在正文括号内标示页码。

重新解读《献祭的性质与功能》这篇发表在一个多世纪以前的不朽文章，我们得以返回一个学派的成长阶段，辨认其思想的源流，感知其超越时间的价值。

本章将首先勾勒莫斯和于贝尔祭祀理论形成的学术史背景，特别说明作为年鉴派最早的两位成员如何从其对业已成熟的英国人类学派的批评中导出自己的问题意识和见解。其次考察两位作者对于祭祀所做的"行动"的界定，分析其如何借助吠陀时代印度教苏摩祭仪典的范例，推演出"祭祀的图式"并赋予这一图式"社会学性"。再次，对莫斯和于贝尔而言，祭祀的性质与"社会逻辑"（沟通行动）的基本形态有关，而"社会逻辑"中的"社会"乃是神圣力量之来源。接着，本章将呈现原典所展示的人、物、作物与神明各种不同类型的祭祀之"功能变异"。最后，对莫斯和于贝尔从研究中得出的总体结论加以概括，并加以必要的评价。

要说明的是：其一，此处虽引据了不少其他文献，但关注和借助的文本，主要是《献祭的性质与功能》中译本。这个译本并非无瑕[9]，但翻译原典的两位学者功劳很大，对我们在汉语学术界展开与祭祀这一主题相关的西学理论研究做出了很大贡献。

其二，此著主题词为sacrifice，这里译为"祭祀"，而《献祭的性质与功能》中文版译者选择了"献祭"。鉴于于贝尔和莫斯终究是为了说明社会学年鉴派关注的神人圣俗关系

---

[9] 如第174页最后一句述及piaculum，因漏了"一种在神明与崇拜者之间建立交融关系的祭祀仪式"这个定语从句，便不是很好理解了。

才去研究祭祀，而这一关系含有自下而上的"崇敬"意涵，如列维-斯特劳斯（Claude Lévi-Strauss, 1908—2009）有些含混地表明，它始终有"三联体式"等级意味[10]，我认为译者的译文是合理的，但我也一向相信，"献祭"和中文里历史更久、使用范围更广的"祭祀"一词的意味，除微妙差别之外，基本是共通的，因而，也就将之与"祭祀"混用，在引用中文版原典的多数地方，我将保留译者的"献祭"译法，在其他地方，我则尽量采用"祭祀"。

其三，考虑到研究祭祀的计划和思路是甘居第二作者的莫斯构想的，许多章节也是他完成的，下文叙述将恢复莫斯的第一作者身份。这样做还有一个额外益处。毕竟此处所关注的是社会学/社会人类学的祭祀观，而这是以莫斯的观点为代表的，与于贝尔所代表的宗教史传统不同；恢复莫斯的第一作者身份，有助于突出这点。

从历史到"逻辑"

1872年出生的莫斯是法国社会学年鉴派第二代领导人。青年时代，他在巴黎高等研究实践学院学习，其间师从梵文和印度学教授西尔万·莱维（Sylvain Lévi, 1863—1935）。[11] 对莫斯而言，莱维是除哲学家、社会学家涂尔干——也是他的亲舅舅——以外对其最有影响的老师。[12] 这位老师同他讨

---

[10] 列维-斯特劳斯：《野性的思维》，李幼蒸译，北京：商务印书馆，1997，254—255页。
[11] 福尼耶：《莫斯传》，52—53页。
[12] 同上书，47—48页。

论过印度教献祭仪轨,并于1898年出版《梵书中献祭的教义》[13],其言谈和著述对莫斯影响颇深。为了开阔莫斯的宗教科学视野,莱维建议他去荷兰和英国了解那里的印度学和人类学在宗教科学方面取得的成就。莫斯于1897年至1898年周游两国,拜访了当时的几位名师。在英国,他除了与几位东方宗教研究者交流,还得到了人类学大师泰勒和弗雷泽的接见。通过进一步阅读他们的著作并和他们保持联系,莫斯增进了对英格兰和苏格兰宗教理论发展的认识。[14]

在《献祭的性质与功能》中,莫斯汇总了他平日之所学和此次"学术远征"的收获,以其所谙熟的印度教研究文献为依托,形塑了古代祭祀仪典程式的样貌。在与于贝尔(主要负责写作题为"神明的献祭"的章节)的合作中,他也考察了古代希伯来人、希腊人和罗马人的相关行为与制度,将研究所得融入自己的视野里,形成一种广泛的综合,以此为基础,回应了英国古典人类学有关祭祀的理论,特别是扬弃了史密斯的观点。

关于祭祀,当时英国的进化人类学已有了泰勒的万物有灵论解释、史密斯的图腾论解释以及弗雷泽的巫术论解释。这些解释都旨在对宗教追根溯源,这是它们的共同点。对宗教的本质,不同解释的提出者观点有所不同。泰勒重信仰,史密斯重仪式,弗雷泽介于二者之间。但其所谓"宗教",都指有关人在世界中存在的看法。

---

[13] 福尼耶:《莫斯传》,79页。
[14] 同上书,66—69页。

三位英国进化人类学家认为,原始时代,这类看法关涉到人与非人之间的关系。前面两章已经解释了进化人类学的祭祀理论,如若重新用王国维解析词之境界的语言[15]来叙述,我们可以说,万物有灵论和图腾论可谓不同的"有我之境"。在这两种原始思想方式中,物都被视作与人相通,世界是人化的,人的意象最重。至于这一意象具体为何,英格兰的泰勒与苏格兰的史密斯见解有所不同。前者认为,在原始人的思想里,物与人的通性,是双方都有的人的灵魂秉性,生活在万物有灵论下,原始人"以我观物,物皆着我之色彩"。史密斯等图腾论者则认为,对原始人来说,通物我者,乃生命之体,原始人在自然中看到自己的影子,由是,"以物观我",在自然世界中寻觅各自的祖先。

在进化人类学家中,弗雷泽似乎比较特殊,他几乎是唯一一个重视原始人区分物我能力的学者。然而,与其他同道一样,他并不承认原始人有"无我之境"。对他而言,这种"境界"是直到物我相分相胜的自然主义世界观(科学世界观)出现后才可能的。在原始人那里,人即使有物我相分的思想,这种思想也是混杂的,它含有"接触律"和"相似律",而这些都是混同物我的"错误认识",巫术的本质便是这一混杂乃至"错误"的世界观的产物。

从以上三种原始物我关系的解释入手,泰勒、史密斯、弗雷泽对祭祀进行了起源研究。对这些研究,莫斯和于贝

---

[15] 王国维:《人间词话》,载傅杰编校《王国维论学集》,昆明:云南人民出版社,2008,382—419页。

尔羡慕有加，称赞这些具有近代科学性质的研究为"理论精致化"的代表。他们还明确表示，宗教科学的晚近建树，多半应归功于英国人类学派（173）；在这个学派里，泰勒对祭祀进行的进化谱系梳理（即，从讨好超自然存在的礼物到献祭仪式，再从献祭他物转变为献祭自身的历程），对史密斯提出的图腾起源说及神圣之物的道德–危险双重性论述，弗雷泽所表达的后巫术时代周期性农神献祭的看法都深有启发。

《社会学与人类学》所附的《莫斯年谱》提到，"法国社会学派"于1898年6月莫斯结束英国之行后不久就宣告形成。[16]这表明，身在英吉利海峡东岸的年鉴派营造者，对海峡西岸的大不列颠之学术成就高山仰止。不过，他们显然也有相当强烈的民族情怀——法国人甚至不大用"英吉利海峡"这个称谓，而宁愿将海峡称作"拉芒什"（La Manche），这个词的意思是"袖子"，指的大抵是法兰西这件衣服的边缘部分。抱着这一情怀，他们置身于涂尔干门下，有心在这位导师的引领下，"法兰西之学为体，不列颠之学为用"，通过集体之力创建一个自己的学派。为此，他们对英国人类学派也提出了严厉批评。

如半个世纪后立足大不列颠借鉴法兰西学术成就的英国社会人类学领袖人物拉德克里夫–布朗（Alfred R. Radcliffe-Brown, 1881—1955）在一篇题为《宗教与社会》

---

[16] 莫斯：《社会学与人类学》，佘碧平译，上海：上海译文出版社，2014，510页。

的讲稿[17]中指出的,近代法兰西学术有深厚的基础和创造力。它早已在启蒙哲学中奠基,至大不列颠的人类学派奋力书写之时,它已有了像古朗士(Fustel de Coulanges, 1830—1889)这样的古典社会学家,至莫斯和于贝尔合撰他们那一系列"宗教科学"著作的19世纪末20世纪初,这个学派已处在成年阶段。此时,其成员在涂尔干的领导下,将古朗士的社会学式古典学研究与史密斯的仪式理论相结合,立足巴黎,借鉴"德意志意识形态"、大不列颠古典人类学成就及英联邦众多民族学志书,构建着自己的理论和方法体系。[18]

既然拥有拉德克里夫-布朗所形容的底蕴和自觉,在评价泰勒、史密斯和弗雷泽的不同理论时,莫斯和于贝尔必定并不客气。他们指出了英国人类学派的不足之处,如,泰勒对"礼物"奉养神明这一事实的轻描淡写,史密斯对祭祀之"礼物"属性的漠视,还有弗雷泽对巫术的"去社会化"的理解;并且认为,英国人类学派之所以有这些不足,是因为其思想体系总体上有缺陷。

以他们最肯定的史密斯为例,莫斯和于贝尔认为,他虽是"第一个真正试图对献祭作出合理解释的"(174),但一样也用任意选定的原则当作历史的起点,对多样的祭祀形式进行统一解释。这就使他误将图腾制度这一特例当作普遍的,

---

[17] Alfred R. Radcliffe-Brown, "Religion and Society", in his *The Social Anthropology of Radcliffe-Brown*, ed. by Adam Kuper, London: Routledge & Kegan Paul, 1977, pp.103–128.

[18] Alfred R. Radcliffe-Brown, "Religion and Society", in his *The Social Anthropology of Radcliffe-Brown*, pp.114–115.

没能看到图腾牺牲并不原始，通常是后发的农神献祭的牺牲。（176）由于秉持进化的历史主张，史密斯还试图在享食祭和其他类型的祭祀之间建立历史序列，为此，他进行了推理，将闪米特人的祭祀放在与希伯来和其他类型的祭祀进行历史比较的范畴中考察，误将闪米特人的祭祀这一复杂的系统当作最简单的形式。莫斯和于贝尔指出，史密斯的错误"首先是一种方法上的错误"，"他没有分析闪米特仪式体系的复杂性，相反，他试图以谱系的方法对事实进行分类"（177）。

莫斯和于贝尔有时也会运用进化论的历史图式，但对它所导致的以上方法错误，他们深表遗憾。这种野心勃勃的"百科全书式"文献和民族志资料收集和分类，在他们看来所服务的是进化论的谱系学，该谱系学固然有助于"历史上的意义"的解释，但无助于我们从特定文明的事实提炼出一种"逻辑上的意义"的理解。（178）

在莫斯和于贝尔看来，科学要实现"理论精密化"，便要避免再犯英国人类学派舍近求远的错误，应放弃原始的幻象，从"近处"出发，形成一套范畴、类别和关系解释的"逻辑"，也应在近在咫尺的欧亚文明中沉思，找寻其"古式社会"的"逻辑上的意义"。

此处，所谓"古式社会"，主要指泰勒、史密斯、弗雷泽在其巨著中述及的已有道德形而上学萌芽或成熟体系的欧亚诸社会，而在《献祭的性质与功能》中，莫斯和于贝尔将之圈定在他们有可能专门研究的印度、希伯来、希腊-罗马诸祭祀体系所代表的文化地理范围内。所谓"逻辑上的意义"，与英国古典人类学"历史上的意义"对立，属于莫斯、于贝尔、涂尔干及围绕在《社会学年鉴》周围的同道们致力于完善的"社会学逻辑"。在很大程度上,《献祭的性质与功能》中的"性质与功能"一语,正是这一逻辑的核心。

作为行动的祭祀

《献祭的性质与功能》在导论后有五个核心章节,首章题为"献祭体系的定义与统一性",在其中,莫斯和于贝尔界定了祭祀:

> 献祭是一种宗教行动,当有德之人完成了圣化牺牲的行动或与他相关的某些目标的圣化行动时,他的状况会因此得到改变。(182)

也就是说,祭祀首先是一种行动,是宗教性的,是宗教的最核心部分,但它不是"理论"或信条。这种行动由祭祀者(祭主)向祭祀对象(神明)供奉祭品,它不是无目的的,而是旨在令祭祀者本身或其所属事物得到所期待的改变。

祭祀行动有前提,这便是祭主、圣化物品及献祭呈给的对象(神明)的区分。在祭祀者心目中,有区分的三类存在体,固然可以各有杂糅特点;但对祭祀活动的程式,围绕杂糅特点展开的各种"原始思维"理论,都不构成最好的解释。因为,在祭祀中,祭主与祭祀对象的圣俗分野几乎是天然的、难以避免的。祭祀之所以必要和可能,是因为存在远在的神祇,是因为在神和祭祀者的一上一下之间存在有待沟通与结合的分野——无论我们到底是否应像泰勒那样,将这些远在的神祇当作从人之灵分离或升华而来的。正如自称莫斯弟子的结构人类学大师列维-斯特劳斯在其《野性的思维》中概括的，不同于基于自然物系列和社会集团系列之间的"同态关系假设"形成的图腾制，祭祀所纳入的自然物种不是一个单独的系列，而是起着沟通献祭者和神明这两个极项之作用的暂时性自然物种类别。[19]

莫斯和于贝尔指出，史密斯因迷信进化人类学，误将图腾制当作祭祀的原始形式，混淆了两个明显有别的制度。他的错误在于没有认识到，图腾制把物的分类与人的分类进行"同态关系"的构想，而祭祀则是作为媒介的祭品沟通圣俗、使本来处在"俗界"的人或物得到"圣化"（consecration）的行动。

何为"圣化"？它是一种状态的改变。在祭祀者心中，首先改变的是他们供奉的"礼物"（可以是物也可以是人）。这些"礼物"圣化后便焕发了流动的生命力，在其作用下，祭祀者获得"以前所没有的宗教品格"或者祛除"他在先前感染的不利的品格"，从而"提升到一种体面的状态，或者已经脱离了罪恶的状态"（177）。这样的改变有时是祭祀者自身得到的，有时是他们所期待改变的事物得到的，有时是二者兼有之而导致的双重结果。（178）

作为行动，祭祀的核心环节是供奉祭品。祭品是多样的，可以是植物和动物，乃至人自身。其处理方式也是多样的，可以原封未动地供奉，也可以通过切碎和焚烧等加以"毁坏"。祭祀的场合和预期效果更是多变。比如，在德国民

---

[19] 列维-斯特劳斯：《野性的思维》，254—260页。

俗中有赎罪祭、感恩祭、祈求祭等；再如，在印度典籍中区分临时祭祀（包括圣礼祭、家庭仪式、国王涂油仪式、还愿祭、治疗祭、赎罪祭）和定期献祭（包括日常献祭、新月和满月的献祭、季节性节庆、游牧节庆、年终新果节庆等）；又如，希伯来文献《利未记》有燔祭、赎罪祭、平安祭、素祭的区分，摩西五经记载的献祭，也有飨食、赎罪等。名目繁多，且常常相互重叠。

然而，以作为行动的祭祀这一角度观之，形式多样的祭祀在本质上却是相同的，都是实现圣化的"单一机制的外在表现"（186）。

莫斯和于贝尔在后续三章中考察了"献祭的图式""图式如何随着献祭的一般功能发生变化""图式如何随着献祭的特殊功能发生变化"，以此分解和描述圣化的"单一机制"及其表现。在这些章节中，第二章篇幅最长（含有二百多条注释，占全书五百多条注释的一半）、最翔实也最有力。在此章中，莫斯和于贝尔将重点放在对吠陀时代印度教的动物祭程式的分析，以此为例阐明了其所谓"圣化"的具体意涵。他们引用了大量印度教仪式文献（特别是苏摩祭文献），不仅为解释祭祀的核心环节提供了直接证据，而且也为说明"圣化"的具体环节提供了充足的资料，对祭祀"戏剧"的所有重要程式（除了献牲环节，还涉及祭祀仪典的进入和退出环节）都有所记载。

莫斯和于贝尔同时综合了包括莱维著述在内的"二手资料"，勾勒出一种有具体内容的祭祀图式。他们表明，祭祀既然是宗教活动，便要在宗教氛围中展开，但在宗教活动举办之前，并不存在宗教氛围。因而，祭祀的起点必然是一个赋予祭主、助祭人、祭祀场所与器具、祭品（牺牲）宗教特性的环节。在吠陀时代的印度教动物祭中，这个程序称作diksha，核心内容是祭主为祭祀做准备。其第一个环节是使祭主通过隔离、禁欲、净身、守夜等仪式重新成为一个神圣的生命，从而使祭主（祭祀者）获得与神圣接触的权利和义务，并避免其受神圣的负面力量的伤害。

然而，即使已成为神圣生命，祭主仍有可能被神圣之力所侵犯，也可能在仪式中犯下致命过错，因此，他不能与神明直接接触，而是需要熟悉诸神的中间者的帮助。这些中间者便是祭司。在印度，祭司是婆罗门，他们以神性的面目出现，在仪式中担任助祭人的角色。相比而言，祭司与神明相对接近，因而，其所需做的准备工作比较少。

除了祭主和祭司，祭祀的准备工作还有很多。首先，要进行吉日的择定，接着，要对祭祀场所进行圣化。吠陀时代印度教没有神庙，祭祀场所是临时择定的，择定后，先要对这个空间进行净场。净场的仪式是用神明的火焰祛除恶灵、毒咒、魔鬼魍魉。净场后，祭祀场所自身还要成为一个中心—边缘界线分明的系统。为此，人们须在祭祀场所建立一个祭坛（vedi）。祭坛周围要画出边界，中心立一个祭柱（yupa），它是具有神性的树木，涂油洒酒后神性得以增强，成为能赋予天、空气、大地力量的"轴心"（莫斯认为，祭柱也代表此时已能贯通上下的祭主）。有了所有这些之后，地面上出现了一个"魔法圈"，这个"魔法圈"是圈中之圈，其中心是圣化了的祭坛，在"魔法圈"中：

> 在外圈站着祭主，然后是祭司、祭坛、祭柱。在周边，站着普通人，献祭就是以他们的名义举行的，宗教气氛微弱。空间越小气氛越浓。(194)

在这个"魔法圈"上演的"戏剧"正是祭祀，而在吠陀时代，祭祀"戏剧"的主角是作为牺牲的动物。这些动物本已具备神性特征，在古代印度，它们往往被人识别为神的载体。在古代印度人看来，被带进"魔法圈"之前，动物已是"准牲品"，接受过圣化的仪典的加持，祭祀临举办，已处在"合适被圣化"的状态。然而，他们并不满足于此，而是相信，要成为祭品，动物既必须保持完好康健，又必须被重新净化。因此，作为牺牲的动物，是沐浴之后入场的。在古代印度人看来，动物归属于不同的神明，贡献它们先要得到相应神明的许可，否则祭祀过程中，它们会释放出负面而危险的能量。因此，在被带进"魔法圈"后，它们还要接受赞词和酒的洗礼。

献牲环节的起点，是将作为牺牲的动物绑在祭柱上。紧紧贴附在祭柱上的动物的神圣性在此时得以增强。然而，它要继续被喂水、清洗、涂油，直至被净化到极致。仪式高潮的标志，是幽禁在动物躯体内的神性通过动物躯体的死亡被释放出来。此时杀死动物，使它成为牺牲，恰是时机。杀死具有神性的动物，不免意味着渎神。因此，行动总是以哀悼为前奏。紧接着则是周边的仪式参与人的沉寂，以及祭司和祭主的行动："祭司们背对牺牲……口念安抚经文，什么都听不到，只听得祭司向祭主发出的简单口令"，祭主"于是勒紧套在动物脖颈上的绳子","牺牲死去,灵魂出窍"(197)。牺牲窒息致死后,祭司将它拖到祭主的妻子那里,由她反复净化,之后,开始分割尸体。第一刀下去,牺牲还会流血,据说那是分给恶灵的。随后,它的重要部分通过烧烤滴油和焚烧敬献给神明。完毕后,牺牲被剥皮,接着被分割为十八块。烹煮后肉油和脂肪再次通过焚烧敬献给神明,肉汤中的十八块肉有一部分再次献给神明,剩下七块,用来传递某种特定的神圣力量。

这一神圣力量,就是伊陀(Ida,又名"伊罗")——与食物、饮料、祭祀用的奶酪相关的祭仪女神。传说她与大地女神和文艺女神构成"三联神",是给人间带来福祉和丰产的神明。而据莫斯和于贝尔所言,这个女神还指动物女神,本身既是神明又是献祭的祭品。在祭祀中,她被请神仪式请来光临庆典。请神仪式的程序是,将伊陀放在一个事先涂油的祭司的手中,其他祭司和祭主围着他持续触摸伊陀,直到女神降临。伊陀不仅到现场参加祭祀,而且会降落在供品中,给人间带来"中间领域"(由天界、阳光、风、大气构成)、大地和动物的神话力量。她在祭祀中接受人们敬奉的胙肉,也回馈给他们好东西。这些好东西降在那剩余的肉上,主祭的祭司吃掉一份,祭主也一样,接着,剩下的份额才被分派到其他祭司手中。

食用牺牲的仪式,堪称史密斯所说的"圣餐"(203),它与敬神仪式做法相同,程序相同,作用都在于创造圣俗接触的机会。牲品要么通过敬神仪式接触神圣世界,要么通过人食用祭品的仪式接触祭祀受益人或受益物。与洒血、触摸、穿牺牲的皮相比,人食用祭品的仪式（飨食）把人神的亲近性推向极致,二者达到融合。

然而,正如莫斯和于贝尔同时指出的,在敬神仪式与人食用祭品的仪式之间存在某种连续性:敬神仪式是人食用祭品的仪式的条件。倘若不是它发生在前,那么,牺牲依旧含有未释放的神性,而人不该吞食这样的不洁与危险。这两种仪式的先后顺序还表明,祭祀的牺牲环节有个图式:

> 牺牲先被圣化;然后这种圣化在它身上业已激起和集中的力量将溢出,有些去到神圣世界那里,有些去了凡俗世界的生灵那里。它所经历的一系列状态或许可以表达为一个曲线:宗教性质一路上升到波峰,保持一阵,然后逐渐下滑。(204)

祭祀是人与物获得神圣性的过程。在这个过程中,人与物被隔离在凡俗世界之外,进入神圣的"魔法圈"。在牺牲的神圣力量上升和下滑的过程中,人与物在祭祀中得到其份额,这些不会自动断开它与祭祀和祭主的纽带,而需某种仪式的帮助。这种仪式提供了人和物跨出"魔法圈"、回到凡俗世界的通道。这个通道是供退出用的,它是进入祭祀的仪式的翻版。在印度教动物祭中,它的步骤有明确的规定,包括清理油脂,焚烧仪式用的草皮、诵经用的手杖和板子,倒掉没用完的清水,还包括向祭柱致敬及对之加以处理。作为祭祀主体,祭司、祭主和他的妻子也要洗手并相互清洗,在沐浴后更衣,如此等等。这些做法构成一个祭祀的退出阶段，其间，祭祀者必须经历牺牲所经历过的，他在升入宗教领域之后必须再降回凡俗领域。在祭祀的"戏剧"中扮演角色的生命体和物品，亦必须通过与有双重性的神圣力量分开，以返回他们的所由来处。

神圣力量的双重性

在展现吠陀时代印度教动物祭这一范例时，莫斯和于贝尔反复在相关之处述及来自印欧人和闪米特人的事实。比如，在分析印度教动物祭的diska进入仪式时，他们提到，当耶和华要在西奈山现身时，信众都要洗衣服和禁欲，在致祭之前，还要有一个净化阶段（189）；在论述婆罗门所处的圣俗之间的中间状态时，他们提到希伯来人的祭司如何为了作为个体或集体的祭主对自己加以圣化（190-1）；在分析献牲仪式时，他们提到古罗马的涂油做法和古希腊的仪式旁观者向动物扔大麦粒的做法（195）；在考察牺牲遗体的处理办法时，他们相当翔实地辅以希伯来人的资料，表明这一民族有放血、剥皮、切割、焚化等将牺牲全部敬献给众神或恶灵的做法。（198-9）

印欧和闪米特文明板块共有的祭祀特征，显然是莫斯和于贝尔关注的。为说明这一特征，他们以吠陀时期的苏摩祭为例，呈现了祭祀的典型"逻辑"，这个"逻辑"有以下两方面的"语法"要点：

其一，为了祭祀活动的展开，古人要先构建一个祭祀空间。这是一个纵横交错的立体空间。它在横向上由祭主、祭司、牺牲三个层次组成，这三个层次可谓外、中、内三圈,又可谓神圣性依次递进。在纵向上,它则由祭柱构成。祭柱为贯通上下的通道,同时,它又是由三个层次组成的。在吠陀时代,这三个层次自上而下分别为天、空气、大地,其生命力是共通的,但其神圣性是递减的。

其二,祭祀的展开,是这个空间动起来的过程,因此,这个空间不是死的,而是有生命的"魔法圈"。进入它之前,祭祀者和牺牲都先要净化;进入后,还要依照祭祀空间的层次性予以定位。祭祀的核心环节,是将牺牲绑在祭柱上,并通过对它加以"毁坏",使牺牲的精华(其"精神性"或诸如血和气之类的物质性精华)得以释放,成为上下内外流通的媒介。人干净地进入献牲的"魔法圈"后,在这个临时构建的内外上下关系圈里,通过牺牲与神明交流。他们先要向"上",贡献出属于自己的一部分。作为回报,"上界"的神圣性经由与牺牲结合成一体的祭柱下降,再由祭柱代表的中心,层层递进地向身处"剧场"外圈的祭祀者传递,回馈给祭主他所期待或需要得到的。接受神圣的"陶冶"后,祭主离开"魔法圈",再次净化,返回凡俗世界的日常。

莫斯和于贝尔将祭祀的本质界定为"圣化",他们还表明,"圣化"并不是祭祀的所有内容,它确实在"魔法圈"中集中发生,但人与物进出这个仪式的圈层系统之前,先要"去圣化",清除其原本带有或沾染的神圣性。

对欧亚大陆西部的古代社会来说,"圣化"似乎既是必需的,又是要规避的。个中原因是,"圣化"的"圣"字所指代的神圣性,并不纯粹,而含有相反的成分。

在写作《献祭的性质与功能》时,莫斯和于贝尔对于神圣的双重性倍加关注。他们接受史密斯的观点，认为洁净和不洁并不是相互排斥的对立面，而是宗教现实的两个方面：

> 宗教力量是以强度、重要性、尊严为特征的……但是它们被使用的方向不必取决于它们的特性。（214）

对他们来说，这"解释了同样的献祭机制为何能够满足极端相反的宗教需要"：

> 该机制具有与宗教力量自身一样的模糊性。它可以既是好的又是坏的：牺牲既代表死亡又代表生命，既代表疾病又代表健康，既代表罪恶又代表正直，既代表虚幻又代表真实……通过操纵牺牲，一个人操控了宗教感受，通过吸收它，或者通过祛除它，他引导了它。这又以同样的方式解释了另一个事实：通过恰当的程序，两种宗教感受形式可以相互转换，而且，在某些情况下似乎矛盾的仪式有时几乎又是无法区分的。（214）

这里莫斯和于贝尔说的"宗教力量"便是神圣性，而神圣性之所指，有史密斯笔下洁净与不洁的双重含义，还有弗雷泽所说的"巫术力量"有白色巫术（积极）和黑色巫术（负面）之分，如其所言，神圣性"可以用来行善，也可以用来造恶"（214）。

通过神圣性的这一体两面性，莫斯和于贝尔贯通了祭祀的进入—牺牲—退出这一程序。与此同时，他们也借助它呈现了"图式如何随着献祭的一般功能发生变化"，考察了模棱两可的神圣性如何随不同的情景和仪式发生变化。他们指出，祭祀程式不是一成不变的，献祭的最终目的和满足的功能不同，其组成部分也会有占比和顺序上的不同。(208)比如，在初入礼和圣谕传授礼中，祭主与他要获得的神圣状态差距较大，因而对仪式的进入阶段要求较高，对退出阶段则要求不高。而为了使祭主获得其在凡俗世界里没有的特质，在祭祀过程中，他要相对持久地与牺牲保持接触和联系。相反，在赎罪祭和治疗仪式中，祭祀行动的目的"都是把祭主的宗教不洁传递到牺牲身上，让牺牲祛除不洁"。这要么意味着祭主在仪式中犯错而有了厄运，要么意味着有罪或得病的祭主与另一个世界中的物质有某种联系。从莫斯和于贝尔的叙述看，这类所谓"祭祀"其实与巫术差别不大，它们的做法是将罪人或病人的不洁转移到另一种生物身上，由其带到另一个世界。(210-1)可见，在赎罪祭和治疗仪式中要祛除的恰是神圣性，是危险的神圣性。

以上两种祭祀仪式的神圣性传递方向不同，前者是从牺牲传递到祭主，后者相反，它们也会对退出仪式提出不同的要求，但二者都是为圣洁性较低的人举办的。事实上，无论是人还是物，都存在因原本过于圣洁而成为问题的情况，有的祭祀正是为了解决这类问题而举办的。在这类仪式中，神圣力量的传递不是主要的。当一个原本极其圣洁的人想解放自己时，他会在祭祀仪式中舍弃自己身上代表圣洁的那部分，当一种大地的产物要成为可以使用之物时，它含有突出生命力的那部分也要被放进祭祀之火中焚毁。(212-3)莫斯和于贝尔从处理这类问题的祭祀活动中看到,洁净与不洁、圣与非圣,区分既不清晰也不固定,因而,神圣化仪式与赎罪祛除罪孽仪式是可以放在一起理解的。祭祀的"圣化"的确意味着祭主会通过献祭而不同程度地"成神",但由于"神"的特质是双重的,"受到献祭影响的人,不管他是谁,在这些宗教状态中找到了自我"(215)。

人、物、作物与神明

在以人为主体和受益者的祭祀中,莫斯和于贝尔找到了有关祭祀的一般功能及其变化的线索。此后,他们转向以物为名进行的祭祀,将之与以人为名进行的祭祀相比较,指出这类祭祀所起的作用不同于以祭主为名义和受益对象进行的祭祀,其功能是"特殊的"。

以人为名进行的祭祀有两个特点。其一,祭主是仪式的出发点和归宿,祭祀形成一个封闭的循环,祭主完成的行动给他带来直接的益处。其二,典礼结束时,祭主得到神圣力量的加持,要么祛除了污染他的恶力,要么返回其正常状态,要么得到一种神力,其命运得到改善。在古希腊人、希伯来人、古印度人中,人们常用"再生"来理解人通过祭祀得到的命运改善,而在印欧神话的各支系中,"再生"观念总是与祭祀相联系。

莫斯和于贝尔认为,即使仅是旨在还原人的正常状态,祭祀也起到了改善命运的作用,能够赋予祭主"再生"之力。而所谓"再生",既指当下的生命,又指其未来延伸,它不等于长生不死的信仰和哲学中的"不朽",它确保的仅是"非死"(amritam,又指甘露、长生不老药、人神长驻的欢娱等)。(217-8)

与以人为名进行的祭祀不同,以物为名进行的祭祀受益者不是祭主,所以,这类祭祀没有形成一个往返于祭主的"闭环",它针对的是外在于祭主的物。为了对物起作用,祭祀便要集中于创造出能作用于物的精灵来,比如,为房屋、祭坛、城镇创造守护精灵。为物祭祀,仪式显然与巫术更接近,其仪式是单独展开的,所用的"工具"就是成为精灵的牺牲和祈请愿望的词语,所期待释放出的是有效于物的力量。还有一点不同是,以物为名进行的祭祀,受益者若非有生之物,那一般不会有"再生"或"非死"的追求,而以保持常态为目的。

在人与物祭祀之外,还有第三类祭祀,莫斯和于贝尔称之为"农业献祭",并且指出,这类祭祀是一种中间形态。"尽管其效果从根本上作用在物上,但是它仍然对祭主有着相当大的影响。"(219)莫斯和于贝尔认为,农业献祭发生于人与物之间,必然把以受益者物我之别来区分的各种祭祀机制联系起来,使其成为一个一体性的系统。

关于农业献祭,莫斯和于贝尔说:

> 土地及其产品被认为是活物,在它们体内存在一种宗教本质,冬眠春苏,使得人不易获得丰收。有时候这种本质甚至被表达成了它们的神圣性。因此它必须被驱除,才可以取得丰收和享用农获。但正是在这

个时候,由于它就是土地的生命,所以当它被驱除后,它必须被重新创造出来并稳固在它能带来丰殖的大地之上。(219)

也就是说,可以认为,农业献祭必须有双重作用:其一,解除保护土地的禁忌,使土地可以被耕作,产物可以被享用;其二,令耕地肥沃,让收割之后的土地重新焕发生机。由于"简单的去神圣化献祭可以满足第一种需要,但是满足不了第二种",因此,"多数农业献祭具有多重效果。其中可见不同的献祭形式组合在一起"(219)。

莫斯和于贝尔以古代雅典人的狄伊波里亚节(Diipolia,又称波菲尼亚节[Bouphonia])为例,呈现了农业献祭的总体特征。这个节日于收获结束、打谷开始的6月举行。节日时,雅典人向城邦守护神宙斯致祭。祭祀由三个阶段构成:(1)牺牲之死;(2)飨食;(3)牺牲的复活。(220)

在第一阶段,人们在铜桌上供上用新收获的粮食做的糕饼,放出牛犊,让其中一只接近祭坛,吃掉一部分祭品,接着,一个祭主即可用斧头将它砍倒在地,一刀封喉。牛犊死亡后,砍牛的祭主溜走,其他人来剥牛皮,切割牛肉。莫斯和于贝尔分析说,在这个阶段,牛通过吃新收获的粮食(糕饼的主料)成了粮食精灵的化身,因而,对它一刀封喉是场渎神仪式,作用是通过消除粮食的神圣性使其成为可吃之物。(220)祭主在屠杀牛犊牺牲之后即刻逃走,也是因为要暂时避免与带有粮食精灵的牺牲接触。他的这个行动与忏悔接近,表明在古希腊人看来,与农业收成接触会带来神圣的污染,对此,人必须通过仪式加以处理。也就是说，在祭祀的第一个阶段，祭祀者让牺牲代表谷物，并使之去神圣化，用杀死牺牲的方式救赎扶犁的男人和收割的女人。(221)

只有当这个程序完成后，雅典人才进入第二阶段飨食。他们将牺牲的肉与种子、果实、蔬菜煮在一起，由王给每个人嘴里象征性地喂一点。莫斯和于贝尔分析说，在这个环节中，人与牺牲实现了沟通，共享了其净化后才带有的神圣性。(221)

祭祀的第三阶段，是用从牺牲身上剥下来的牛皮装麦秆，装好后缝合，牛皮做成了一只装了麦秆的动物。它被拴在犁上，带到田里，模仿犁地的动作。莫斯和于贝尔分析说，之所以安排这个仪式，是因为杀掉牛犊就等于杀掉谷物精灵，若是不加处理，谷物来日就不能再生长。给牛皮填充麦秆，是使牛复活，而使复活的牛犁地，是重新在大地上散播牛带有的谷物神圣性。(222)

雅典人的狄伊波里亚节有物的祭祀这一面，其作用与以物为名的祭祀一样，起着保证"事物的真实"的作用；也有人的祭祀这一面，作用与以人为名进行的祭祀一样，起着保证"健康的生命"的作用。这种将人和物的祭祀联结为一体的节庆，也会随情景的变化而发生变化。当节庆整个与赎罪的机制联系在一起后，田地精灵便易于演变成替罪羊(225)，从而为神明的祭祀之兴起铺平道路。

神明的祭祀出现，要求有明确的神明这一类别的出现。这个类别的原型是农业献祭中的谷物精灵，这种精灵本是个模棱两可的类别，它既代表庄稼又代表赋予庄稼生命力的东西。随着制度的历史演化,人们将这种精灵从它的模糊状态中分化出来,于是先是赋予它动物的名字,甚至,如雅典的情况那样,将它绑定在牛犊这种活物上。人们也可能对谷物精灵加以人格化,给它取人名,将它当作一个能独立行动的有德之人。至此,祭祀提升了牺牲,赋予它神性。祭祀是以杀死牺牲为主要形式的,而要将牺牲转化为神明,也要采取同样的形式。正因如此,诸多古希腊和罗马的封神传说,都是围绕着神的自杀而展开的。(228)然而,在祭祀与神明之间,必须有一种交互性,祭祀使神成为神,但神要成为现实,具备完整的神性,则需要定期在祭祀典礼中被牺牲。

无论是作为类别的神明还是神明的祭祀,都是神话想象力的造物,这种"想象力首先赋予可中断的、单调的、被动的人格(即产生于定期献祭的人格)以地位和历史,并因此赋予它一个更为连续的生命"(229)。与此同时,神话又可谓传统的载体,它保留了起源的各种痕迹。正因为神话创造者有这一"双重人格",其传递的故事才往往将古老的祭祀当作神明的传说。这在古希腊人和闪米特人当中如此,在印度如此,在基督教欧洲亦是如此。分析各民族的神话可知,神明往往死于自杀或在战胜其他神明后死于神秘的原因,而他们"通过考验活下来的目的,就是为了让他再次经受这种考验"(234)。神明的生命是"由不间断的受难和再生构成的"(234),与农业献祭中被杀死的牛犊为了替人们赎罪和重新赋予作物生命是一个逻辑。

行文至此,莫斯和于贝尔已接近其"心游"的目的地,而此刻,他们绕回了考察祭祀的图式时专门审视过的苏摩祭。他们表明，各类神明的祭祀都可以在吠陀时代的苏摩祭中找到自己的原型。在苏摩祭中，"一系列的专有特征使他与自然的各个领域沟通"（236），在祭祀中，同类吃掉同类，牺牲成为神的食物，祭祀赋予神以生存的不朽性质。然而，祭祀又在造神的过程中重造了世界，自然的各种要素跟随在神的死亡之后的再生，而苏摩本身成了天、空气、大地这一"三联体"的创造者和化身，"自然界所有滋养和肥沃的力量所在"（236），如同《梨俱吠陀》中的原人（Purusha），通过自杀舍弃了自己（成为牺牲），舍弃了自己的身体，成为梵天，带来万物。（237）这种"从神的献祭中可以追溯世界的起源"的信仰，是古老的印欧宇宙论的共同特征，正是这一宇宙论为定期祭祀做了解释，并最终将祭祀的效力"从物理世界转移到道德世界"（237），使"无可挽回地将自己给了出去"的神明祭祀，抵达"理想极限"（243）。

社会何以可能

《献祭的性质与功能》以印度教苏摩祭开头和结束，中间穿插来自古希腊、古罗马、闪米特人和北欧的事例，但如其"神明的献祭"的末尾和"结论"开篇表明的，这项研究也是对基督教祭礼展开的历史－比较研究，与史密斯的"圣经批判"一致，旨在证明基督教是在先在的古老仪典图式基础上建立的。当然，也是在这点上，莫斯和于贝尔与史密斯产生了分歧：后者试图在所谓的"原始的、简单的形式"（如史密斯笔下作为闪米特人宗教之原型的图腾制）中寻求线索，而前者则直接从印欧文明本身入手，其所用方法一样有突出的古史研究特征,但他们的兴趣并不在古史本身,而在证实"献祭对于社会学的重要性"(244)。

关于祭祀的"逻辑上的意义",莫斯和于贝尔说:

> 这些赎罪性和一般性净化、群体的飨食和神圣化、这些城邦精灵的创造,给予了或者定期更新了表现为神明的共同体……不仅如此,个体也在同一行动中发现了自己的优势。他们将社会的整个力量赋予彼此、赋予自己、赋予他们珍视的东西。(244)

《献祭的性质与功能》正是为揭示祭祀的社会作用而写的。在书中,莫斯和于贝尔在形式和内容各异的祭祀中找到一个共同的庆典图式。在他们看来,所有祭祀都包含进入—牺牲—退出三个阶段。这三个阶段也可以理解为去神圣化—神圣化—再去神圣化,所谓"去神圣化"和"神圣化"都是相对乃至互通的,其作用在于建立凡俗与神圣的关系。神圣并不总是界限分明的类别,即使以超凡脱俗的形式存在,它是以力量为本质内容的,而力量不分洁与不洁、美与丑、善与恶、祥与不祥。祭祀的神圣化以及去神圣化与神圣的这一力量本质相关。

任何祭祀都包含舍弃(祭祀者必须给出自己的一部分或其所属物),舍弃是带有杂糅本质的神圣力量所要求的,但这一力量(其实是一种心智和道德能量)并不要求祭祀者给出整个自己。祭祀者有责任舍弃,但舍弃的部分原因是为了得到回馈(获得神佑)。

在最高形式的神明献祭（以基督教为例，这是一种神明担当祭品或替罪羊角色的仪典）中，祭祀的这一交换性质面临着被限制乃至被取消的可能。这类"高级祭祀"往往是在定期典礼中展开的。其中，"生物或一个生物物种与一个超自然力量之间形成了不可分解的关联"（229），这最终意味着，由人、牺牲、神祇构成的上下关系三联体，会演变成像图腾制那样的自然物种－社会群体两相对应的体制，这种体制便是神－自然与人的二元格局。在这种情况下，可以说是神在向自己祭祀，也可以说是神在为人彻底舍弃自己。神的自我舍弃的这一转变，将祭祀者与祭祀对象之间的施报关系变为信仰者对无私的奉献者（神明）的虔诚信仰。然而，在所有其他祭祀行动中，人与物还有神建立了关系，这一关系是契约性的，"双方交换服务，各取所需"（242），其本质是一种交流。祭祀中圣俗交流的媒介，是祭品或牺牲，它是圣俗之间的沟通手段，也是在祭祀中被舍弃的东西，而舍弃行动"频繁地提醒个体意识到集体力量的存在"，其所起的作用其实是社会性的，它"实际上维护了集体力量的理念性存在"（244）。这种集体力量的理念性存在会表现为社会实体，它与神圣性一样具有双重特征，既是良善而强大的，又是可怖而沉重的。

显然，莫斯和于贝尔界定的祭祀，介于史密斯笔下的欢乐圣餐共同体和弗雷泽笔下的祛除恐惧的巫术之间。在1902—1903年发表于《社会学年鉴》的《巫术的一般理论》[20]

---

[20] 莫斯、于贝尔：《巫术的一般理论》，3—169页。

中，莫斯和于贝尔将其从印欧和闪米特文明研究中提炼出的神圣性概念与传教士民俗学家所说的"巫术力量"概念相联系——后者带着泰勒和弗雷泽的关切在南太平洋和美洲原始部落进行研究，他们称，美拉尼西亚人的玛纳、阿尔冈琴人的曼尼陀及易洛魁人的奥伦达，都既指巫术性的力量，又指宗教性的力量，两种观念混合，与神圣观念相同。[21]

来自原始社会的民族志素材似乎为莫斯和于贝尔提供了一个机会，重新借用英国古典人类学进化论的框架对祭祀"历史上的意义"进行再解释，但作为社会学年鉴派的干将，两位贤哲的兴趣始终如一，聚焦于祭祀"逻辑上的意义"。

从玛纳、曼尼陀、奥伦达之类概念中，莫斯和于贝尔挖掘到了一个绵延的、超时间的历史时间层次。通过审视这个层次，他们看到，人类始终生活在社会中，而社会，如同神秘力量的观念，源于思想，其平衡则凭靠仪式对集体与个体的双重作用。如埃文斯-普理查德精练地概括的：一方面，"祭祀是个体用来认识社会的去欲克己的行为，它向个人的良心召唤由他们的神代表的集体力量"；另一方面，个体既能从祭祀行为中得到益处，又能用它来"调节被搅乱了的平衡"，特别是用它来抵赎因个人的过错遭受的社会谴责，使人得以解脱，并"重新进入共同体"[22]。

对于19世纪英国人类学的开疆辟土者泰勒，莫斯和于贝尔评论得不多。那时，他们已熟知"后泰勒主义"人类学

---

[21] 莫斯、于贝尔：《巫术的一般理论》，141页。
[22] 埃文斯-普理查德：《原始宗教理论》，84页。

的万物有生论（animatism，玛纳的概念，正是这种理论的经验事实支撑），这解释了为什么他们在论述神圣时频繁将之与生命力的概念相联系。倾向于生命力的解释，他们并不赞赏泰勒那种试图从原始人梦境推导出基督教神学道德－精神性的做法。这没有妨碍他们在对基督教"神明祭祀"这种"宗教的高级形式"提出历史演化解释时返回泰勒的理论。他们借此表明，有道德形而上学意涵的神明何以从原始杂糅中脱颖而出，升华为一个界限清晰的类型。而这点，正是泰勒已经做的；无怪乎在《献祭的性质与功能》"导论"一章，莫斯和于贝尔称赞泰勒理论"准确地描述了该现象的道德发展的各个阶段"（174）。从泰勒那里因袭而来的道德发展阶段论使莫斯和于贝尔坚信，社会的物质由来观念是初始性的，正是这一初始性的观念使祭祀"可以通过利用自然现象而成为定期的"（244）。

如果说莫斯与于贝尔合著的《巫术的一般理论》及20世纪20年代中期发表的著作《礼物》[23]是对社会双重性的进一步论述，那么莫斯在20世纪最初几年与他人发表的合著《原始分类》[24]、《论爱斯基摩人社会的季节性变化：社会形态学研究》[25]等，便是其对社会那种介于自然与人之间的广延性的澄清。在这些著作中，莫斯通过反思地继承

---

[23] 莫斯：《礼物：古式社会中交换的形式与理由》，汲喆译，上海：上海人民出版社，2002。
[24] 涂尔干、莫斯：《原始分类》，汲喆译，上海：上海人民出版社，2000。
[25] 莫斯（与伯夏合著）：《论爱斯基摩人社会的季节性变化：社会形态学研究》，载其《社会学与人类学》，佘碧平译，上海：上海译文出版社，2014，421—507页。

英国古典人类学,在"巫术"与"宇宙观"这一左一右两个方向上对社会学领域进行拓荒,由此构建了他的社会形态学。莫斯的社会形态学考察对象远远超出了"人间社会"的范畴,包括了在自然与人之间的"中间环节"生成的"季节形态",及在此基础上形成的"社会的物质的及可以感觉到的形式"[26]。它显然与上述神圣性的物质由来观念相关。

1912年,涂尔干完成杰作《宗教生活的基本形式》[27]。该书的民族志素材多数来自毕业于牛津大学的博物学家兼人类学家斯宾塞(Baldwin Spencer, 1860—1929)与"业余"民族学家吉兰(Francis Gillen, 1855—1912)合著的《澳大利亚中部的土著部落》[28]等书。这些丰富的素材为涂尔干将莫斯和于贝尔从欧亚大陆西部文明的研究得出的结论推向原始或"基本"的形式提供了条件。

澳大利亚土著与美洲印第安人一样,信仰图腾,但以涂尔干的角度观之,他们生活在比印第安人后进的历史状态中,信仰更为原始,更能反映"宗教生活的基本形式"。

以阿兰达人(Aranda)为例,这个部落并没有单列的神这一类存在者,人们有祖先信仰,相信祖先留在大地上的某些特殊石块既是祖先本身,又代表祖先的图腾动植物,"不会生病,不会死亡,它们是不朽的"(《宗教生活的基本形

---

[26] 杨堃:《社会学与民俗学》,成都:四川民族出版社,1997,156页。
[27] 涂尔干:《宗教生活的基本形式》,60—112页。
[28] Baldwin Spencer and Francis Gillen, *Native Tribes of Central Australia*, London: MacMillan and Co., Limited, 1899.

式》,下文简称《宗教生活》,434)。涂尔干对杂糅神、物、人成分的澳大利亚土著图腾观念给予极大重视,借此将文明三元(人、物、神)观念悄然转述为认知二元(物与人或自然与社会)观念,并将被莫斯和于贝尔视作"神的献祭"之特征的神-物一体论及神-物与人二元论推回到原始阶段。他细致考察了澳大利亚土著围绕着图腾展开的仪式。如其所述,在向年轻一代传授传统的因提丘玛(Intichiuma)仪式中,有些氏族用木制物敲打石块,念念有词,请求祖先-图腾多产后代;有些氏族将血放出来,使其流到石块上,试图使祖先-图腾获得增殖的能量。(《宗教生活》,438-40)在接下来的时间里,人们先禁食图腾动植物,接着接触这个禁忌,进入祭祀的筵宴阶段。在筵宴阶段,人们在氏族首领的带领下吃掉图腾动物或植物。(《宗教生活》,441-2)涂尔干认为,澳大利亚土著的图腾祭祀,无疑是人与自然关系的初始形式。这一形式不同于万物有灵或巫术意义上的"混一",它有些接近康德设定的本体(noumenal)与表征的区分[29],但其范畴的主要作用不在于认知,而在于将"自然"置入社会。

涂尔干称赞史密斯,说他不仅正确地指出,在农耕仪式出现之前人类已经有"先把某种神圣事物作为牺牲,然后崇拜它的人把它吃掉这种行为"(《宗教生活》,445-6),而且正确地认识到,作为"积极膜拜"的图腾祭祀旨在维持和

---

[29] Alfred Gell, *The Anthropology of Time: Cultural Constructions of Temporal Maps and Images*, Oxford: Berg, 1992, pp.8-9.

更新人与"神"（祖先）结合在一起的天然关系；在其中，"神"最初并不是分立的类别，而仅是对自然的模仿，它是祖先-图腾，初民相信自己可以通过崇拜和牺牲神圣事物，维持和更新自身的社会生命。

不过，基于澳大利亚土著民族志带来的事实，涂尔干批评史密斯说，他的理论只说明了图腾祭祀的筵宴这部分内容，让人误以为祭祀仅是人对物-神的消耗，而事实上，澳大利亚土著民族志充分表明，筵宴仅是祭祀仪式的第二环节，在"欢宴"之前，祭祀都有供养这个环节，阿兰达人用木头敲打石块或用人血"喂养"石块，便意味着供养。供养环节的目的在于"保证作为氏族图腾的那种动物或植物得到大量的繁殖"（《宗教生活》，448）。

涂尔干此处所用的"供养"明显不同于莫斯、于贝尔处理"农业献祭"时采用的"牺牲之死"的概念。他反复强调，图腾祭祀以供养杂糅物性与神性的图腾为初始仪式环节，这与人格神崇拜中的祭祀以"牺牲之死"为初始仪式环节的做法迥异。从"供养"这个概念，人们可以联想到包括玛纳在内的各种原始生命哲学，而涂尔干的兴趣似乎在别处。他表明，澳大利亚土著的图腾信仰有别于后发宗教的人格神信仰，它是非人格性的，以自然物为中心，重生命力，要求仪式性的供养是必然的，但正因为有供奉观念和实践，它也已经有了某种"宗教力观念"，这种另类的宗教力观念为人格神观念的出现铺平了道路。（《宗教生活》，451）

比较《献祭的性质与功能》与《宗教生活的基本形式》

可以发现，前者将"宗教科学"从英式原始主义拉回到法式文明主义，含有文明三元说的浓厚色彩，后者则重新将法式文明主义推回到英式原始主义，试图证实二元论与三元说的前后关系。推动年鉴派做这一"推拉"的力量，既来自涂尔干的哲学雄心，又来自英式经验主义人类学世纪转折中的民族志突破。如涂尔干明确承认的，他的《宗教生活的基本形式》大大得益于斯宾塞和吉兰的民族志经验研究，这一经验研究表明：

> 人类倾向于把自己的形象强加给各种事物的说法是完全不符合事实的。不仅如此，人类甚至一开始就设想自己可以密切地分有动物的本性……人类最先并没有把各种存在看成是如同自己的样子，他们起初反而相信自己具有某些与人迥然相异的生物的形象。（《宗教生活》，88）

也就是说，仅须借助于"生物的形象"，而无须依赖于神这个"第三类"，初民便可以启动其以"集体表象"对自然加以社会化/神圣化的进程。这些"集体表象"扮演着范畴的角色，它们自身不是物自身，而是受主体的概念图式规定的，这些图式不来自个体，而来自组织必要性的社会，其作用在于"把自然社会化"。

在《宗教生活的基本形式》的大部分篇章中，涂尔干强调了社会在"超个人"层次上的感召和凝聚作用。其主张影响了莫斯的后期著作，使他弱化了对神圣双重性的强调。[30]不过，莫斯似乎没有接受涂尔干赋予神圣的"范畴"界定，也并没有放弃自己将神与流动于世界的生命力相联系的做法。在与于贝尔共同完成《献祭的性质与功能》后，莫斯已开始密切关注新涌现的"原始社会"民族志成就了。[31]尽管他始终没有因此而放弃古代文明研究[32]，但他采用了不少民族志新信息，对其在《献祭的性质与功能》中所暗示的观点加以澄清。

在《礼物》中，莫斯用第一章最后一小节（23-9）讨论了给人的馈赠和给神的馈赠之间的关系。他引用了大量有关东北西伯利亚、阿拉斯加、白令海峡诸社会的民族志，表明在这些社会中，给人的礼物与给神的礼物通常是不可分的，人们相信"相互交换礼物并与'同名者'（name-stakes）和以各种精灵命名的人交换礼物，能够促使死者、诸神、事物、动物以及自然的种种精灵'对他们慷慨大方'"（《礼物》，24）。他们的礼物交换往往是在节庆中进行的，这些节庆往往打破村落的界限，在一个更大的地理范围里举办。与此同时，它们的礼物馈赠超出了"人人关系"范畴，也超出了涂尔干图腾社会学的"自然主义"视野，而广泛涉及神明和自然——这些存在体的"慷慨大方"被认为是祭祀促成

---

[30] N. J. Allen, *Categories and Classifications: Maussian Reflections on the Social*, New York: Berghahn Books, 2000, pp.118–121.
[31] 在很大程度上，涂尔干之所以能基于澳大利亚土著民族志完成其追溯"基本形式"的使命，是因为莫斯为他的工作做了充分准备。
[32] 在涂尔干过世后，他继续带着年鉴派沿着其在《献祭的性质与功能》中勾勒出的路线行进，使法兰西社会学和民族学在比较文明研究方面取得了举世瞩目的成就。

的，而祭祀也是人间生活生生不息的条件。

依此，莫斯对关系体制的演进规律进行了推断。他指出：

> 人们最早与之具有契约关系的，一类存在者首先是亡灵和诸神。人们不得不与之打交道订约，而且，就其定义而言，之所以有这二者，就是为了人们能够与之订立契约。的确，它们才是世界上的事物与财富的真正所有者。与它们交换是当务之急，不与它们交换便可能大难临头。但从另一个方面来讲，与它们进行交换也是最方便和最有把握的。对牺牲的破坏，目的正是为了确保这份牺牲能够成为必须回报的献礼。（《礼物》，19–20）

在莫斯看来，给神的馈赠既先于给人的礼物存在，又是给人的礼物所发挥的契约作用的"原始基础"。有了这一观点，莫斯明确地将自己与泰勒的"礼物理论"区别开来了。在泰勒的"历史上的意义"里，祭祀一开始就可以说是给神的礼物，但那时并不存在严格意义上的神，那时候的神与人没什么两样。在莫斯的"逻辑上的意义"里，那种神与人在万物有灵论意义上的无别，是英国人类学派"原始的幻象"，因为，即使是在"最原始的"狩猎采集人那里，神和自然或者二者的合体早已分化出来，作为一个境界存在，给予契约以社会性。

莫斯认定，这是一种"献祭契约"（《礼物》，27），是一种"庄严的契约"，它包含一种理论，这种理论在古代印欧、闪米特和中国文明中都早已存在，它的内容是：

> 施舍一方面是礼物和财富的道德观念的结果，另一方面则是献祭观念的结果……古老的赠予道德变成了正义的原则，诸神与神灵们会赞赏人们把给他们的献礼和毁坏的无用的祭品散给穷人和儿童……（《礼物》，28）

"魔法圈"的创造性

在为《献祭的性质与功能》英文版所写的序言中，埃文斯-普理查德说：

> 史密斯认为闪米特神明是社会群体的神秘一体性的反映或象征。这篇论文借用了这个观点，这不大靠谱。然而，作为对祭祀仪典的结构——甚至可以说，对其语法——的研究，本文则是极佳的。尽管我没能力评价作者对吠陀和希伯来祭祀之细部的论述，但我知道，如作者旨在做的，这一论述可运用于所有地方、所有时代之所有祭祀行为——或者说，至少是所有血祭——的研究。因而，作者的论述，意义超出了其证据所由来的两种文明。[33]

---

[33] E. E. Evans-Pritchard, Foreword to *Sacrifice: Its Nature and Function*, by Henri Hubert and Marcel Mauss, translated by V. D. Hall, Chicago: University of Chicago Press, 1964, p.viii.

这一评价表面很高，实际有限。埃文斯-普理查德的意思是，《献祭的性质与功能》最有价值的部分是它对祭祀行动的"语法"的精彩分析，有普遍价值，其他部分（特别是理论思考部分）则并不可靠。在《原始宗教理论》中，埃文斯-普理查德甚至批评莫斯和于贝尔说，他们呈现的"这一切都不过是十足的、没有引证任何令人满意的证据的断言、猜测和抽象概念具体化的大杂烩"。[34] 没错，"献祭的图式"这个章节给人留下最深印象的部分，在方法上也最有用。但必须指出，埃文斯-普理查德将莫斯和于贝尔对"图式"的论述形容成某种方法骨架，这一说法大大贬低了两位前辈的贡献。

如上所述，莫斯和于贝尔在图式构建中引用大量事实，对有血肉的社会实体进行形态复原。以其农业献祭分析为例，在这个实体中互动的有人、物、作物、神，他们各有生命和复杂性，"互为主体"，相互依存：人除了自己，还有物和神的双重性，物的"他性"有人和神的要素，作物是文化与自然的综合体，神不是彻底异化的类别，它有相关于物我的生命力。这些局部存在体在社会总体存在体中的角色，如同其在"魔法圈"所扮演的那样，是创造性的，但这种创造性没有割裂于心灵之外，没有导致历史的破裂，而是依照宇宙论展开周期性重复，在"再生"中成为制度和传统。

通过审视祭祀的"语法"，莫斯和于贝尔形塑了社会的生生不息形象，他们的作品不仅有方法论意义，而且有思想价值。

---

[34] 埃文斯-普理查德：《原始宗教理论》，84页。

4. 葛兰言:"食色"、祭祀与社会

莫斯和于贝尔在印度教和希伯来文明的遗产中展开研究,或多或少受这些传统的影响,将重点放在物我之外的"第三领域"。这个领域是使祭祀成为必要和可能的"神圣"。对此,莫斯和于贝尔给予了双重界定。他们反对用后发的道德形而上学来理解"神圣"现象,而致力于找到一个可以贯通古今的概念。他们表明,神圣本来的内涵并不纯一,而是含有某种"德",但这种"德"既与"道德境界"有关,又含有人与物要面对的"另类力量",而这是某种"危险"。"神圣"是一种魔法般的东西,有双重性,它变化无穷又万变不离其宗,既外在又内在于人与物,唯有控制得好,方会成为物我"不死"或"再生"的力量。

莫斯和于贝尔对神圣的这一双重界定,为涂尔干的相关论述做了奠基,后者据此揭露了万物有灵和自然崇拜理论的文明局限(其中的基督教神学"深层结构"),倡导了一种向世界各地不同文明中的"另类神圣"开放的学术。

不幸的是,"一战"夺去了年鉴派许多年轻成员的生命,涂尔干自己也于1917年带着苦痛辞世。所幸的是,莫斯化悲痛为力量,一面引领第一代年鉴派剩余成员前行,一面吸收更多青年学子加盟。在他的领导下,年鉴派在民族志的社会学理论解释和古代文明研究两个方向都取得了高度成就。

在民族志方面,年鉴派的成就主要表现在其高度的综合性上,"英联邦"人类学界积累的丰硕的第一手资料对这一成就持续给予巨大的贡献。遗憾的是,20世纪上半叶,英国人类学在古代文明研究方面取得的成就,却不能与年鉴派比肩。

"一战"后,古代文明研究方面的领导者仍旧是莫斯,而对其做出巨大贡献的,还有年纪小莫斯一轮的"远东"研究者葛兰言(Marcel Granet,1884—1940)。

葛兰言的学术兴趣本在欧洲和日本封建制研究,但阴差阳错与汉学结缘,从此一生致力于中国文明研究。葛氏传人杨堃先生评价其学术是一种特别重文化史的社会学。[1]这一概括反映了葛兰言治学的汉学特征,但事实上,其价值远不止于此。

葛兰言特别重视中国文明的社会学理论含义,他无疑是第一个将涂尔干思想运用于汉学研究实践的人。与此同时,或许是他有意为之,或许是因其所研究的文明在他的思想中悄然留下深刻烙印,他从汉学研究提出的理论观点与其运用的涂尔干思想形成了一定差异,并因此有了相当明显的从中国古史研究提出理论的新意。

在其1919年发表的第一部著作《古代中国的节庆与

---

[1] 杨堃:《葛兰言研究导论》,载其《社会学与民俗学》,107—141页。

歌谣》[2]中，葛兰言之学与年鉴派既有思想的这一双重关系得到了充分表现。这部献给社会学家涂尔干和汉学家沙畹（Edward Chavannes, 1865—1918）的著作可以有语文学、社会学、汉学等不同读法。而将之与《献祭的性质与功能》相联系，则会认识到，它构成了一种立足"远东"文明根基的祭祀理论。这一理论有别于莫斯和于贝尔基于印欧和闪米特文明提出的"神圣论"（带有"神中心论"的印记）；它与涂尔干基于澳大利亚土著民族志对初始神圣性所做的图腾论及莫斯和于贝尔从巫术研究中得出的有关原初自然生命力的看法有相似之处。但与此二者相比，葛兰言的观点也有明显不同。他表明，"神圣"固然也是中国祭祀礼仪的突出特征，但它并不源于自身，其起源也难以推及图腾物-神信仰，而是源于更古老而富有自然气质的"情感"和物我相通的生命力思想之中。这些"情感"和思想，基本层次是古代中国人所说的"食色"之性，高级层次是以阴阳为中心的人伦和世界观。葛兰言深信，借助这一"情感"和生命力思想，社会学亦可达成其理论的圆满。

节庆中的"情感"

葛兰言将"早期中国"界定为帝制形成之前的阶段，并将这个阶段分成前封建时期和封建时期，将"封建时期"看作一个接近于古希腊英雄时代（即氏族制度解体之后公元前

---

[2] 葛兰言：《古代中国的节庆与歌谣》，赵丙祥、张宏明译，桂林：广西师范大学出版社，2005。下文仅在正文括号内标示页码。

19世纪至公元前12世纪的荷马时代)的王侯时代。在《古代中国的节庆与歌谣》一书的导论,他言明自己的研究旨趣主要在于了解"封建国家的祭祀活动究竟是从习俗和信仰的哪些源泉中生长出来的"(1)。对葛兰言而言,"习俗和信仰"构成了"中国宗教"的原型,是"官方宗教"建立之前的"古代宗教"。

与英国人类学派一样,葛兰言也关注"原始宗教"如何向"道德形而上学""积极宗教"转变。然而,他是带着汉学的关切展开其研究的,重点处理的是"中国宗教"研究的特定问题。如葛兰言观察到的,研究"中国宗教"易于陷入两种困境:一种是像中国本土经学和文史研究者那样,局限于官方宗教和精英解释,对其他事实兴味索然;另一种则与近代西方的人类学和宗教学有关,它对"官方宗教"出现之前的情况更为关注,但受制于所处文明传统和流行理论,研究者思想偏狭,要么将它说成万物有灵论,要么用诸如"太阳神"之类的自然崇拜观念来加以解释。中国本土学者满足于用后发的观念去解释先在的习俗和信仰之起源与意义,西方学者习惯于不节制地将自己对原始时代的想象强加于古代中国,两类人都没有对中国祭祀制度的由来提出符合历史和逻辑的解释。(3–6)有鉴于此,葛兰言指出,要提出合理解释,便先要对记录上古社会生活的基本文献之"确切性质"加以澄清,也要对通过文献研究而确定的事实加以整体的诠释,而《诗经》同时满足了这两方面的要求。

《诗经》在中国本土学术中有重要的地位,也因此长期由正统掌握解释的主导权。葛兰言则力图将《诗经》从各种有问题的正统解释中解放出来，使其为我们了解中国文明的"史前"基础和社会学理论价值而服务。

就其所重点关注的《国风》而论，葛兰言指出：

> 极有可能的是，初看起来很像古老民歌的诗歌，原本具有仪式上的价值。此外，从诗歌的象征论中抽取出来的道德，其源头可以在这样的观念中找到，即人类与自然一样，也必须在恰当的时间来行事。因而，在歌谣中，我们有可能发现季节规则的某些痕迹。最后，既然诗歌本身及其所传达的道德教诲都遭到了歪曲其义的诠释，至少可以说，教诲并不是评注者本人想表达的意思，那么，我们就可以认为，歌谣透露了先于经典的道德教诲而存在的上古习俗。简言之，歌谣看来适合进行信仰的研究，正是从这些信仰中，产生了中国古代的季节仪式。（6）

对葛兰言而言，《国风》诸篇所承载的历史痕迹明暗有别，分量不同，但总体而言，这些表达情感的诗歌隐藏着古老文明的迹象。这些迹象之首要者是"时间"和"季节"，而这两者正是前封建时期的节庆之节律。古代节庆之节律（社会节奏），是后发之道德形而上学的来源，但我们不能用后发的看法解释先在的习俗和信仰，而应采取相反的做法，复原先在的习俗和信仰的本相，再去追溯其转变为"经的解释"的历程。

为了做这项工作，葛兰言将《古代中国的节庆与歌谣》

分成"《诗经》中的情歌"和"古代的节庆"两大部分,在前一部分他求证了诗歌的节律和它们的存在与社会属性,在后一部分则复原了与这一节律属性相关的习俗和信仰的本来面目。

在前一部分,葛兰言用一章的篇幅陈述了其如何阅读古代经典,接着用三章的篇幅分析描述自然界、乡村爱情和山川的不同歌谣,由此表明:(1)歌谣的诗艺和季节习俗/历法是密切相关的,是仪式的一部分;(2)《诗经》的教化作用是后发的,原来的版本是由舞蹈者集团创作的,是在富有社会意义的乡野爱情环境中生发出来的;(3)以山丘或河边远足为主题的诗歌,与从季节性节日的仪式中产生的情歌、爱情的诗意紧密相关,保留了歌谣的原始技巧。

在葛兰言看来,歌谣、舞蹈和爱情是与节庆同时产生的。这些表达情感的声音、姿势和情感自身,是经典正统背后隐藏着的古代习俗的组成部分。古代习俗的核心内涵是乡野的岁时节庆,它们决定了前封建时期乡村生活和两性关系的节奏性,"以其原始状态展示了男女青年在这些定期集会、在隔离期中的感情"(135)。歌谣和诗歌表达的正是这些感情。

通过独具风格的语文学研究,葛兰言表明,《诗经》中录入的一些诗篇所表达的本来是"爱情的情感"。这一"情感"先于教化存在,是自然的,但它不是个人性质的,而是社会性质的。在爱情与社会之间似乎隔着很远的距离,但二者之间的纽带是天然而深刻的。"爱情是人们在心里体验到的一种痛楚"(122),这种痛楚来自男女两性各自本性的不完整。男女各自的本性是阴阳两别的,而人们心目中的完整人格又是阴阳合一的。天然的性别差异命定地给人带来一种缺失感，似乎缺了异性，人便难以安宁。

缺失感是爱情的基本特征，它意味着两性之异，也意味着"不完整的人"才是常人。在此"缺失感"的规定下，人唯有使"己"与"他/她"合为一体，才能获得完整的人格，而人也才能得到满足。未有爱人的青年男女总是处在若有所失的状态之中，这是两性天然的人格不完整性使然。而对以农耕为主业的前封建华夏人，其生活与周遭环境的季节变化处在共鸣关系之中。他们相信，时间也与人一样是分阴阳的，一段时间与另一段时间既是分离的，又是相互补充的。他们将人的情感起伏与季节变化相联系，相信来源于人格不完整性的缺失感会随着季节的不同而变化。如《诗经》郑笺所言，"春女感阳气而思男，秋士感阴气而思女"，在春秋时节，两性对属于自己的另一方有所感，另一方对自己的吸引力愈加强烈，于是春秋两季成为爱情的时节。

"爱情本是一种沟通"，"它把两个本属不同性别、不同家族和国家的陌生人结合在一起"（122）。从《诗经》记载的歌谣表达的情感来看，作为沟通的爱情，总是以对歌形式开始。这是一种竞赛，竞赛含有对抗，而对抗既是男女异德之本性的表现，又是克服这一问题的方法。对此，葛兰言说：

> 他们在竞赛中面对面地相互考验着，每个人都充分意识到他们是异德的，每个人也都为对方所吸引。他们都受他们各自不同的本性的激发作用，模模糊糊

地意识到，对抗可以变成友情。他们的人格是完全相反的，他们觉得有必要把它们统一起来。（123）

葛兰言在中国西南和东南亚的相关民族志记录中找到了印证古史的不少材料（129-34），他将这些与古代文献两相结合，得出结论，像《诗经》记载的那些歌谣，多数起源于节庆中的男女对唱。这是男女通过相互挑战表达爱情的载体，其发生的场合是季节性节庆集会，参与者是男女个体，但这些个体也代表不同村社。

前封建时期，性爱和通婚往往集中在春秋进行。春和秋是年度周期中的两个关键节点，但它们不独为性爱和通婚而设。性爱和通婚极其重要，它们还牵涉到其他事务。两性间的礼物交换和盟约总会出现在两性赛会中。春秋时节，青年男女要定情，便要相互送礼，而定情或订婚总会牵涉到"山盟海誓"，这些除了在情歌和性爱仪式中得到表达，也借助物质性的馈赠来表现。可以想象，原初阶段，两性间的这些交换是各种交换的基本形式，同样也可以想象，这些交换与其他领域的交换是难以分割的。赛会发生的场合本来是为分立的村社交融为一个更大的共同体而设，因而，"爱情"也可以说是在村社之间发生的。通过"爱情"实现的婚配连接了男女，也连接了不同村社。而由于古人已实行外婚制，婚配必然意味着配偶流出生养她的村社，这也给习惯于生活在家园中的人们平添了分离的痛感。在葛兰言看来，这一合一分，都属于社会生成的机制，它有"爱情的情感"所通常具备的喜乐交加，但从社会生成机制角度看，则牵涉到人生与世界的所有方面。

在书的后一部分，葛兰言探入节庆的历史深层。如其所述，封建时期的基础是农业，但这并不是这个时代的发明，农业早在这个时期来临之前便已成为华夏人的主要职业。在农业社会中实行自然的社会分工，男耕女织，生活按季节节律安排，在寒冷的季节里，人们蛰居在村社和家宅中，在酷热的季节里，他们分散到野外。人们的主导情感是有深刻地方性的乡恋，此时，他们的地方与其他地方相互分离对立。

在前封建农耕时期，节庆都是季节性的，不是随意安排的，其举办的地点多在村庄以外的乡野、山麓和河边，意味着跨越这些自然局限的渡河、登山、采花、伐薪活动，是节庆的突出特征。（150-1）

葛兰言反对直接将节庆的时间节律与历法、植物生长周期及农业周期相联系，主张将节庆放在农民生活的节律中考察。在他看来，这些节律的标志是节庆，而节庆与前封建时期农民劳动和居住方式的季节性转变有关，与在这种转变环节中出现的"新的群体"有关：

> 节庆都是在中国农民有节律的生活中的转折时刻举行的，它们与个人和小群体的时间是吻合的，在这些时间里，他们隐居起来等待一年中的其他季节，集合到一起重新构造他们与之休戚相关的共同体。宽泛地说，它们是结合的节庆，在其中，人们清楚地意识到那些将他们维系在一起的黏合剂，意识到他们与自

然环境的一体性。(161)

节庆用来标志生活的节律自身,这种"行动"赋予季节的转折时刻隆重庄严的特性。以八蜡节为例,古代举办的日期大抵是在十月这个标志生产周期结束的时刻。在节庆期间,来往人群熙熙攘攘,来自不同村庄的男女双双结对,以性爱礼仪缔结婚约。除了性爱方面的大胆举止,人们还大吃大喝,进行歌舞、动物模仿、射箭等竞赛,这些使他们的庆典充满"狂欢"的特征。(154)

狂欢不是无意义的:人们通过吃喝、性爱和赛会,通过克服人格的不完整性,实现自身的繁荣。与之相应,节庆期间的人们还表现得特别慷慨,他们通过相互赠礼,使他人从自己的财富里受益。此外,古人深知,人要独立达成自身的生生不息,除了要帮助保障与他们有通婚关系的另一些村社和家族的生生不息,还要保障他们的繁荣所依赖的万物的繁荣,要使宇宙万物获得最大的受益。为此,他们在仪式中供养万物。葛兰言说,八蜡节也是一个"全面性的报恩"仪式(155),在其中,仪式参与者要准备八种不同的祭品或牺牲,将它们献给农神、种子乃至飞禽走兽。

祭在人与万物之间

八蜡节以祭品为沟通载体,在沟通中,有神明在场。葛兰言笔下的华夏八蜡节有印欧祭祀中人、牺牲(物)、神三重纵式结构,这表明,他的"节庆"有莫斯和于贝尔所刻画的印度教苏摩祭的些许印记。然而葛兰言明确表示,在古代中国的前封建时期,作为祭祀对象的神明不是接受祭品的主要祭祀对象,它们与万物合成一类。

"向万物供奉牺牲,也用万物作为牺牲来供奉;所有事物都被献祭,同时,所有事物也都接受献祭";"以万物向万物报恩",不只表达人对其自身之繁荣所仰赖的万物的感恩,也表达他们对物我和谐共生的祈望。对古代华夏人而言,物我的共生,条件是某种"全面的和谐状态"(156),而要维系这种和谐状态,既不完全取决于主体的行动,又不完全凭靠客体的调节。在前封建时期的乡土中国,人们"依照他们自身生活的原则来想象自然的法则,在他们看来,只要他们自己服从于人类的法则,自然法则就会以同样的方式正常运行"(160)。在此观念下,人们将人自身的和谐看作万物和谐的条件。在他们看来,既然人情对自然有着深刻的影响,那么,使人情维持其"和谐状态",便可促成包括万物在内的"全面的和谐状态"。为此,在节庆中,他们将自己平日生活于其中的社会秩序基本法则(如男女、长幼、尊卑等)带进了"狂欢"中(因而,他们的祭祀无须经历印欧式的严格的"净化"程序,无须消除其平日的社会身份)。另外,古人把人情与自然关联看待,他们相信"人中心"的行动之效力,也相信社会秩序与天地、日月、阴阳等对反的宇宙力量所规定的自然秩序是相呼应的,于是,他们"惯常的生活节律是对事物的惯常活动的精确模仿"(160-1)。

前封建时期,乡土中国的其他节庆与上述分析的八蜡节在内容上是相似的,但不同的节庆有它们在时间上的特殊性。在生活节律按寒暑、雨旱交替的规律运行的农耕社会,春天的节庆具有开端意味，而八蜡节则具有终结意义。这些节庆构成的年度周期被人们用自己在不同季节的生活样态来理解。人们在春天劳动，与外界各种人和物接触，在寒天栖居，避免与外界接触，他们由此相信，"年"跟人一样，在出门活动和家中蛰居之间更替。以八蜡节为例，这便是一个万物休养生息的时刻，它也是万物带着新的生命力进入世界的时刻，它的作用在于"促成了世界万物的隔离状态，也促成世界万物的复苏"（158）。

在描述"向万物供奉万物"的习俗时，葛兰言的表述接近于莫斯和于贝尔在论述神明的祭祀时给出的说法：神明将自己作为牺牲献给自己。但二者之间存在重要的差别：葛兰言用物替代了神。如果可以说，神明献祭的"最高形式"确如莫斯和于贝尔所声称的那样，用神替代了物，那么，也可以说，葛兰言笔下的"万物献祭"则取消了物神之间的界限，但其采取的方法是相反的。"万物献祭"的状态与莫斯和于贝尔论及农业献祭时强调的农业神明的物性相近，但它却似乎指向了理论的另一个方位。此时，葛兰言有些像史密斯和涂尔干——在后两者的图腾论中，神与物也是混融的，并且，这一混融是物我一体的"共同体理想"。有所不同的是，葛兰言并没有将特定之物与特定之人类共同体对应看待，他所重视的，是自然世界的万物与人类世界的类型作为两个对应的系列如何被同一种生命逻辑所贯通。对他而言，这种生命逻辑既通过年度周期得以表达，又在"圣地"上得以展现。

如上所述，封建"官方化"以前的乡间节庆，通常是在河边和山麓举行的。这并不是随意的选择,而是有特别的讲究。这些地点位于圣地。圣地在人们平日居住的村社之外,位于不同村社之间,它们是超村社的共同体诞生的场所,也是人与万物会合之处。圣地往往是以山川/山水为景观的,但它们不只是指对这些景观本身的崇拜。它们之所以是圣地,是因为作为其要素的岩石、水、树木等,都是神圣的,是因为"中国人相信,河流、山岳和森林是同一个秩序中的神圣力量"(162),是"季节循环的控制者"(163)。可以认为,葛兰言所说的神圣性与年鉴派其他成员主张的"生命力"是一致的,他所说的"神圣力量",其实就是那种贯通物我之生命节律的力量,这种力量之所以往往被视作与山川/山水有关,是因为这些"风景"不仅位于村社之间,而且位于天地之间。

在第二部分的最后章节,葛兰言用较长篇幅论述了"竞赛"。在前封建时期,竞赛是在圣地或圣地周边举办的,是节庆的核心内容。节庆在山川/山水或其周边展开,也可称为"山川节庆",它们旨在向山川蕴藏的神圣力量表示尊崇,也旨在标志万物和人类生长周期的特殊时刻。作为"整合的节庆",它们也有人间的一面,是人们生活中的重大转换时刻,它们的发生为地方共同体的集合提供了可能。这种特殊时刻的集合不是毫无生气的,而是充满了各种生动活泼的赛事。其中,最突出的是与表达爱情直接相关的民歌和舞蹈竞赛。围绕着这些赛事,村社与村社在圣地进行着人与物的两种交换。人的交换,主要包括节庆推动的女性的嫁出,它的作用在于以女性的流动实现男性中心的家族对自身存在的狭隘空间范围的超越:"地方共同体在其圣地庆祝某个节庆时,表明其结合力量再一次得到了更新,各种外婚制集团突然从日常的隔离状态中解脱出来,出于相互交换女儿的直接目的,将直到此前还严格地封闭在家族生活中的所有年轻成员一下子聚集在一起。"(176)物的交换是"慷慨地使用他们的粮食,而不是全都留作私用,以及共同消费他们私人土地上所有的生产物"(177)。与婚约的人之交换一样,物的交换也起着"削弱家族本位主义"的作用(176),它是一种"外交",与宴饮和性放纵一道,使平日相互隔离的村社和家族走出封闭。

葛兰言将《古代中国的节庆与歌谣》前后两大部分分别定义为"文学史"和"宗教史"研究,认为二者共同构成了一种循序渐进的"双重研究过程"(183)。在文学史这一"重"(维度)上,葛兰言不仅指出诗歌与前封建时期共同体的季节性节庆的关联,而且细致分析了在节庆中即兴创作的歌谣与对立统一的各种竞赛之间的对应性。他指出,男女对唱既是竞赛的形式,又是诗律的对偶原则的源头。如果说这种形式构成了礼仪,那么它的内容便是"韵律性的竞赛",而这种竞赛对应的社会生活内容,便是共同体传统规则下的性爱。这类竞赛的韵律结果是,对立程式都是作为对方的象征互体出现的,在其中,"一个自然的意象间接地以比喻的方式表现人类的事实"(188),使诗歌的主题"铭刻着自然现象和人类惯行间实际存在的对应性"(189)。

在宗教史这一"重"(维度)上,葛兰言重点考察了古代节庆的"程式"。这一程式一方面是季节节律,另一方面是集会的动态。对葛兰言来说，古代节庆标志着社会生活的热烈阶段，在此间，由飨宴（食）和性爱（色）驱动的种种交换，将不同地方推入了一个互有抵押的社会契约关系中，形成了超地方、超家族的结盟。在社会契约中，人与物的交换（性爱、婚配、飨宴、赠礼）生发着一种效力，它们使节庆活动成为一种宗教式的秩序：一方面，它作用于人间，使其从隔离的规则中解脱出来；另一方面，它作用于整个宇宙的领域，将食色之性升华为一种对立统一的阴阳宇宙论，由此将人自身的繁荣与物的繁荣放置在同一个共同体之中。我们必须看到，这是一个广义的"共同体"，其内涵是人与物的广义人文关系，其形态表现为一个赋予世界以时间和空间类别的思想范畴，这一范畴的基本内容是，"世界是由阴、阳主宰的"（199），或者说，万物都分属两个受性别（男、女）支配的部类（200）。这是一种后来被结构人类学大师列维–斯特劳斯称为"二元组织"的范畴[3]，如同歌谣中的男女，在二元组织中，对立不是目的，为由对应的要素构成的整体赋予整体含义才是目的。也因此，空间意义上的内外、上下，都是二元分化的，但同时又是一体的，时间意义上的前后、短长，其交替性亦是对立统一的（201-2）。古代节庆是习俗和信仰领域的活动，它不受功利目的指引。但这些活动通过自然地焕发"二元组织"的整体化效应，起着保障广义的共同体的繁荣的作用。

---

[3] 列维–斯特劳斯：《结构人类学》（卷1），张祖建译，北京：中国人民大学出版社，2006，122—152页。

圣地与山川的构型

葛兰言通过对《诗经》展开文学史和宗教史的双重研究，复原了前封建时期中国文明的"史前根基"，基于此，他追溯了从前封建到封建转变的轨迹。在他看来，中国文明史上的一个重要阶段是城邑的建立。城邑改变了人们的社会生活，使许多人可以永久聚居在一个较大的空间里。如此一来，他们以往通过节庆的调节获得的社会恩泽就不足以维持政治秩序了。政府主导的直接控制——早期政府的主导力量君王——替代了社会的自然秩序。封建时期中国的君王被赋予与节庆（特别是山川节庆）同样的调节人间和宇宙的力量，由此他们也获得了威严。因其自身具有神圣性，他们被奉为向四周播散神圣性的人物。他们建立庙宇和集市，用以替代前封建时期的圣地和节庆交换。他们也借力于传统，赋予庙宇和集市活动与之前一个时代相似的节律要素，这使他们发明的制度有传统的延续性。然而，城邑和君王的出现给社会生活带来的制度改变，是更为根本性的。（203）

此后，两性对立雪上加霜，男女之间的自然分工被公共事务与私人事务的分化所取代，女性被限制在私人领域里，以她们的流动和交换为主要内容的性爱礼仪也从宗教庆典中销声匿迹了，女性不再能参与男性主导的公共祭祀，她们的仪式只能以巫术为形式得到保留。（204）与此相应，婚姻不再是公共事务，在君王那里，它一方面变成了外交策略，另一方面随着神圣力量集中到君王的德性中，婚姻对国家的影响空前增大。作为一种在节庆中得以发展的神圣力量，女性既是正面的（如其在外交中的作用），又是负面的（如其所带来的宫廷生活的无序）。

更有甚者，前封建乡村举办节庆的圣地，本被相信是人自身与万物的丰产的生发地，"它们主宰着人类与自然的生活，将婴儿赐予家庭，将雨露和光辉布给禾稼"（205）。万物的生命似乎都来自圣地的守护力量，因此，人们也深信，他们自己也是从这些祖先之地降生的。基于这种信仰，在历史的过渡阶段，一些相对强大的部族会拟制出神圣谱系，并由其首领分享圣地的德性和灵力。此后，这些部族首领有些成为永久性政府的领袖，为了扩大控制力量，他们发明了一种比山川圣地更日常化的崇拜，并为此建立了供祭祀用的庙宇，组织专门负责宗教事务的专家部门。在这个过程中，城邑之外的圣地仍被当作君王神圣力量的来源。在封建等级制中，山川被安排在特定的地位上，拥有与王侯相当的头衔，对其祭祀成了君王和诸侯的特权。（163）

封建时代的来临，还意味着仪式专家团体的出现。本来仪式是乡村社会集体的事务，封建政府建立之后，整体的社会被分化为经济、政治等世俗化部门，同时，礼仪事务也从社会集体中分化了出来，由专家掌控。为了规范化，这些专家对宗教活动进行了改造，节庆由此转变为礼仪，与节庆习俗融为一体的信仰转化为历法。（207）在这一过程中，为了确立"仪式技术"，他们因袭了原始阴阳观念，但与此同时，他们也以人格重新界定了封建组织，使可以用古希腊的"英雄"概念来描述的人物成为"个人化宗教力量"（207）。正是这种力量的观念，伴随阴阳观念，共同推进了封建礼教的建设。

然而,封建时期的改造无法彻底消灭前封建时期习俗和信仰的生命力。例如,王侯拥有山川祭祀的特权有双重后果:一方面,王侯的地位得到了相应的圣化;另一方面,由于王侯具备了山川的调控力量,他们也便担负了这种力量所带来的要求。封建时期对山川的祭祀有定期的,也有临时的,后者往往与自然事务相关。在临时的祭祀中,君王作为祭主甚至可能将自己当作牺牲,但即使如此,他也未必能得到想要的结果。个中原因是,山川圣地的力量不过是君王力量的来源之一,其他的来源还包括他自己的德性。前封建时期形成的信仰到封建时期仍潜在地起着作用,这种信仰将自然秩序与人类秩序关联看待,相信其中任何一方的失序总是跟另一方相关。如果人失德,人类秩序会紊乱,人类秩序的紊乱也会导致自然秩序的紊乱。王侯不能免除受这一关联主义观点的影响。(163-4)

此外,城邑都有社稷,社稷得到了神化,但它仍旧直接继承了圣地的神圣力量。而在城邑之外,对神圣力量加以人格化也带来一个后果:在民间,它产生了神话,这些神话在封建时期被人们用来赋予古老的习俗和信仰以新活力,使其继续在封建时期"即使没有官方崇拜的帮助也能继续存在下去"(208)。

社会的生命之源

《古代中国的节庆与歌谣》是在《献祭的性质与功能》发表20年后出版的。此书为年鉴派的欧亚文明研究增添了华夏文明这个方面，原有的印欧和闪米特文明研究也因此多了一个比较维度。葛兰言与莫斯有密切关系，他侧重从"古式社会"的历史研究得出"社会逻辑"而非"历史逻辑"的理解。从其述及祭祀的篇章可以看出，与莫斯一致，他明确排斥有个体-功利主义色彩的英国人类学派的智识论解释（如万物有灵论和巫术论）。受涂尔干影响，葛兰言的解释带有与史密斯相通的行动论色彩和共同体关切，但他并没有用史密斯的图腾论来解释自己所了解的华夏祭祀，而是采取与莫斯相近的主张，注重从关系和交换把握祭祀的社会本质。

然而，在葛兰言的叙述里，莫斯呈现的印欧献祭模式似乎并没有派上太大用场。与这种具有完整性的模式不同，葛兰言笔下的华夏早期祭祀是作为局部在受自然季节调节的节庆这一更富整体性意涵的习俗和信仰体系中起作用的。也就是说，这种祭祀是节庆时期集中发生的种种交换的一种，而不是其所有类型。

从葛兰言的叙述可以看出，华夏文明的前封建时期，起社会一体化作用的并不是人、物、神构成的纵式"三重结构"，因而，祭祀之物并不是印欧和闪米特模式中神人之间的"沟通项"。或者说，祭祀之物即使是"沟通项"，也不是在献祭者与神祇这两个极项之间起中间者作用的"自然物种系列"[4]。

由于神祇并没有分离为祭祀对象，"以万物为牺牲祭祀

---

[4] 列维-斯特劳斯：《野性的思维》，256页。

万物"成为前封建时期华夏祭祀的基本形式,它与节庆习俗中的各种交换形式同时进行,服从于更富人情味的互通有无行动。

将祭祀纳入其中的交换,在前封建时期华夏人的"集体表象"中占据着中心地位,使这一牵涉到人及其在世界中存在和繁荣的"集体表象"具有了如下原理性要点:

(1)人生来有"缺失感",这种感觉会表达为爱情,而它的由来是性别之异。人的生命天然地分阴阳,因而,个体的人不能单独进行"自我的再生产",同样也不能单独拥有完整的人格,其天生的"缺失感"决定了人一生需要凭靠"他者"来实现"自我"的生活。

(2)交换之所以必要,不是因为其所交换的人或物带着某种神圣的魔力或者人格,而是因为人生而具有这一"缺失感",是因为人的生命延续严重地依赖于天然所需的"性爱"。

(3)包括"性爱"在内的交换,有以上"缺失感"含有的生物-生理上的先天性基础,但在农业社会中,这一基础也天然是后天性的,与社会生活不可分离。在前封建时期,华夏人已生活在家族的集体中,这些家族有内部差序,但这些差序在以上事实面前都会成为次要的。与个体一样,在广义的"生活"意义上,没有一个共同体能自给自足,在外婚制这一普遍制度的制约下,它总是有"缺失",而这种"缺失"是共同体自身填补不了的。也因此,与个体一样,一个共同体要"生活",它便需要与其他共同体互通有无,而这要求他们将自身降格为一个更大的共同体之下的一个局部

（村社）。

（4）这个严格意义上的"共同体"是由不同地方构成的，然而其生成的关键条件不是地方自身，而是不同地方之间的非人间境界，这个境界在前封建时期便是"圣地"，它们既是从性爱到祭祀各种形式的交换实现的场所，又是对人与万物的节律起着调节作用的"生命力"。它们是"神圣的生命力"，但与人格的精神完整性无关，而无非贯通物我的阴阳两种"性"的会合和互动领域。

（5）与此同时，华夏人深刻意识到，人不能单独生育和生活，而要依靠"他者"。他们除了依赖人意义上的"他者"来生育与生活之外，要保障自身的存在，实现自身的生命繁荣，同样需要作为"它者"的"外物"。在他们的信仰里，外物也天然有"缺失感"，与天然有性别之分的人一样，作为个体的物也不能自我圆满，它们也分阴阳两"性"，只有在与"异性"形成合一之后，方能保障自身的生育与生活。在很大程度上，祭祀的本来旨趣在于以物养物，实现万物的繁荣。

到了封建时期，伴随着王侯势力的形成与巩固，祭祀被放在了由庙堂、典礼、经学、司仪等构成的礼教体系内，但我们若是用这一体系来解释祭祀的由来，那便不仅不能理解它的起源，而且不能把握它的本质特征。在前封建乡土中国的情境下，祭祀是节庆的一部分，而节庆是时间的一种属性（如，阴）向另一种属性（如，阳）过渡的环节。在这个时间环节，生民给予特别的寄托，他们通过在节庆上得以汇合的性爱、歌舞竞赛、礼物交换、供奉等习惯行动表达这一寄托，而这一寄托可谓是驱动人与物两种交换的力量。

此处的交换与欧亚大陆西部诸古代文明的那些交换有同有异，它们也是以神圣的生命力之流动为内容的，牺牲的死亡也是祭祀的内容，但它似乎并不是节庆的重点。交换与人天然的生理-心理"缺失感"紧密相关。因此，交换的意涵更多在于"生"，在于促进生命的"繁荣"。节庆也有空间上的特殊安排，它们是在非人间的圣地上举行的，而圣地的非人间性不是由神祇界定的，它们往往是山川/山水这些与生机盎然的森林一体的境界。山川/山水之所以伟大，本不是因为它们是王侯的"化身"；正相反，王侯凭靠对山川/山水的攀附为自己在封建等级阶序中定位。它们之所以伟大，本是因为它们为性爱、共同体之间人与物的互通有无、万物献祭提供了合适的场合。空间上它们介于上下内外之间，能调节时间，调节物我关系，养育物我的生活。

在古代华夏人的习俗和信仰里，社会秩序法则和宇宙力量遵循同一个原理分类，这个原理属于一种基于个体之分促成的"合"，这是一种二元对立，对立与统一是矛盾的，但在"生"面前都是必要的。从时间周期的维度看，前封建时期，乡土中国的节庆是人与万物共同遵循的生命的节律，这种节律正是上述和谐共生状态的突出表现。

莫斯在展现印度教苏摩祭等农业祭祀时，也点出了宇宙人生的季节节律特征，此后，在论及爱斯基摩人的社会形态学时进一步指出了介于人与万物之间的季节节律的社会价值。然而，就其有关祭祀的论述观之，他并没有像葛兰言那么重视节庆"包裹"祭祀的事实。个中原因兴许是，与葛兰言笔下的华夏相比，他重点考察的印欧文明很早便有了神人分离的宇宙论观念，这种观念已经足以构成一个理论的原型。而对葛兰言来说，这种神人分离的宇宙论观念不能被搬用到"远东"，不能被用以解释欧亚大陆另一端的"史前宗教"。与欧亚大陆的其他文明相比，华夏文明的突出特征在于其物我同理这一宇宙论观念，其"基本形式"是在介于自然与社会之间的中间范围中生成的，带有生物–生理和社会的双重性特征。作为实现这一"基本形式"的习俗，节庆所容纳的也必然兼有生物–生理、人人、物物、物人之间的交换，在其中，祭祀不过是一个方面。

在两次世界大战之间，莫斯进一步阐发了年鉴派有关文明的主张，他明确表明，所谓"文明"不应当指人类史的高级阶段，而应当指所有历史阶段中共同体的自我认同与他者依赖（对其他共同体的发明创造的借鉴，以及与其他共同体共享的语言、宗教、知识、物质文化等"根基"）的同时展开。

可以认为，葛兰言的汉学著述是这一文明论的一个组成部分，有其特殊性。这个特殊性来自葛兰言所专门钻研的华夏文明本身，学界常将其与后来被称为"联姻理论"的亲属制度研究相联系。事实上，这个理论的深层还含有对文明展开的生物–生理和社会部分的叙述。在这个叙述中，文明自我认同和他者依赖的同构性本质上是由人与万物之天然的"性别"所决定的。

这一嵌在思想底层中的理论，来自欧亚大陆一个有别于印欧和闪米特的文明，有其特殊性。然而，假如我们将这个理论当作只能说明自身的"本土理论"，那就大错特错了。

《古代中国的节庆与歌谣》发表十年后（1929年），葛兰言的同窗之一、古典学家热尔奈（Louis Gernet, 1882—1962）发表了一篇有关古希腊前英雄时代的乡村节庆的著名论文[5]。该文表明，作为印欧文明的主要支脉之一，远古时期的希腊乡村习俗和信仰也是以节庆为核心的，而节庆的仪式内容正是性爱、通婚、宴饮、礼物交换、祭祀的大杂烩。热尔奈的这篇论文，很像是葛兰言《古代中国的节庆与歌谣》的"古希腊人类学"版本。

另外，比较葛兰言和史密斯早数十年提出的祭祀理论可以发现，二者都给予前经史时代的共同体以"欢乐飨宴"的界定，都倾向于用物质论来解释古人的本体论和宇宙论，更重要的是，二者实践的都可谓"批判性的释经学"，所不同的只不过是，史密斯所释之经是《圣经》新旧约，葛兰言所释之经，是作为中国王侯时代的道德形而上学产物的《诗》《书》《礼》《易》《乐》《春秋》"六经"。葛兰言思想中的史密斯式共同体理论因素，有些固然是间接从涂尔干那里得来的，因而也带有涂尔干的印记。如《史密斯与宗教的社会学研究》一书的作者指出的，"涂尔干受到了史密斯的深刻影响，尽管他对史密斯的某些看法是批评的，但他将不少史密斯见解融进了一个关于文化与社会的强有力而具有说服力的全景观

---

[5] Louis Gernet, "Ancient feasts", in his *The Anthropology of Ancient Greece*, translated by John Hamilton and Blaise Nagy, Baltimore: The Johns Hopkins University Press, 1968, pp.13–47.

点"[6]。涂尔干因袭了史密斯有关周期性(节律)、仪式的首要性及象征行为的"物质外壳"观点,也对其加以逻辑化,使这一观点有了如下的基本特征:

> 神是通过物来显现自身的,因而,也必然同物一道处在不断的变化中。人之所以做祭祀,是因为外部世界的不稳定性,这种不稳定性既是物质意义上的又是社会意义上的(因为社会也是通过人与物实在地显示自身的)。因而,神与人一样不稳定。通过象征行为,神与人的王国之稳定性得以复现,而由于这是一种幻象,它是存在性的行为,但并非事物的本质所固有的,因此,必须一而再,再而三地被重复。[7]

涂尔干是在1912年所完成的《宗教生活的基本形式》中得出以上结论的。此书的思想和知识基础极其广博,但资料基本主要来自与莫斯和于贝尔的《献祭的性质与功能》同年发表的民族志名著《澳大利亚中部的土著部落》[8]。莫斯和于贝尔基于古印度和希伯来文献复原了祭祀的程序,并据此指明了祭祀的条件在于"有神",而关于澳大利亚土著的这部引人入胜的民族志则为世人提供了原始氏族图腾论的

---

[6] T. O. Beidelman, *W. Robertson Smith and the Sociological Study of Religion*, p.58.

[7] T. O. Beidelman, *W. Robertson Smith and the Sociological Study of Religion*, p.60.

[8] Baldwin Spence and F. J. Gillen, *Native Tribes of Central Australia*, London: MacMillan and Co., Limited, 1899.

第一手材料。涂尔干巧妙地使《献祭的性质与功能》中的"神论"与《澳大利亚中部的土著部落》中的图腾论相结合,提出了他对宗教"基本形式"的见解。

比较葛兰言基于古代中国节庆和涂尔干基于欧亚西部古代文明与澳大利亚原始图腾论提出的以上观点,可以看出,在解释习俗的节律时,他们看法相近。葛兰言也特别注重从"外部世界"的不稳定性(阴阳轮替)来解释节律的由来,特别重视审视"社会的物质外壳"。然而,葛兰言的叙述还是与涂尔干的社会学解释存在着明显差异:后者将物质世界视作神显现自身的王国,而前者并没有对物质世界提出神性的界定。葛兰言的这一叙述似乎是围绕着莫斯的印欧式和涂尔干的澳大利亚式之外的另一种宇宙论样式展开的。他并没有给予这个"另类样式"一个明确的称呼,但很显然,对他而言,此前西方人类学和社会学中盛行过的万物有灵论、图腾论、巫术论都不足以形容这一样式。

又如《史密斯与宗教的社会学研究》一书指出的,涂尔干在继承中改造了史密斯有关个人作用的论述。史密斯对宗教行为的分析最终引向对个人作用的考察,他特别重视先知的诞生及基督教下个人良知的发展。涂尔干的关怀也有相似内容,他在研究社会时不忘个人。但其意义上的个人已不是史密斯笔下的先知或基督教的个人化良知,而是普遍而论个人"对连贯性和稳定性的心理需要"[9]。

---

[9] T. O. Beidelman, *W. Robertson Smith and the Sociological Study of Religion*, p.60.

在关于前封建华夏乡村习俗的论述中，葛兰言的分析似乎倾向于涂尔干这边，可以认为，他也将个体的社会性解释为个人对人与世界的稳定性的需要。然而，他似乎比涂尔干走得更远。涂尔干似乎只是在道德哲学层次上抽象地指出，"道德在部分和整体中，在个人和社会中都必须占有一席之地"[10]，而葛兰言则有志于探入个人的生理-心理世界。在他看来，人与物构成的世界的不稳定性，来自作为"个体"这两类存在体天然的缺憾（不完整的个体），及由这种缺憾导致的对他者/它者的依赖（社会）。与此同时，不同于涂尔干，他在华夏文明里找到了一些带有突出个人"良知"的类型，包括有力量和德性的"典范人物"，他们不同于史密斯笔下的先知、圣徒、祭祀、教士等，但其社会角色大抵相近。正是这些"典范人物"的存在，使葛兰言在研究华夏世界时必须如史密斯那样，关注记载其事迹和言论的各种"经"。

与此相关，葛兰言似乎没有涂尔干那么重视祭祀这种"积极膜拜"的供养环节，这又使他未能充分关注到人们所依赖的万物之增殖本身是有赖于人的。如果这的确是个问题，问题的起因似乎可以如此理解：葛兰言的万物不仅包括了动植物，而且还包括了天地、星辰、山水，是一个超越图腾的宏大世界。

---

[10] 涂尔干：《职业伦理与公民道德》，渠东、付德根译，上海：上海人民出版社，2001，282页。

5. 马林诺夫斯基与布朗："功能科学"中的祭祀

涂尔干逝世后，莫斯和葛兰言相继担纲年鉴派引路人的角色；在他们的领导下，这一学术集体继续沿着民族志文本的解读、综合和比较及古代文明研究两个方向扩展知识的疆土。莫斯、于贝尔、葛兰言主要基于经典文献提出他们的见解。在法国，这些见解启迪了包括热尔奈、杜梅齐尔（Georges Dumèzil, 1898—1986）在内的大批印欧古典文明研究者及深耕"远东文明"的历史学和人类学家。然而，这些见解对社会科学的影响，远比涂尔干的《宗教生活的基本形式》有限（法国之外的学界似乎总是在这些古代文明研究方面的成果发表数十年后才对其价值有所认识）。

在大不列颠，长涂尔干四岁，比他晚二十多年过世的弗雷泽，在莫斯和于贝尔完成其祭祀研究之后不久，花了很长时间研究希伯来文明[1]，此后，他又在晚年回归青年时代致力于研究的古典学。此间，他与年鉴派有不少交流，深知"社会学主义"与自己有关图腾（氏族与天然物对应的信仰）的论述有关，也深知这"主义"是自己巫术–宗教–科学智

---

[1] Robert Ackerman, *J. G. Frazer: His Life and Work*, pp.278–300.

识主义历史解释的反对派,然而他坚守了自己的主张。

弗雷泽晚年的学术研究对象与年鉴派古代文明研究相近,但在民族志成为主流的英国人类学界,他在这方面所做的努力,已不再具有将英国人类学带回古史的力量了。

马林诺夫斯基:祭祀作为"对周遭环境的理性把握"

"一战"期间,弗雷泽的信徒马林诺夫斯基(Bronislaw Malinowski, 1884—1942)在美拉尼西亚做了相当长期的田野工作,战后因发表杰作《西太平洋的航海者》[2]而名噪一时。弗雷泽的巫术-宗教-科学区分、图腾论解释及"永生信仰"的阐发深深地吸引了马林诺夫斯基。但他的雄心主要在于占领民族志方法学的高地,为此目的,他将弗雷泽的理论纳入一个综合了生理、心理、社会等理论的论述框架中,从而进行民族志的文化整体论构思。

马林诺夫斯基"一方面将自己包装成'社会人类学革命'的领导者","另一方面,在许多方面,他做的人类学无论在风格还是实质内容上还是弗雷泽式的"[3]。在马林诺夫斯基那里,弗雷泽的古典学和跨文明比较研究让位于收集原始民族"第一手资料"的使命,然其理论部分也被作为合理因素,用以回应涂尔干的理论。

---

[2] 马林诺夫斯基:《西太平洋的航海者》,梁永佳、李绍明译,北京:华夏出版社,2002。

[3] George Stocking, Jr., *After Tylor*, pp.234–235.

在1925年发表的《巫术、科学、宗教与神话》[4]中，他一面称颂涂尔干对神圣性的论述"最有力量"（9），一面质疑他那种将宗教和认知化约为社会的做法。马林诺夫斯基称，涂尔干与他的信徒们之所以把宗教和认知说成是神圣化了的社会"实体"，是因为他们有近代人的"民主偏见"。这一偏见致使社会科学习惯于从非个人的势力来解释一切。（54）由于迎合了这一偏见，涂尔干社会学听起来让人心悦诚服，实际上，正是这种学说应被质疑。

涂尔干将宗教的社会力量说成是它引致的"集体欢腾"（effervescence）。在马林诺夫斯基看来，这并不符合有宗教体验的人的真实感受。"宗教情绪最强烈的场合乃在孤独的时候"，"凡是亲眼看见过蛮野人或者仔细研究过这类文字记载的人，都不会怀疑原始宗教也是在孤独中得到力量的"，另外，生活在不同社会中的个人，有一点是必然要独自面对的，这便是死亡前的恐惧，及其所带来的"那一刹那的宗教情绪"（54-5）。在论证他的观点时，涂尔干诉诸澳大利亚土著的节庆，用"集体欢腾"加以描绘，殊不知，在澳大利亚土著中，情感的沸腾不仅出现在节庆中，也出现在情人相见、勇者征服恐惧、猎人搏击动物、匠人完成其杰作的时刻。大多数的情感是在宗教仪式场合流露出来的，但宗教的体验其实却常常来自个人的静默沉思。（56）

总之，对马林诺夫斯基而言，有几个事实解释了涂尔

---

[4] 马林诺夫斯基：《巫术、科学、宗教与神话》，李安宅译，上海：上海社会科学院出版社，2016，63—116页。下文仅在正文括号内标注页码。

干及其学派的见解缘何令人难以接受：其一，在原始社会里，宗教有个人性；其二，社会以公共形式呈现自身时，不见得总是产生宗教信仰和心理，同时，"集体欢腾"有不少是在世俗领域出现的；其三，作为一个共同体的文化总成就，传统总是包含神圣和世俗两个领域，在原始社会里，它更是如此；其四，把社会人格化为"集体灵魂"，这难以实证。（59）

马林诺夫斯基由此得出这样一个结论：原始人和他们的文化既有社会性又有个人性，既有神圣领域又有世俗领域。以其所研究的美拉尼西亚特洛布里恩德人（Trobrianders）为例，这些"蛮野人"仍处在新石器时代，偶尔也打渔、从事手工业、做贸易，但主要生计是农业。他们对周遭环境有理性认识，能对两类事物进行区分，一类是万物生长的过程及自然界潜在的危险，另一类是难以预知的好运和坏运。他们用知识和工作来处理前一类事情，用巫术来处理后一类问题。（21-3）他们的知识与工作跟现代人明显一致，而从巫术和仪式表现出来的知识，除了有神圣性的内涵，也有相当一部分与生活的实际领域有关。（26）

马林诺夫斯基明确反对理性经济人观点，主张将"理性"经济活动与富有非个人性和宇宙论性质的互惠和仪式关联起来，整体地看"原始经济"。然而涉及原始宗教和认知，他便转而主张把"蛮野人"的习俗和信仰与其文化的其他方面放在一起考察，将文化的这一切视作原始人"对周遭环境的理性把握"（rational mastery by man of his surroundings）。在马林诺夫斯基看来，这种"理性"含有对不可解释的事物和事件（这构成其所谓"天意"）的认识，以及处理人与这些事物和事件之间关系的"技术"（巫术和仪式），它比史密斯和涂尔干的共同体与社会概念更适合于解释诸如祭祀之类的活动。

在以上大背景下，马林诺夫斯基勾勒出了农业社会的节庆和祭祀的一般特征：

> 赠予的意思与一切社交中礼尚往来的赠品，都在献祭中占有重要地位……赠予既然是一切原始社会的常态事件，所以一切降临在原始民族之间的神祇鬼怪，也都因为食物丰富，得到相当的祭品，就像一切旁的宾客得到他们底［的］相当赠品一样。但这种风俗不但是"有饭大家吃"，而且更有深一层的宗教意义。因为食物对于蛮野人是上天给他的一种恩惠，是最根本的天意底［的］表现，而且蛮野人对于这种上天嘉惠的势力，知其然而不知其所以然，所以用献祭的方法来与一切神祇分享丰富的食物，便等于与一切神祇分享这天意的嘉惠了。因此，原始社会里献祭的根本，乃在送礼的心理；送礼便是分享丰足的意思。（36-7）

马林诺夫斯基与葛兰言是同龄人，但他研究的不是华夏，他没有像葛兰言那样将"食""色"关联看待，而是将"色"划归个人心理领域。但他对"食"的解释，与葛兰言有相近之处。他认为，供献牺牲或祭祀，作用在于用节庆仪式来支配食物，但其中也有深刻的宗教内容，它在满足"蛮野人"的食欲的同时，使其对天赐食物之丰富（此即葛兰言所谓"繁荣"）有"原始的虔诚态度"，所谓"态度"就是"心理"。与祭祀一样，被史密斯和涂尔干当作宗教社会性之最集中表现的宗礼聚餐（communion）和崇礼聚餐（sacramental meal）等，都"不过是同一心理的另一种表现，借吃来维持生命、增进生命而已"（37）。马林诺夫斯基笔下的这种"心理"，本可与葛兰言的观点谋得一致，但此刻，他的旨趣在于反驳涂尔干，因而没有往葛兰言指向的生命－社会论方向行进。

"作为一位田野工作者，马林诺夫斯基使得所有时代的人类学家都有欠于他，但是，他在其明晰的理论著述中所表现出的思想，原创性或独到之处却很少。"[5]马氏从其对史密斯和涂尔干的批评中得出的结论不见得新鲜，其中不少因素显然在莫斯和葛兰言更为复杂的观点中可以找到。然而，相比于社会学派，马林诺夫斯基的确还是更倾向于直面个体的人和他们的理性，在总体学术气质上，他更接近弗雷泽。

马林诺夫斯基是一位在奥地利、德国等"异乡"接受高等教育的波兰裔学者。作为大不列颠的"陌生人"，他促成了英国人类学派的"方法论革命"。当诸如埃文斯－普理查德之类的后人批评马氏，说他在思想上建树不多时，他们想到的似乎仅是其继承涂尔干的对神圣和世俗的区分。其实，这不见得准确。可以认为，马氏在述及这对概念时反复重申弗雷泽的观点，表现出其对英国人类学派的过去和未来

---

[5] 埃文斯－普理查德：《原始宗教理论》，47页。

有良苦用心。

在大不列颠,"社会人类学"这一学科称谓,早就出现在弗雷泽教授的头衔上了。1924年,马林诺夫斯基到伦敦学院担任讲师之职,也是以此为学科归属。但即使是那时,"社会人类学"中的"社会",仍主要指习俗和信仰。马林诺夫斯基虽在书中引据过涂尔干的社会学观点,但对他而言,社会不过是人类生活的一个方面,要给予这种生活比较完整的解释,便有必要将弗雷泽所勾勒的从巫术到宗教、从个人理性到社会道德之"推测的历史"放在一个共时性的平面上思考。

拉德克里夫-布朗:祭祀与社会中的人与自然

《西太平洋的航海者》出版的同一年,比马林诺夫斯基长三岁的英格兰人拉德克里夫-布朗(A. R. Radcliffe-Brown,1881—1955,以下简称"布朗")出版了他的《安达曼岛人》[6]。这位马林诺夫斯基的同代人在剑桥接受过哲学、心理学和人类学的教育,发表此著之前,他已活跃在南非、澳大利亚等国,做了大量穿行式和定点式的田野工作。对于社会学年鉴派,布朗的态度不同于马林诺夫斯基。他在《安达曼岛人》中表明,人类学研究者若要做好研究,便要一改其民族学阶段重历史的习惯,要对社会的意涵深加领会,而为此,他们须先学习法国社会学年鉴派的理论,以此为参照,在民族志研究中专注于仪式和社会之关系的分析。

---

[6] 拉德克里夫-布朗:《安达曼岛人》,梁粤译,桂林:广西师范大学出版社,2005。

在1945年应皇家人类学会之邀所做的一次荣誉纪念讲座[7]上，布朗回忆说，当年他写《安达曼岛人》，有意阐明有关仪式和典礼的一般性理论，这个理论的要点是：

> 社会成员头脑中的某些情感不仅是人们有序的社会生活的决定因素，而且它还控制着个体与他人之间的行为。对这些情感的有规则的象征性表现就产生了仪式。因此，仪式特定的社会功能就表现在它对这些情感的作用方式上，仪式对这些社会所依赖的社会情感在某种程度上起着调节、维持和代代传承的作用。因此，我冒昧地提出一个普遍公式，即无论宗教在哪里，它只是人们对自身以外力量的一种依赖感的不同体现，我们称这种力量为精神或道德力量。（159）

布朗接着追溯了他提出的这个"一般性理论"的源流。他首先提到《礼记》《国语》《论语》《荀子》的相关记载，并指出，有关情感及其仪式表现方式（礼）与社会作用的看法，最早是由包括孔子在内的古代中国智者提出的。（159-63）古代中国的礼仪理论，"并不是只能被应用于如古代中国那样的某个单一的社会，而且可以把它应用于全人类社会"（163）。布朗相信，正因此，西方也出现过与中国古代"礼

---

[7] 拉德克里夫-布朗：《宗教与社会》，载其《原始社会的结构与功能》，丁国勇译，北京：中国社会科学出版社，2009，154—183页。下文凡在正文括号内标注页码者均引自此书。

仪"理论相似的思想,远者如古希腊的柏拉图思想,近者如近代法兰西社会学这一脉相承的学统。

若是葛兰言了解布朗学术,那他一定会回应,对封建时期形成的古代文献不加批判地引用是毫无道理的。如前所述,葛兰言在这点上很像史密斯,他也致力于为经典文献找到"史前"的来源,而他所找到的来源也是乡村的共同体生活,在他看来,一旦城邑和王侯出现,这种生活便必然会随之出现改变。对于葛兰言的这一看法,布朗是了解的。然而,他致力于找到贯通原始社会和文明社会的"比较社会学",所以不仅不关心时代性变异,而且恨不得将这种差异化为子虚乌有。

布朗与葛兰言还有一点重要的不同,他也述及"食色",但他似乎相信,此二者是在结构–功能意义上的体系的因子,没有单独的意义。

在论及祭祀时,布朗承认马林诺夫斯基有一点是对的,即,仪式中之"食",应放在人所需之物与"天之赐予"的关系中去考察(180)。然而,对马氏的"欲望理论",他断然拒斥。他引用有社会学色彩的法国神学家卢瓦西(Alfred Loisy, 1857—1940),描述了祭祀的"食"的一面。卢瓦西称,原始人施行巫术性的祭祀,为了获得良田,避免受困于灾难,保证狩猎与捕鱼的运气,这固然满足了他们的"食欲",但其中也包含一种"良心"。即使是在巫术性的祭祀中,人们也并不奢求从神圣奉献中获得实际利益。这种心态,是一种"自信",它的存在表明,祭祀从一开始就有"抛弃私欲、崇尚奉献"的一面(179),而正是此"自信"

构成道德伦理的开端。布朗表明,卢瓦西所做的工作是有重要价值的,他为我们揭示了巫术活动发展为宗教的潜力。遗憾的是,其阶段论公式不能让人满意,其"欲望"和"自信"解释更是局限于强调宗教态度的一个方面。在布朗看来,比"欲望""自信"这些词语更好的概念是"依赖感"。"宗教培养了人类的某种依赖感",如祖先崇拜中活人对故去的人依赖感,儿童对于承认的依赖感。(181-2)同样地,要对祭祀中的"食"进行妥善解释,也要运用"依赖感"这一观点并表明,"天之赐予"是人所依赖的,也是其依赖感的来源。在布朗看来,社会性与群聚性是有区分的,不同形式的依赖感才是社会性的源泉。

至于"色",布朗更多关注的是亲属制度的"继承""继嗣"这些方面[8],他由此推知的共同体是纵向形成的,因此不难发现,他对葛兰言笔下横向延伸的"爱情的情感"(联姻理论)若不是未加关注,便是不能理解其社会价值。布朗所做的亲属制度研究,表面上包含姻亲关系这一类,实际上则局限于葛兰言笔下封建时期之世谱制度。另外,布朗在讲座中反复强调孔子思想的重要性。若是葛兰言在世,那他必然会指责其将后发的文明套用在史前社会。然而,在展开其论述时,布朗对此问题并不关心,他将心思都放在如何借鉴涂尔干社会学理论这个问题上了。

关于涂尔干,布朗说,其理论观点是:"宗教仪式是社

---

[8] 拉德克里夫-布朗:《父系继承与母系继承》,载其《原始社会的结构与功能》,1—17页。

会团结的表现,它的功能表现在,通过对情感的强调来'重塑'社会或社会秩序,而这些情感是一个社会中团结和秩序的依靠。"(169)布朗谙熟澳大利亚土著民族志,他认为涂尔干所收集的资料并不完整,但关于图腾仪式,其提供的解释重在考察仪式的社会功能,大部分是有效的。澳大利亚土著社会分化为许多地方性群体,这些群体以亲属制度联合成一个团体,而亲属制度同时又与土著对自然现象的宇宙论解释相互结合,成为神话和神圣的基础,作为象征行为,仪式展示了图腾制的社会论和宇宙论的双重性。涂尔干的描述与布朗所见有不少出入,但他的一般理论却很好解释了布朗之所见。(172–3)

布朗深信,社会功能解释无论是对于理解文明社会还是对于理解原始社会,都是深有启发的。英国人类学派在其古典时代误以为,道德因素只在先进的文明民族中成为关键,在原始人那里这种因素还没有显现。通过引用来自古代中国、古希腊及近代法国社会学年鉴派的观点,布朗表明,这一进化人类学的看法是错误的,原因是,在哲学思想上,"野蛮的宗教"和"文明的宗教"存在深刻的相似性。(174)

布朗所谓"哲学思想",听起来有些像英国人类学派在其古典时代反复求索的"原始人的心灵"和"道德形而上学"的综合。然而,必须指出,这个概念之所指,与后者有根本的不同,它主要是指通过仪式活动所表现的情感、道德价值及秩序思想,这些可以在古代哲学中找到更系统的诠释,但根基还是在于仪式。

布朗在论述仪式与"哲学思想"之间的关系时,有自相矛盾之处。到底是内在的情感、道德价值及秩序思想决定着仪式的表现，还是相反，仪式的"程式"决定着人们如何思考这些内在的东西？布朗给予的解答通常是社会决定论的，其中，仪式是以社会为动因的，又是首要的因素；矛盾的是，他似乎又总是致力于从表象看本质，而本质往往与原始和文明的"哲学"有关。在布朗心里，其他人看起来矛盾的并不是矛盾，其原因是，"哲学思想"主要是一套对人与世界及其相互之间关系的看法（特别是对人类世界与自然世界的社会关联的看法），这些看法与被视为决定着德行的宗教信仰不同，附属于人们的行动。

在其1929年发表的《图腾社会学理论》一文[9]中，布朗为将其所谓"哲学思想"与巫术-宗教相区别，甚至严厉地批评了涂尔干，他称自己反对涂尔干的理论，"因为他认为，在图腾崇拜中，自然物种是由于它们被选为社会群体的代表才成为神圣"（126）。而在布朗看来，每个社会都存在两种并存的自然观，一种是自然主义的，一种是神话学的。在前一种自然观中，社会与环境、人与自然是二分的，而在后一种自然观中，"自然秩序可以融入社会秩序中，并成为社会秩序的一部分"。后一种自然观是仪式的前提，它将宇宙秩序与道德或社会秩序混合看待，既是"原始心智"的核心又是所有宗教现象的内核。（127）

"哲学思想"显然不只是以神话为主要内涵的"原始心

---

[9] 拉德克里夫-布朗：《图腾社会学理论》，载其《原始社会的结构与功能》，112—130页。

智"和信仰，它也含有自然主义自然观这部分，这部分的地位在近代欧洲得到了空前的提升，但并非近代欧洲人独有，在原始社会、东方文明和古希腊文明那里，它同样存在。

布朗的心灵穿梭在世界的诸方位之间，综合古代中国和古希腊思想、近代法国社会学及澳大利亚"土著智慧"，论证了仪式比信仰普遍的观点，这有其针对性。

在1945年讲座一开始，他开宗明义地陈述了这一针对性：在欧洲，人们很早就将宗教当作一个信仰问题来看待，这种主张在基督教改革运动之后尤其盛行。"在所有的基督教徒看来，仪式的意义是与宗教的阐释联系在一起的。因此，对基督教信仰的研究就构成了欧洲宗教研究的主要内容。"（157）英国人类学派在其古典时代对欧洲宗教多持批判态度，但有意无意中，他们对其他宗教却采取同样的解释。这就使他们以自己生长于其中，并对之存有偏见的宗教为蓝本，来构想一种宗教研究的抽象方法。这种方法本质上是一种"伪心理学的产物"，它误将信仰当作行为的原因，致使自己无法解释缘何错误的或虚幻的信仰能被通常是有理智的人们所接受。

布朗表明，在他看来，"要想理解宗教，首先要研究各种仪式，而不是各种信仰"（156），因为，"无论是在古代还是现代，任何一个宗教不仅与一定的信仰相联系，而且还与一定的习俗、仪式活动和行为准则发生关系"（157）。在基督教阴影下，即使是不信教的人类学家，也常局限于信仰这方面，对另一方面漠不关心。有鉴于基督教信仰理论不适于用来解释其他社会的宗教特征，也有鉴于在这种理论下"基督教徒由于教义的不同而相互迫害"（159），难以为世界提供一个和谐相处的伦理学方向，布朗转向史密斯的批判释经学启发，借重社会学年鉴派的阐述，将信仰和教条替代为神话和神圣，使之与仪式相搭配，形成一个社会人类学宗教研究的范式。

在布朗的新范式下，祭祀仍旧占据显要地位（也因此，布朗在其讲座中相当充分地引据了史密斯的《闪米特人的宗教演讲录》、20世纪20年代初卢瓦西对献祭史所做的论述及马林诺夫斯基的相关民族志描述），但它已被保留在一个更宽泛的范畴之内，作为一个"子纲目"在仪式这个"母纲目"之下存在。

无论是古代中国、古希腊还是澳大利亚土著，因其文明形态与欧洲基督教的信仰-教条主义有别，都深得布朗关注。布朗是大不列颠的涂尔干信徒，他完整保留了其仪式社会功能论的核心成分，特别是其关于神圣、"集体欢腾"、道德的论述。但与此同时，我们也在他关于祭祀的论述中看到了生命-社会论和社会世界与宇宙世界的"关联视角"，这些与葛兰言对古代中国节庆的刻画有着若隐若现的关系。据说，1935年秋，布朗应邀从芝加哥大学赴燕京大学讲学，此时，他已十分"关心阅看法国葛兰言研究中国古代文明和思想的著作"。如其坚信的，葛兰言描绘的前封建乡村，乃是中国文明的基本特质，并且，直到20世纪仍旧广泛存在着。在燕京大学，他产生了在中国农村进行实地研究的计划。[10]

当马林诺夫斯基在英伦成为学术明星之时，布朗侨居于南非、澳大利亚和美国等异国他乡，直到1937年他才回

---

[10] 吴文藻：《吴文藻人类学社会学研究文集》，189页（注8）。

国,赴牛津大学接替马雷特的职位。此后,他创建了一个学派。[11]可以猜想,在布朗看来,直到他在牛津大学创建一个学派后,英国人类学才真正有了"社会"的感觉,即使是已然用"社会人类学"来称呼自己的伦敦经济学院人类学派,其所用的"社会"都是空洞无物的。

在布朗的引领下,"二战"后一个相当长的阶段内,英国社会人类学家眼光向东,越过英吉利海峡,投向巴黎,他们深信,在这个他乡,可以找到使自己国度的人类学获得新生命的思想养分。这些人学富五车,他们不可能不知道,法国社会学年鉴派在其形成过程中曾大量借鉴英国古典人类学,然而,这一事实并没有给他们推导出"文化自信"的任何理由。他们将"后古典"的牛津学派之兴起主要归功于年鉴派的启迪,这之中的不少人是在与他们的导师布朗的辩论中成长起来的,但几乎全部与他一样,都有了浓烈的"法兰西腔调"。这一情状,与大不列颠的"陌生人"马林诺夫斯基时代(20世纪20—30年代)的英国人类学不同,那时,泰勒已仙逝,但弗雷泽仍活着,他的学术已返回古代文明研究和古典学,但他的信徒依旧在其巫术论范式下寻找英式理性论普遍价值的存在理由。

---

[11] George Stocking, Jr., *After Tylor*, pp.298–366.

6. 埃文斯-普理查德：从祭祀到"原始哲学"

与长期在科学与人文之间摇摆的德国和美国人类学不同，1850年之后的一个世纪，英法人类学的主流一直站在科学这边。泰勒、弗雷泽、涂尔干如此，莫斯、马林诺夫斯基、拉德克里夫-布朗如此，没有放弃教徒身份的史密斯亦如此。而他们的科学不拘一格，有"文化科学"（泰勒、马林诺夫斯基）、"宗教科学"（莫斯、于贝尔）、"思维科学"（弗雷泽、列维-布留尔）、"社会学"（史密斯、涂尔干、葛兰言）及"社会的科学"（布朗）。

一般认为，作为科学的人类学，是在1950年首次遭到反思的，始作俑者为埃文斯-普理查德（Edward Evans-Pritchard, 1902—1973）。

埃氏1902年出生在英格兰乡镇的圣公会神职人员之家，幼年在农庄中度过，并在一个预科学校接受初等教育，14岁进入温彻斯特学院，接受古典学和文史教育，19岁进入牛津大学，在艾克斯特学院主修史学。在学期间，他受到该院教授马雷特（Robert Marret, 1866—1944）的影响，对人类学产生浓厚兴趣，尤其是对其探险式的田野工作产生了浪漫想象。1923年，埃文斯-普理查德不顾马雷特的劝阻，转学去了在田野民族志研究方面取得辉煌成就的伦敦经济学院人类学系，师从著名人类学家塞利格曼（Charles G. Seligman, 1873—1940），后者曾是剑桥大学托雷斯海峡探险队成员，并对新几内亚群岛、中国、非洲等区域的调查研究深有经验。不久，埃文斯－普理查德成为该院著名的马林诺夫斯基研讨班的最早成员之一，后因不满于这位老师的权威主义，公开与之决裂。受塞利格曼的引导和帮助，他1926年去往非洲开展田野工作，次年基于其在阿赞德人中的调研所获写就博士论文，获得博士学位。"二战"前，他在伦敦、非洲、牛津之间漂泊，战争爆发后他参了军，在中东和非洲担任军官和情报人员。1945年返回牛津。

其时，布朗早已在牛津大学扎下了根，是社会人类学派的领导者。对其"社会的科学"这一人类学界说，埃文斯－普理查德起初表示赞同。然而，次年，他成为布朗的继位者，此后便开始对其"社会的科学"发动了攻击。

1950年，他在著名的马雷特讲座[1]断然与布朗划清界限。他表明，布朗的"社会的科学"，一样是自然体系和自然法则的观念以自然科学为模型支配人类学的手段，这些观念使"人类学成为错误的僵化的学问，导致一个接一个僵化而雄心勃勃的模式"[2]。他主张，要将人类学从这些僵化的模式中解放出来，使它成为真正的经验科学，便必须重新将学科界定为"属于人文学科的历史"，重新将社会人

---

[1] 埃文斯－普理查德：《社会人类学：历史与现状》，载其《论社会人类学》，冷凤彩译，北京：世界图书出版公司，2010，99—112页。
[2] 同上书，110页。

类学归入人文,才有助于使其避免无端地追求体系和法则,使其从"解答"(explanation)中解放出来,成为"解释"(interpretation)。[3]

埃文斯-普理查德对马林诺夫斯基和布朗两位老师的背叛,虽有人指此与其人品有关,但也有不少人肯定其"背叛"所带来的客观知识转变。20世纪中叶,埃文斯-普理查德确实给社会人类学带来新鲜的空气。关于其倡导的新学风之实质内容,他解释说,唯有变身为人文、历史乃至"艺术",人类学方能摆脱教条化科学的支配,使自身有条件在民族志的描述和解释中获得更高成就。

这一新学风堪称"解释转向"。不过有学者认为,这一转向尚有其他含义。与埃氏关系密切的林哈德(Godfrey Lienhardt, 1921—1993)称,这个转向有信仰因素在起作用:"二战"期间,埃文斯-普理查德的心态发生了重要变化,这使他最终于1944年在利比亚皈依了天主教。[4] 皈依天主教与人类学"人文化"似乎风马牛不相及,因为在西方,教徒和非教徒人文学者比比皆是,教籍并非"人文化"的条件。然而,埃文斯-普理查德的皈依与"转向"还是隐约有关联的。两者之间有样东西充当着纽带,这就是埃氏的前辈人类学家花了一百年试图摆脱的神学。

从20世纪30年代起,埃文斯-普理查德已启动了在神

---

[3] 埃文斯-普理查德:《社会人类学:历史与现状》,载其《论社会人类学》,109页。
[4] Adam Kuper, *Anthropology and Anthropologists: The Modern British School*, London: Routeldge, 1983, p.132.

学的虚与实之间钟摆般的运动，他有时将神学当作类似堂吉诃德所斗的风车，有时将它当作方法上的战术，变换着手法展示这东西与人类学的相关性。由此观之，"解释转向"并不是埃文斯-普理查德宗教态度转变的表现，而与其绵续得更久的心境相关。

"赞德神学"

早在皈依天主教之前，埃文斯-普理查德已陷入神学与民族志相关性的沉思中了。1936年，也就是在发表其"人文化"宣言（马雷特讲座）之前14年，埃文斯-普理查德发表了一篇题为《赞德神学》的论文[5]。文章题目中的"赞德"（Zande），是阿赞德人（Azande）的另一个称呼（来自周边民族），这个民族生活在南苏丹尼罗河-刚果河分水岭，埃文斯-普理查德20世纪20年代中后期在他们中间从事田野工作时，他们的家园处在英国和埃及的共同管制之下。如埃文斯-普理查德在文章中提到的，那时，这个民族在其表层已经有基督教和伊斯兰教传播留下的印记，而研究"赞德神学"的人却对他们的"本土宗教"更感兴趣，他自己也一样。他基于对阿赞德人的田野工作完成了自己的博士论文，《赞德神学》这篇文章则是博士论文答辩多年后写的。

题目中的"神学"是由古希腊文"神"（theos）和

---

[5] Edward Evans-Pritchard, "Zande Theology", in his *Social Anthropology and Other Essays: An Investigation of the Aims and Methods of Modern Anthropology by One of the Major Figures*, New York: The Free Press of Glencoe, 1962, pp.288–329.

"学"(logos)合成的。当时阿赞德人所在的南苏丹已开始传播基督教和伊斯兰教,二者有各自的神学,其中,在基督教里,神学原本特指关于基督的神性的研究,亦含有教导人们"学向基督"的意思。

可是,何为"赞德神学"?这个南苏丹的民族本不归属于神学所在的那些文明区域,他们原本并没有神学这种东西,中译者或许因此干脆将"神学"改译为"神话"[6]。然而,埃文斯-普理查德用"theology"并非出于笔误,而是明显有其用意。如其开篇所暗示的,对诸如阿赞德人这样的"他者"展开社会人类学研究,"神学"这个称呼已被运用,出现了"原始神学"(primitive theology)的叫法和做法。这种"原始神学"与一般人类学没什么两样,本质上是一种"翻译",如同其他形式的翻译一样,用己之概念翻译其他"神学"的对应观念。这"翻译"当中必定有侵入其他文化的一面,其导致的意义转化可被视作"侵入"的直接后果。然而,即使是有明显的意义转化乃至曲解,作为翻译的"原始神学"也并非毫无价值。埃文斯-普理查德深信,带着"原始神学"概念在其他文化中摸索定会带来知识上的受益,由此他进入了"赞德神学"领地。

在埃文斯-普理查德进入阿赞德人所在区域之前,不少旅行家与军人已留下了相当多的对阿赞德人习俗和信仰的记录与解释。这些记录和解释极其多样,有的说阿赞德人没有

---

[6] 埃文斯-普理查德:《赞德神话》,载其《论社会人类学》,227—264页。下文仅在正文括号内标注页码。

神，只有文化英雄，有的说他们只有鬼，还有的则完全相信他们与基督教世界一样，有着完整的上帝观念及与之相应的教条和仪式。这些记录和解释各有偏向，他们将同一个民族描绘成完全不同的两种文化，一种是有文化英雄或鬼而无上帝的，另一种是与英国人一样有上帝的。埃文斯-普理查德认为，不同说法各有依据，但只触及阿赞德人的个别方面，而这个民族的文化正是由这些不同的方面共同构成的。为了使自己的研究更方便、更有针对性，他指出，最好从认为阿赞德人有上帝的那一类记录和解释入手。

这类记录和解释构成"原始神学"的典型，其提供者（埃文斯 普理查德具体举出了两个学问颇高的军人）关心的主要问题是：基督教神学中最重要的概念是"上帝"，我们能不能在阿赞德人中找到相近的观念、信仰和仪式？也许是出于轻信，"原始神学家"给出了肯定的答案。而作为人类学家，埃文斯-普理查德与其不同，在思考这个问题时，他没有那么简单，而是想到了其他问题：与"上帝"相近的阿赞德人的语词具体到底是不是指与"上帝"一样的存在者，或者有所不同？阿赞德人即使有相近的词语，他们的宗教实践是不是也是围绕基督教式的教条展开的，或者并非如此？

在文章中，埃文斯-普理查德将自己在田野工作中的所见所闻与他熟知的传教士和军人的"业余学术"对比，对阿赞德人与"上帝"相近的概念Mbori等词之所指进行了解释。埃文斯-普理查德表明，无论是他自己还是其他解释者，都没有发现阿赞德人有"对世间有着持续兴趣、奖善惩恶、守卫道德的法律"（233）的人格化之神。Mbori这个曾被译为"上帝"的词不妨译为"supreme being"（至高无上的存在者）。然而，必须指出，这个翻译是有条件限制的：这个"至高无上的存在者"并不是上帝，所以用基督教世界的"上帝说"来描述这个存在者是不现实的。

埃文斯-普理查德着重考察了与Mbori相关的祷告、带有这个词的人名的含义及在干旱和其他灾难期间举办的仪式，以此批判了既存解释。首先，他指出，为了将阿赞德人的Mbori与基督教的上帝两相对应，即使是那些学风严谨的记录者，也不禁要制造出阿赞德人有定期和不定期祈祷的故事，他们没有想到，阿赞德人在言语中提及"至高无上的存在者"，有时是相当随意的，有点像西方的情况，形同于对某些难以解释的事情发出的感叹，有时则是因为他们面临无法解释的危机和不幸。（234-40）其次，阿赞德人给人起名时，的确会用到Mbori这个词，这些名字也的确证明阿赞德人有对高于人的存在者的信仰，但通过起名，阿赞德人很少赋予人以神的属性，起名也有相当大的偶然性，这不同于基督徒。（240-1）最后，关于仪式，尤其是述及祭祀，采取"上帝说"的解释者，往往将这些活动与Mbori相联系，认为这些祭祀活动是集体向神献出祭品，以期获得丰收、免除灾祸。埃文斯-普理查德则表明，他亲自看到的仪式并没有太多"虔诚和诗意"（250）。

通过把Mbori译为"神"或"上帝"，并把其他相关词语译为"灵魂"，既往的解释者暗示，阿赞德人原本也有人格化的万能仁慈的主；而通过把阿赞德人的行为举止看作某种观念和教条的外化，他们推导出一种学说，并倒过来用这种学说解释阿赞德人的行为举止。"从阿赞德人的行为中，我们依据自己的思想建构一个概念"，而实际上，在埃文斯-普理查德看来，"阿赞德人没有任何明确的教义概念"，"因为他们使他们的信仰实际化，在仪式和祈祷中表达它们，而不是使它们理智化，在教义和神话中思考它们"（258），我们若是在它们当中寻求教义，那便会徒劳无益。（259）

阿赞德人多半是在恐惧、忧虑、失望时才召唤Mbori的帮助，他们的祈祷主要起的是感情上的作用，此外，他们所召唤的也不是作为神的Mbori，在一些仪式里，他们召唤的是鬼。而在阿赞德人中，Mbori既是神，也是鬼怪或人，这些存在者的概念边界极其模糊，如果说这些所指有什么统一性，那就是这个统一性并不在神自身，而在于神鬼共在的地方。因而，Mbori一词几乎是无法翻译的，它的所指大抵如下：

> Mbori是鬼魂的大王（所有阿赞德人都说鬼魂服从于Mbori），但在这个世界上，他还能帮助人，不过他更直接影响的是在小溪的源头加入他的鬼魂。如果一个人向他父辈的鬼魂祈祷，他的父辈会请求Mbori准许这个人的请求。如果鬼魂生前的案件不能够公正解决，鬼魂有可能会当着Mbori的面自行进行诉讼。鬼魂能够看到Mbori，他通常被认为和他们一样形影模糊，不过阿赞德人并没有自认为知道除了坟墓之外的更多生活。人们偶尔在梦中拜见鬼魂，甚至看到Mbori。（258）

那个神鬼共在的地方，就是上面这段提到的小溪源头，它逻辑上是干旱的对立面，是不断冒泡的水源。阿赞德人认定这个地方也是神鬼的居所，这些存在者对雨有神秘的控制力，这种控制力既对克服干旱有用，也对祛除瘟疫有用。遇到旱灾和瘟疫，阿赞德人会寻求通灵者的帮助，由他们代为问询是否需要举行仪式。举行仪式前他们会做毒药神谕，从而证实仪式的必要性。这一仪式的过程并不具有明显的公共性，人们主要还是依靠那些能够通过梦与死去的鬼魂进行沟通的通灵者（通常是妇女）来做一些像巫术一样的工作。

在埃文斯-普理查德看来，能更好解释阿赞德人"原始神学"的不是别的，而正是列维-布留尔（Lucien Lévy-Bruhl, 1857—1939）的"互渗律"（participation）。

写《赞德神学》之前两年，埃文斯-普理查德已完成了两篇关于巫术理论的述评之作，前一篇中[7]，他清算了泰勒和弗雷泽的理论，指出他们那种将巫术视作理性思想领域内部错误的做法是不对的，后一篇中[8]，他专门评介了列维-布留尔的原始思维理论，概述了这一理论中的前逻辑、集体表象、神秘性和互渗的概念。尽管他对列维-布留尔对原始与文明所做的前逻辑和逻辑之分同样不赞同，但后者在年鉴派社会学基础上对原始思维所做的社会及思想特征（神秘性和互渗）的解释深深吸引了埃文斯-普理查德。他认为，这一论述也是对巫术的智识主义解释，但相比之前的理性主义

---

[7] Edward Evans-Pritchard, "The Intellectualist (English) Interpretation of Magic", *Bulletin of the Faculty of Arts*, vol. 1, 1934, pp.1–21.

[8] E. E. Evans-Pritchard, "Lévy-Bruhl's Theory of Primitive Mentality", *Bulletin of the Faculty of Arts*, vol. 2, 1934, pp.1–26.

解释，能更好地说明他在阿赞德人当中的所见所闻。

在《赞德神学》中，埃文斯-普理查德一笔带过地提到"互渗律"，主要表明，阿赞德人的思想和行为也是在这个前逻辑的智识基础上展开的。（161）

在原始思维基础上，"原始神学"对死亡这件事的解释是复杂的，死亡被理解为人、物、神之间复杂关系的表现。阿赞德人说，死去的父辈会去到那条神秘的小溪，但因为关心人间，他们的灵魂会回到自己的坟墓或孩子的住所，而比父辈早的死者，则变成鬼，和神在一起。他们的神和物一样，一般没有性别之分，与某些天体、蔬菜及工具一样，具有动物的代名词。阿赞德人的神与道德规范相联系，作为观念的神也是维护道德的约束力之一，但它是第二性的，第一性的是惩罚作恶之人的巫术。对于神代表的因果关系，阿赞德人不到山穷水尽之时是不会随意诉诸的，神往往是他们诉诸其他原因无果后转向的最后原因，这个最后原因，也是阿赞德人"知识和传统的地平线"（263）。比如，对于巫术、神谕、药这些东西是如何得来的，阿赞德人会先说是祖先和祖先的祖先教的，最后才会说是神教他们用的。

在与既有的"原始神学"解释商榷时，埃文斯-普理查德用的证据多是他亲眼所见、亲耳听到的。为了使这些证据与在基督教神学框架下提出的神学式民族志之系统性两相对照，埃氏刻意保持了证据本身的零散特征，使它们零散出现在神学的祈祷、起名、祭祀仪式三大类中，对追求结构的现成解释构成冲击。来自西方的神学解释是他的入手点，但他旨在由经验民族志探入其所要理解的世界。为此，他将土著化的神学概念与民族志的对应概念放置在同一个平台上加以某种特殊形式的辨析。在进行这一辨析时，他将一般被排除在神明范畴之外的鬼魂纳入了神明范畴，使这个"土著范畴"如实地表现出它的特殊混杂性。此后，他又返回了那个他要理解的世界，花了不小篇幅辨析阿赞德人的"文化英雄"到底是谁，围绕他的神话又有哪些。而在做这项补充工作时，他不断重申阿赞德人的不同文化。

埃文斯-普理查德笔下的阿赞德人全然缺乏对教义的兴趣，他们的宗教更重实际行为，这虽接近宗教社会学和社会人类学所说的"仪式"，但也不尽然。在揭示既有阿赞德人"神学"研究文本的问题时，埃文斯-普理查德指出，这些文本描述的祭祀仪式太集体化了，很像社会学家笔下的农业祭祀，不像他亲眼所见的，而更像基督教神学中的仪典。其实，对于这类仪典的解释，苏格兰学派史密斯和法兰西学派涂尔干的概念没能派上什么大用场。埃文斯-普理查德描述的阿赞德人的鬼神，有泰勒的万物有灵论的影子，他呈现的祭祀行为，则像是弗雷泽和马林诺夫斯基笔下的巫术和通灵术的杂糅，这使其看法与其同门弗思（Raymond Firth, 1901—2002）因袭马氏对祭祀做出的"资源理性"及社会-个体相结合的解释有明显的相似性[9]，而他唯一明确提到的

---

[9] Raymond Firth, "Offering and Sacrifice: Problems of Organization", *The Journal of the Royal Anthropological Institute of Great Britain and Ireland*, vol.93, 1963, pp.12–24.

人类学理论来自列维-布留尔。很显然,在他眼中,对阿赞德人的宗教而言,所有这些因素同时存在,而使这些因素结合在一起的是"互渗律"。

埃文斯-普理查德坚信,阿赞德人"神学"的以上特点,与对这个民族的宗教生活的既有描述有相当大的出入。埃氏的行文令人感到,他在暗示,作为专业人类学研究者,他自己的描述和解释比起业余研究者的叙述更客观些。不过他并没有断言,这一差异有信仰方面的原因。可以猜想,他回应的那些业余研究者有教徒身份,而当时他自己还没有皈依天主教,但他明确表示,"观点的分歧不能完全归因于对宗教的笃信,或者缺乏对宗教的笃信"(230),反过来说,"原始神学"的研究不会影响学者的信仰。从解释差异的存在来看,埃文斯-普理查德得出的结论无关科学的准确性问题,而主要涉及解释本身。在他看来,人类学家与业余研究者所做的工作都是文化翻译,为了完成此工作,他们都需要在自己的文化里选择概念并在另一个文化情景中加以运用,由此带来被研究概念的意义改变。另外,由于人类学家和业余研究者都来自欧洲,带着逻辑时代的文化特征,对于"难以名状的不确定性"(230)都无法充分把握,因而,事实本身也必然导致他们所运用的概念之改变。所不同的只不过是,不同的观察者尽可以有自己的情感取向和选择,而阿赞德人的"神学"诸事例含有的无常、不确定性恰好"使观察者能够从自身情感和知识上进行选择"(230)。

在田野工作中,人类学研究者展开与神学观念形态相关的追问,同样有助于他们把握他者的不同,也有助于反观自己的观念世界。然而，他们在异族中的摸索是不是与一般意义上的"原始神学"探究无异？埃文斯-普理查德的一部分答案是，二者是有别的。对他而言，人类学研究者在展开文化翻译之前，都会"尽可能密切地生活在被研究者当中，学说他们的语言、用他们的概念去思考、用他们的价值观去感知"[10]，在展开文化翻译时，又能"带着批判性和解释性"，重新实践所经历过的，因而，他们得出的包含"原始神学"内涵的文化翻译，往往比那些出于个人兴趣或关切，依靠二手材料或瞬间的观察对其他"神学"进行翻译的学者，更有条件接近事实的不确定性本身。

然而，埃文斯-普理查德对人类学自身并没有完全失去信念；对以上问题，他给出的另一部分答案是肯定性的。对他而言，整个古典人类学时代和结构-功能时代的人类学，都与一般的"原始神学"有相同的特点，因为，二者都有意无意将被研究的文化转化成研究者信奉的东西，这些东西在教徒那里是教条，在社会科学研究者这里是规律、模式和结构。

埃文斯-普理查德在1950年的马雷特讲座上重申了其文化翻译主张，他借对文化翻译的界定，展望了人类学的"解释转向"，颂扬了这门学科的"文学和印象主义艺术"气质[11]。

---

[10] 埃文斯-普理查德：《社会人类学：历史与现状》，106页。
[11] 同上书，107页；T. O. Beidelman ed., *The Translation of Culture*, London: Tavistock Publications,1971.

至于人类学与一般"原始神学"的相同点，可以认为，他把问题看得比上面所述要严重得多。在其1959年的阿奎那讲座上，他以《宗教与人类学家》[12]为题进行了充分发挥。

此前，受马林诺夫斯基和拉德克里夫-布朗的影响，他已对法国社会学年鉴派颇为关注。20世纪30年代前期，他对列维-布留尔的思想进行了研究。1938年，年鉴派第二代领袖莫斯到伦敦做赫胥黎纪念讲座后，埃文斯-普理查德与他数度会面，此后，他持续关注法兰西学术的进展，甚至邀请莫斯门生杜蒙（Louis Dumont, 1911—1998）到牛津大学任教。至其应邀做阿奎那讲座之际，埃文斯-普理查德对于法国社会学学术史已有了全面认识，对涂尔干及其信徒的研究也有了系统把握，他推动了涂尔干《社会学与哲学》和莫斯《礼物》的英译工作。[13]

他在这次讲座中说，"在英国，不参照法国背景讨论社会科学几乎是不可能的"[14]。其所谓"法国背景"到底是什么样的？埃文斯-普理查德抱怨法国社会科学从孟德斯鸠到涂尔干无休止地在各种信仰领域四处寻找社会生活的基本法则和功能，批评英国功利主义、进化论、批判性释经学和比较宗教学不给信仰留任何余地，对于从孔德主义、功利主义、

---

[12] 埃文斯-普理查德：《宗教与人类学家》，载其《论社会人类学》，113—127页。

[13] Wendy James, "'One of Us': Marcel Mauss and 'English' Anthropology", in Wendy James and N. J. Allen ed., *Marcel Mauss: A Centenary Tribute*, Oxford: Berghahn Books, 1998, pp.3-26.

[14] 埃文斯-普理查德：《宗教与人类学家》，载其《论社会人类学》，113页。

批判性释经学和比较宗教学土壤上萌芽的社会人类学，他也没有好话。

在讲座中，他也述及自己一度崇拜的泰勒和弗雷泽，但他抱怨说，他们过度迷信科学，为了成就其科学，他们无穷尽地从世界各地和每个阶段的历史中收罗各种有关"异教"的事例，并用其所谓"迷信"特征解释所在国家宗教之本质。[15] 在讲座中，埃文斯-普理查德还举穆勒、史密斯、卢瓦西因从事进化主义的释经学研究而遭到教会迫害的事例，从而表明，对于社会科学，基督教和天主教持续地给予反击。他暗示，比起自然科学，社会科学更易与宗教产生矛盾。自然科学讲授的是有关物质世界本性的知识，这与教会传授的信仰和道德的知识本来无关，因而，两者之间的战火易于扑灭。[16] 社会科学的问题一部分在于，其研究者将自然科学用以研究物质世界的法则搬用到信仰和道德领域，使自身与教会传播的信仰和道德发生了正面对抗。

在阿奎那讲座上，埃文斯-普理查德对社会科学的自然科学化进行了反思，但对于出路，他没有明确表态，而只是轻描淡写地描述了战后英国社会人类学家的尴尬处境：他们只能在迷信某个教派与完全没有信仰之间做选择。[17] 他没有表态的原因是，他早已在马雷特讲座上明确指明，社会人类学的出路在于摆脱科学法则的支配，借助与各种信仰的对话

---

[15] 埃文斯-普理查德：《宗教与人类学家》，载其《论社会人类学》，118—119页。
[16] 同上书，126。
[17] 同上书，127。

使自身成为一门经验主义和解释主义的人文学。

努尔人的"神谱"与祭祀

20世纪30年代，埃文斯-普理查德已将"原始神学"当作人类学的问题意识，也已关注到神学中的祭祀维度了。然而，在他的《赞德神学》一文中，我们看到了一种矛盾：一方面，如同对教义，他对祭祀很关注，将它当作民族志询问过程的程式加以运用；另一方面，他认为自己耳闻目睹的阿赞德人宗教与基督教不一样，没有教义，只有仪式，而仪式既不是与教义搭配的祭祀仪典，又不是结构-功能主义者宣称的德性和秩序的社会力量，它更接近于弗雷泽和马林诺夫斯基笔下的巫术，因而，他在文中并没有真的认真运用"祭祀"这个概念。

对于埃文斯-普理查德，这自然并不构成矛盾，因为，不管神启式宗教（犹太-基督教和伊斯兰教）之神学对人类学研究有无用途，被研究的阿赞德人也是按他们自己的传统思考和行动的。他们的思想以"互渗律"为特征，他们的行为举止充满着巫术特征。作为文化翻译的人类学，要尊重这一事实，与此同时，我们既不能像进化人类学家那样将此类事实当作智识上的错误表现，又不能像功利主义化的社会科学家那样，将它当作论证规则和秩序的证据。阿赞德人的思想和行动富有"互渗律"的特征，但并不表明这些构成列维-布留尔所说的"前逻辑思维"，它们来源于被研究者自己的逻辑，其逻辑性程度并不亚于帕累托（Vilfredo Pareto, 1848—1923）赋予"后原始"文明社会的非逻辑性程度。[18]

1937年,埃文斯-普理查德出版《阿赞德人的巫术、神谕与魔法》[19],用细腻而妙趣横生的民族志描述展现了这个逻辑。该书不拘泥于无所不包的全面性,没有对阿赞德人环境、物质文化、制度、习俗的素描,而是直奔主题,对这个民族的巫术、巫医、神谕和魔法进行分门别类的描述并解析关系型。这些类别的现象都是行为性的,但埃文斯-普理查德使它们充满信仰与行动的相互关系,从而勾勒出"土著"的观念景观,并在此景观内诠释事实之间的"本土逻辑关系"。

在该书中出现的民族志事例大多数来自阿赞德人的生活,但这些事例都与埃文斯-普理查德20世纪20年代至30年代持续关注的"魔法"有关。至其写作《努尔宗教》[20]一书收录诸篇已刊文章之时,他已把"赞德神学"意义上的"神学"与"原始哲学"联系起来。这似乎表明,在他看来,部落社会的"土著神学"最好被理解为被研究者对人所在世界及人与其关系的看法。他清楚指出,阿赞德人那种与魔法和神谕交织在一起的、以巫术为突出主题的"神学",是一种"非洲哲学"(他特别指出,其"哲学"用的是德语Weltanschauung)。不过,他并没有把"赞德神学"当作非洲

---

[18] 埃文斯-普理查德:《原始宗教理论》,孙尚扬译,北京:商务印书馆,2001,109—115页。
[19] Edward Evans-Pritchard, *Witchcraft, Oracles and Magic Among the Azande*, Oxford: Oxford University Press, 1937.
[20] Edward Evans-Pritchard, *Nuer Religion*, Oxford: Oxford University Press, 1956.下文凡引此书仅在正文括号内标注页码。

唯一的哲学，他指出，在此之外，非洲还有以祖先崇拜为主题的哲学（如，班图人［Bantu］)，更有以精灵崇拜为突出特征的哲学（如，努尔人［Nuer］）(*Nuer Religion*, 315)。

埃文斯-普理查德在非洲研究数十年，谙熟各种"非洲哲学"，在阿赞德人"原始神学"之后，他开始专门研究努尔人的哲学。

努尔人是个有数十万人口的非洲古老民族，在南苏丹，他们是第二大民族，分布在四琼莱州及上尼罗河州部分地区。他们与住在附近的丁卡人（Dinka）是相互征战的兄弟民族。据努尔人的传说，他们和丁卡人都是神的孩子，神许诺给丁卡人老牛，给努尔人幼牛，丁卡人在夜晚时装成努尔人，得到了幼牛。神知道被骗后，就让努尔人去袭击丁卡人，因而，努尔人成为盗，丁卡人是贼。还有个故事说，神让人类选择要牛还是枪，努尔人和丁卡人都选择了牛，而阿拉伯人和欧洲人则选择了枪，所以努尔人和丁卡人比起阿拉伯人和欧洲人都要简单（*Nuer Religion*, 11）。这些起源于不同时代的传说，反映了努尔人对自己的由来和处境的认识。19世纪上半叶至中叶，努尔人的领地大为扩张。英国殖民势力介入后，利用丁卡人与其之间的矛盾，"分而治之"。

努尔人是埃文斯-普理查德民族志素材的另一个主要来源。埃氏在写作关于阿赞德人巫术的著作时，已开始在这个民族中进行田野工作。他对"非洲哲学"的努尔类型之研究，1949年开始以论文形式零散发表，1956年，在出版了努尔人研究三部曲中的前两部（《努尔人：一个尼罗河畔人群的生计方式和政治制度的描述》及《努尔人的亲属关系和婚姻》）之后数年，他将自己在六七年间发表的文章汇编修订为《努尔宗教》。

在前两部著作中，他的研究有一部分神似莫斯的社会形态学，有一部分像是布朗结构-功能主义亲属制度研究的延伸，还有一部分貌似出自他个人对于人-物互渗的领悟，但总体来看，他的叙述塑造了一个"自然社会"的形象，与布朗结构-功能主义下"无政府、有秩序"政体的形象形成呼应关系。而作为三部曲最后一部的《努尔宗教》，则似乎相当独立，它所朝向的是埃文斯-普理查德早在1936年便已发表的《赞德神学》所指明的方向：作为文化翻译的"原始神学"。

在《赞德神学》里，基督教神学理论对埃文斯-普理查德的作用是间接的——使他更清楚地看出，阿赞德人虽有"至高无上的存在者"，但他们没有围绕着它生成教条，或者说，教条对阿赞德人巫术和仪式无关紧要。如果说《赞德神学》部分证实了布朗关于教义是现代宗教之特征的看法[21]，那么可以说，《努尔宗教》所起的作用是完全相反的：它表明布朗完全错了。因为，在部落社会里，信仰和教义也一样可以是宗教的核心内容。在呈现努尔人的宗教生活景观时，埃文斯-普理查德不断暗示，从史密斯到莫斯和于贝尔，再到布朗，社会学和社会人类学家们所信奉的那种认为宗教行为才是宗教科学的妥善办法的主张是完全错误的。原因在

---

[21] 拉德克里夫-布朗：《宗教与社会》，载其《原始社会的结构与功能》，丁国勇译，北京：中国社会科学出版社，2009，154—183页。

于，与阿赞德人和其他一些非洲部落社会不同，努尔人的社会中存在着相当系统的神明体系和善恶观念，作为宗教核心行为的祭祀，因为有这些观念的存在才可能。

《努尔宗教》一书共包括十三章，埃文斯－普理查德用后面六章中的五章来分析努尔人的祭祀活动，这表明他对这一主题也极其重视。但他将这些章节放在了全书的后半部分，不是没有意图的。在前半部分，他用了五章展示努尔人对上帝或圣灵和精灵的说法，以及他们对象征、灵魂和鬼怪、罪恶的想象，用两章来分析努尔人如何看待和处理人－神关系。在这些章节里，他用丰富的素材表明，要理解仪式，便先要理解信仰。

如埃文斯－普理查德表明的，努尔人没有神堂、经书和教会组织，但他们有完整的上帝观念。表达这个观念的词汇是Kwoth，它指的是抽象的、唯一的上帝（God）或圣灵（Spirit）。在解释上帝的意义时，埃文斯－普理查德实际上也是在解释努尔人对于神、物、人构成的世界的看法。他表明，在努尔人中，上帝常以物的形式显现自身，人们常把他与太阳、风、空气等自然现象相联系。但在努尔人看来，上帝并不是这些物质形式，而是一种精神存在，他的本质是灵这种非物非人的实体。努尔人广泛运用天/地、神/人、上/下的区分，他们将天、神、上想象成拥有地、人、下所缺乏的德性的层次。与基督教徒一样，他们将上帝看成造物主，认为世间所有一切都是他创造或赐予的，万物如此，社会如此，人是如此，一切的生死亦是如此。在天/地、神/人、上/下之间，一方面是有明确区分的，另一方面则存在着联系的纽带。人们认为上帝是人类的天父，但他没有人形，对于人，他既是创造者也是保护者，人与其关系是社会性（亲属性）的，依赖着他生活。由于世间一切都是上帝创造的，上帝便是一切的拥有者，他赐予生命，也可以将生命收回。人死后可以回到上帝身边，成为其亲属的保护者。与此同时，上帝也会委派那些在上下之间穿行的精灵介入凡事。

在努尔人的想象中，Kwoth或上帝是正确而慈悲的，他是社会的道德–法律秩序的维护者。一方面，人在这个世界中处在被动地位，在上帝面前只能谦卑，必须遵守禁忌，信守对神明、亲友乃至万物的责任和义务，否则将会遭遇不幸和惩罚。既然在是非面前上帝总是站在正确的一方，人就唯有跟他站在一起，才能称作人，才能保全自己。另一方面，由于上帝也是慈悲的，人的错误或失误都能得到原谅，他们可以用诸如祈祷和祭祀之类的办法求得上帝的原谅，通过免除罪恶获得安宁。

在叙述其对努尔人上帝观的认识时，埃文斯–普理查德多次提到，努尔人的某某说法令他不由得想到《旧约》的某某说法，某某说法又可以用《旧约》的某个说法来解释。他的意思与1918年弗雷泽写《〈旧约〉中的民俗》[22]一书时不同。弗雷泽搜集来自世界各地有关信仰和习俗的记述，将它们与《旧约》的记载相比较，否定传播的解释，坚称西方与非西方文化的相似性是某种必然性的表现：相

---

[22] 弗雷泽：《〈旧约〉中的民俗》，童炜钢译，上海：复旦大学出版社，2010。

似情景下的人类会产生相似心理，相似心理会产生相似的信仰和习俗。埃文斯-普理查德没有直接引用弗雷泽的这本书，但对弗雷泽的进化人类学持明确的否定态度，有志于开创一种突破科学的民族志。他将目光投向自身所在的传统，在他看来，人类学家与其徒劳地寻找一个外在于文化的科学框架来笼罩所有传统，不如从自己的传统——如《旧约》——出发，进行民族志的解释。在他看来，努尔人的Kwoth，完全可以用天主教集造物主、天父、裁判等身份于一身的上帝或圣灵来理解，他们的宗教与他身处的天主教存在着重要的可通译性。

然而，埃文斯-普理查德并不是说，努尔人的宗教没有它自身的特点。在第二、三章，埃文斯-普理查德指出，努尔人信仰有内在双重性，它一方面有单数的Kwoth，如上所述，这相当于不可数的上帝或圣灵，另一方面，这个信仰又充满着各种各样的其他精灵，在这种情况下，"神"被表述为复数的kuth。在充满着"一"与"多"张力的"神谱"里，各种精灵按上下级序分布，上有空气之灵，有点像基督教的天使一类，但也不尽然，下则有图腾、自然小精灵、物神等类，其中有不少是外来的。空气之灵有男女不同性，男性的是上帝儿子，与各类疾病、战争等对应，女性可以是上帝儿子的母亲，是江河的精灵。尽管不同空气之灵并不归属特定世系，但这些精灵可以通过人的通灵与这些世系产生关系，也会使某些个人成为先知。这些精灵与上帝的关系是双重的，它们既独立于上帝，又被视作他的显圣物。它们的神性不是绝对的，因此当它们带来不幸和疾病时，可以通过祭祀仪式与其讨价还价。在努尔人的思想世界中，在下之灵包括狮子、蜥蜴、鳄鱼、植物、河流等在内的图腾精灵，这些被想象为空气之灵的补充，有不少是通过母方关系从丁卡人那里借用来的，但也可能在其致人生病的过程中使努尔人与之产生世系联系。与空气之灵一样，某些在下之灵也会通过其神秘影响创造人物，如影响力有限的巫师。

努尔人有时用 Kwoth 一词来指上帝，有时用它来指在上或在下之灵，在前面一种用法里，Kwoth 指的是圣灵的一体性，在后一种用法里，它则指相互不同的精灵，这些精灵也和上帝有同样性质，但它们是特殊的"上帝"，是上帝在不同活动、事件、人物和群体中的"折射"（refractions, *Nuer Religion*, 107）。Kwoth 的这一模糊含义，是许多民族的宗教共有的"多元中的一体"（unity in diversity）特征的表现（*Nuer Religion*, 106），并不是努尔人独有的。然而，这一模糊含义，似乎与他们特有的社会秩序形态相应。

努尔人的社会是裂变型的，结构是依照世系形成的，持续处在分裂和融合的摇摆之中。在这种裂变结构中，不同世系群在低层可以处在分化和对立的关系之中，在高一层次则形成与其对应的分支相应的统一体。精灵和上帝的关系，似乎也一样分分合合（*Nuer Religion*, 115）。这使努尔人很容易吸收外来的类别（*Nuer Religion*, 116）。努尔人的信仰也有结构性维度，其形式也是动态的，特征是摇摆的，在摇摆的一端，圣灵被想象成与人和世界相关的、无所不在的上帝，在另一端，精灵被想象成与人、群体和活动相关的各种存在者（*Nuer Religion*, 117）。

如埃文斯-普理查德在第四章指出的，Kwoth的以上特征，也可以用差序有别的涵盖性来理解：当上帝被想象成天父和造物主时，它是所有人的庇护者；当它被想象成空气之灵时，它是政治首领的庇护者；当它在colwic（属于在上之灵，包括死于闪电之击、旋流或无名之因的人的灵魂）、图腾精灵和无名的折射中显圣时，它是世系群和家庭的庇护者；当它在自然小精灵和物神中显圣时，它则成了个人的庇护者。（*Nuer Religion*，118）

同时，这一差序也表现在不同神明的自然和道德属性中（比如，上帝被认为是强大的天文现象、大瘟疫和大旱灾及道德秩序的动因，其他精灵的责任则依次递减）；此外，它既在亲属继嗣谱系中被衡量（比如，上帝是空气之灵中比较大的神明的父亲，也是比较小的神明的祖父），又在高度或空间上得以表现（如，单数的上帝在高处，复数的精灵在低处）。

更重要的是，在其象征的形态上，以上差序也是内在性程度（degrees of immanence）的等次。有关于此，埃文斯-普理查德说：

> 在顶端，是纯粹圣灵，他是超越性的存在，无处不在、毫不具体。圣灵自成上帝，其形象只能从其创作的作品中看到，而他只讲内在精神存在的语言。往下有空气之灵（有时也包括colwic精灵），它们在先知身上显现给人们，它们通过先知被知晓，通过先知发话。再往下，圣灵显现在图腾物种上，这些仅是些造

物。更往下，接近底端，则是与小精灵和巫术之物有关的自然之物，它们是物神的外在形态，是圣灵的最低级、最物质的形式，是"吃"供品并被买卖的精灵。（*Nuer Religion*，120）

努尔人的精灵世界，颇像泰勒万物有灵论形容的那种精灵弥漫于人、物、神中的状态。不过，埃文斯-普理查德在观点上与泰勒还是有所不同：泰勒笔下的"灵"先出自人对内在于己的灵魂想象，再逐层递进，进入物和神中；而埃文斯-普理查德笔下的"灵"则是从上帝的精神之灵发源的，它顺着差序的阶梯从至高无上的超越性存在往下传递，下降到人身之时，赐予其生命（yiegh），这一生命与来自大地的肉体（ring）和人的影子（tie）整合为人。（*Nuer Religion*，154）

以上动态性的差序与努尔人的社会秩序形态是相互映照而有关联的。然而，这个差序并不是社会秩序形态自身，它不只是人的差序，还牵涉到宇宙间万物与众神，其关系的条理有社会属性，但表达这一条理的是实有所指的语词，它们指向可见之物，这些可见之物扮演着象征的角色，让事物有了区分。因而，这一条理可谓一种以物为语言的宇宙观语法。

在这个宇宙观语法里，上帝是唯一的例外，在思考这种精神存在时，人们无须借助于可见之物或象征，将他与其他存在者进行明确的区分。但在上帝之下的万物和众神，却需要一系列的表征来具体界定。与普遍的上帝不同，各种精灵和人都是具体存在者,其存在依赖相互间的差异与关联:空气之灵的存在,是以其所支配的先知被认识,图腾精灵是以显现其存在的造物被看到,自然小精灵是在发亮的物体之上得到识别。这一切表明,精神性存在有不同的物质形态,其差异是通过其与对应的物质现象来鉴别,其关联是在它们/他们之外的,物构成人识别神、区分不同神的方法。(*Nuer Religion*,122)

埃文斯-普理查德在第四章,对精灵进行了社会差序分析,他指出,该处所分析的是努尔人神-人关系看法的一部分。在第五章,他从作为象征的物入手,从上往下进一步考察神-人关系通过物的象征得以实现的方式。

努尔人一样将上帝当成万物和人的创造者,他们相信作为造物,万物与人的生命是其创造者赐予的,因而带有它的精神性。与此同时,在本体论上,他们虽没有自然/超自然的二元论,但有非物质性的圣灵(Kwoth)与被创造的物质性世界(cak)的对立论。努尔人从上帝的活动看到上帝的存在,但他们并没有将这些活动——作为上帝活动之迹象的雨、雷电、瘟疫及兽疫——等同于上帝。他们在二元对立的本体论框架下,将雨、雷电、瘟疫及兽疫归为被创造的世界的一部分,并称之为"nyin kwoth"或"上帝的工具"。努尔人运用许多类比,比如在祭祀中,他们有时供奉的明明是黄瓜,但却说那是牛。又比如,他们认为双胞胎不是两个人,而是一个,是空中的鸟。这样的类比曾被穆勒、泰勒和弗雷泽视作语言和智识的谬误,其实不然。努尔人完全明白他们不是在说真事,而只是在做比喻,他们脑子里对物-物与物-人之间的区分还是很清楚的。(*Nuer Religion*, 141-2)这样的类比也曾被列维-布留尔解释为前逻辑神秘性对"矛盾"的互渗性克服(*Nuer Religion*, 140-1),但也不然。当努尔人进行类比时,他们说A是B,但意思不是这个,而是A和B在与C的关系上有共同点。"黄瓜是牛",属于与祭祀特别相关的情景式的象征观念,"双胞胎是鸟"属于努尔人流传已久的持久性象征观念。这两种观念的存在都并不表明努尔人混淆了理想关系与现实关系。努尔人对理想和现实有明确的区分,他们说黄瓜是牛,意思实际是说,在祭祀中,理想上黄瓜相当于牛,因为二者都是上帝接受的礼物;他们说双胞胎是鸟,意思实际是说,理想上,从其与上帝的关系这个维度看,双胞胎与鸟是有共同点的。(*Nuer Religion*, 142)

从第一章到第五章,神是主角,是一切的源头,它与万物和人的关系是通过精神折射实现的。"翻译"了努尔人的诸神明观念之后,埃文斯-普理查德接下来将探入与这个信仰世界相应的祭祀领域。对他而言,祭祀是神-人关系的核心,但其关系形式是倒过来的,主角是人,而非神。祭祀仪典是人求助于神的行动,它们是努尔人宗教中最富表现力的方面。(*Nuer Religion*, 197)从这些行动可以看出,从人的角度而言,圣灵与造物属于不同层次,两者在概念上是对立存在的,圣灵虽会帮助人,但对人总是危险的。对于人-神的这种双重关系,努尔人也有他们的看法。

在第六章中,埃文斯-普理查德分析了努尔人如何理解人为何物。在努尔人看来,活人是由三部分整合而成的,分别是来自地上的肉体、天上的生命和生命特有的灵魂。人的死亡是这三部分的瓦解，其中肉体归于大地，生命归于上天，灵魂则可能在人死之后仍然四处流动，影响活人。

在努尔人的话语中，生命和灵魂的形态有时有重叠之处，但二者明显不属于同类。与泰勒万物有灵论灵魂化为精神的说法相左，努尔人认为二者有本质区分。"灵魂是人和造物的一部分，而精神或圣灵则是外来的，从外部对人产生作用，有其侵略性。"（*Nuer Religion*，138）由于有这样的区分，努尔人虽相信人死后一部分会返回天上成为上帝的亲属，但他们并不相信人会成神，而是认为人的灵魂可能变成鬼，在人死后继续以类似人的形态生存。鬼不属于精灵。努尔人向精灵献祭，但并不是向鬼供奉，他们的精力大多放在处理与神的关系上，对鬼则淡漠处之。然而，鬼被相信会通过迷惑心灵使人诅咒（biit）他人，从而导致危害。有冤屈的人只需要想，不需要说，就能发出诅咒而导致不幸。

诅咒与福佑不同，前者要起作用，条件是发诅咒的人是正确的、受诅咒的人是错误的，而福佑要起作用，则需要得到神的同意。神明并不对诅咒负责，但诅咒若是导致什么后果，人们便会想，这是在神明允许下产生的。当努尔人遭遇到包括诅咒在内的危险时，神（上帝）也会成为人们的需要，人们向它祈祷和献祭。

关于如何做人，努尔人没有成文的伦理纲常，但他们一样有自己的规矩。埃文斯-普理查德在第六章中指出，特别能表现努尔人规矩感的词是"尊敬"（thek）。它在不同情景有不同用法，可以指遵从、约束、谦卑、害羞或所有这些意思的结合，总体意思跟尴尬差不多。（*Nuer Religion*，180）

尊敬的行为有正式化的特征，与规避、弃权相关，其目的是与他人或事物保持距离。

在特定关系里缺乏尊敬等于违背戒律，这会招致惩罚，而戒律和惩罚都是宗教上的，与"罪"（sin）有关。在努尔人中，罪不是从伦理意义上来理解的，它是导致不幸后果的犯错，而犯错往往被理解为对上帝的触犯。人犯的错包括吝啬、不忠、无信、中伤、对长辈失敬，这些都与罪有关（*Nuer Religion*，193），但它们之所以是罪，不是因为它们本身是错的，而是神明认为它们是错的，并因此降罪于人。

降罪也就是给人间带来不幸，这是神明的活动。罪存在之时，也就是人的精神状态有变之时，而人的精神性是从神那里来的，其变化亦是如此。如埃文斯-普理查德所言，"在神明的危险性关系到某些事件的情景，也就是神明在场或造成威胁的情景，这些情景只有在幸运（如双胞胎的出生）或不幸（如死亡）意义上可以说有好坏之别"（*Nuer Religion*，195）。

从人这个"主角"的角度来看，上帝具有双重性，他既是超越的精神存在，又是能给世间带来污染或不洁的力量，这一力量，被视为导致人之失敬或有"罪"的根本原因。上帝既是维护者，又是摧毁者，作为他在空中和地上之"折射"的低层次的神明，亦是如此。但这些低层次的神明只不过是上帝的"折射"，所包含的精神性成分是局部性的，因而，他们的保护力和破坏力也随之降低。上帝和他的诸"折射"，反映了努尔人对神的双重心态：一方面，他们希望上帝保持他高高在上的层次，另一方面，他们也希望能通过掌握他的"折射"来实现与上帝互惠的目的。努尔人的祭祀仪式，表现了他们心中神的双重性及自己心态的双重性。

努尔人给神各种供奉，其中，最严格符合"祭祀"这个概念的是血祭。血祭举办的时机各式各样，包括生病、犯错、妻子不孕、第一个孩子出生、双胞胎出生、儿子成丁、结婚、丧礼、杀人之后、械斗平息、敬奉精灵和亡父、开战之前、雷电伤害、旱灾、有鬼骚扰，等等。这些形形色色的血祭可归为两大类。第一类有的是为防止危险（如罪的降临及双胞胎的出生）伤及人，有的是为了减少乃至消除既已出现的不幸（如瘟疫和病）。努尔人认为无论是危险还是不幸事件，都是神明活动的迹象，是上帝介入导致的。他们是为个人而不是社会团体举办这类祭祀，目的在于遮罪、赎罪，这在努尔人中是最常见的。第二类祭祀则以过渡礼仪（rites de passage）为主，主要在成丁入社和婚丧之时举行，往往伴随着各种社会活动。这类祭祀与第一类有意义重叠之处，比如，在婚礼上也会举办旨在排除严重的乱伦可能的祭祀，而丧礼往往有祛除死亡带来的污染的目的。第一类祭祀是赎罪性的，第二类祭祀则是确认性的。埃文斯-普理查德认为，前者可以用莫斯和于贝尔所说的"去神圣化"来理解，后者则属于圣化仪式，旨在使神明降临世间，帮助人们确认或建立社会身份，增加集体的力量（如在成丁、结婚、死亡环节中，推动相应的新年龄组的产生、亲属团体的结盟及血仇关系的终结）。（*Nuer Religion*，198-9）

相对于集体性的祭祀，个人祭祀在努尔人中更为普遍，它们是人们在恐惧或不幸降临时用以抚慰相关神灵、修补

"罪过"的礼仪。这些祭祀的祭主是受恐惧或不幸影响的个人，但仪式的执行者一般是祭主家庭的长者，有时他们会得到先知的协助。祭祀的时间没有特别的讲究，但努尔人倾向于在雨季。个人祭祀一般没有特定的场所，往往只是在住所外面的空地上进行，这地方立有一个神柱，与之相对，还有妻子的泥制挡风板，这个挡风板既是实用的，也有神圣意义，它与男性的神柱相对。大型集体祭祀因参与者比较多，一般在栅栏围起来的特定地方举行。努尔人认为上帝在任何时间和任何地方存在，因此，在任何时间和任何地方都可以祭祀它，不需要特定的神圣时间和空间。

努尔人将实际发生的疾病或灾难归因于低于上帝的特定神明或精灵，因而也祭祀这些与其差序距离较近的存在者。但他们将这些神明视作上帝的"折射"，因而也相信，祭祀它们就是在祭祀上帝。有鉴于此，在分析努尔人的祭祀时，埃文斯-普理查德将上帝视作祭祀对象的原型和祭品的终极接受者。在分析中，他将上帝及作为其"折射"的其他神明和精灵当作一类，将鬼当作另一类，他认为，在努尔人心目中，前一类才能接受祭品，后一类则不能，它们即使造成了人的病患或不幸，也没有资格替自己的行为负责，只有上帝才对"罪"负责。（*Nuer Religion*，201-2）

努尔人供神最普遍的祭品是阉割过的公牛，在血仇化解仪式上，他们则多用未阉割的公牛，但有时不孕的奶牛和繁殖期的奶牛也会被用到（后者只在夭折的中年死者丧礼上供奉）。在缺乏牛时，努尔人有时会用山羊来代替。尽管祭品主要是公牛、山羊，但在祭祀场合（特别是在请神祈祷之时），这些往往被统称为"母牛"（yang）。有时努尔人甚至用农园中野生的有节黄瓜来象征牛，他们把这种黄瓜称作"母牛的黄瓜"，在祭祀中像对牛一样对它进行处理。埃文斯-普理查德用莫斯和于贝尔关于所祭之物乃是人-神之间交流的媒介的说法来理解努尔人的祭品，并对其做了象征主义的延伸。在他看来，所祭之物作为生命体固然重要，但这个生命体是可以被象征（类比）地理解的，因而公牛、山羊、黄瓜都可以说作为祭品的"母牛"（*Nuer Religion*, 202-3）。与此同时，如其在《努尔人》一书中业已论述的，牛在努尔人中有着极其突出的重要性，被认为与人是同等的，因而，祭祀仪式中广义的牛也被理解为人的替身。对这个替身，努尔人只有在祭祀时屠宰和食用，平时并不宰杀、吃牛肉，由此可见，它具有非凡的重要性。（*Nuer Religion*, 225）

涂尔干那样的研究者倾向于将原始宗教解释为"集体欢腾"之类的心理状态。[23]努尔人的祭祀并不符合这一印象。在祭祀中，不同人有不同的表现，有些助祭人和观望者甚至对事情表现出漠不关心的态度。

目的和规模不同的祭祀仪式，会有这样或那样的活动增减，但所有祭祀都依照一个由以下四个环节构成的程式进行：

1.呈供（pwot）：将捆绑动物的短桩敲入地下，由被称作"母牛捆绑者"的人将动物绑在短桩上，由助祭人将牲品

---

[23] 涂尔干：《宗教生活的基本形式》，562—564页。

呈供给神。在有的情况下，当动物被绑在柱子上后，人们还会将祭酒、啤酒或水倒在柱子的底部。

2. 圣化（buk）：首先祈祷的人用右手把牛粪灰放在牺牲的背上，轻轻地揉，接着其他要祈祷的人也做同样的事，目的既是使野兽圣化，又是要使人与牛成为一体。

3. 祈祷（lam）：助祭人右手握着矛，对着牺牲之上的上帝，说明祭祀的目的及相关事项。在某些敷衍了事的祭祀仪式中，有声的祈祷并没有出现。有努尔人解释说，祭祀行为本身就是在说话，所以没有再用语言祈祷。当然，多数祭祀是要用语言祈祷的，话语有长有短而已，长篇的祈祷往往针对大事，短篇则相反。正常而言，助祭人会先轻声向上帝祈祷，再挥舞着他的矛大声向神和众人说话。有的祈祷花的时间很长，在首位发言者按照传统求告程式嘟哝之时，其他发言者也可以说话，除了说明祭祀的由来、目的和问题，还会说很多别的，比如，抱怨生活的话。用来指祈祷的lam，其实也可以指祭祀、诅咒、祝福、考验等，努尔人的祈祷会表现出所有这些含义，这与用来指祷词的pal有着重要的不同，后者指向上帝做简短而直接的请求，而前者基本上是指作为仪式形式的演说。

4. 屠宰（kam yang）：在个人祭祀中，指供奉牺牲，在集体祭祀中，指屠宰牺牲。前者更多用来指宗教性强的赎罪祭，后者则用来指社会性强的欢宴。无论如何，使动物成为牺牲的仪式是屠宰行动。屠牛专家一般能用矛在牛右侧一击而毙其命，并使它倒向右边这个理想方位。山羊则被割喉致死。屠宰是祭祀这场戏剧的最后一幕，此时，祈祷会加强，牺牲死后，其圣化了的生命会去往上帝那边，有的说，上帝拿走了牺牲的生命或气，有的说，他拿走的是牺牲的灵魂，也有的说，他拿走了血，无论如何，牺牲最后只剩下肉。在牺牲倒下之时，它的躯体便被切割、去皮，分给祭主及其所在团体：对个人祭祀而言，要分给祭主所在家庭之成员；若是婚礼，则要分给男女双方的亲属；成丁礼的话，则要分给来自不同世系群的同年龄组的成员。主要助祭人也会得到他的份额。所有人得到应得的那份后，就带回家烹煮共餐。（*Nuer Religion*，208-15）

埃文斯–普理查德主要通过观察个人祭祀得出以上一般的仪式程序图式。如他所指，这个程序图式只在典型的去神圣化赎罪祭中能完整实现，在其他祭祀中，其程式和仪式内容会相应调整。比如，努尔人祭祀亡者，屠宰是在太阳升起前完成的。这是因为努尔人认为，生与太阳升起的东方有关，死与西方有关，二者又与光明和黑暗相应，祭祀亡者，便要在东方的光明出现前的黑暗中进行。这类祭祀也无须对牲品进行抹灰净化，因为祭祀亡者的主旨在于让死者的灵魂跟着被屠杀的牺牲去其住所，而非通过牺牲的净化使人赎罪。

在有些祭祀中，程式基本如上，但屠宰方式有所不同。比如，为乱伦之罪举行的祭祀，有先将动物封喉，再将其用斧子从头到尾砍成两半的做法。又如，为结束械斗举办的祭祀，杀死动物后并不按传统的份额规定整齐分割它的肉，也不去皮，而是在动物倒下之时让男人们扑向它，将它乱劈成块带回家。

努尔人的祭祀有个人和集体之别,但赎罪是多数祭祀共同的突出特征。祭祀是在有麻烦时举办的,其一般目的总是一样的:通过献给上帝一样牲品,赶走罪恶或威胁。努尔人将杀死牺牲解释为让牲品将罪恶带走,让罪恶跟牛血一起流到地下,牛保护人,让上帝——这里,他意味着罪恶本身——离开,等等。(*Nuer Religion*,220-1)深藏在努尔人祭祀中的,是某种救赎的观念,但救赎是通过人-神交换实现的。努尔人将给神祭祀理解为给神赎金,相信给上帝付上这笔赎金的人能因此从不幸中赎回自己。"经由接受礼物,上帝进入了一个契约中,他有义务保护给他礼物的人,或用其他方式帮助他。"(*Nuer Religion*,221)由于努尔人与他们的上帝之间的关系是协商性的,因此,他们在献出牺牲时总是会说"上帝,拿走这东西""我们付给了上帝母牛",似乎上帝在祭祀仪式中被置于某种义务之下。我们可以认为,这样的祭祀是某种交换。然而,这种交换又不是一般的交换。这种交换中的物(牛)是人的替代品,交换变得相当复杂。祭祀主要通过赎罪来避免不幸。祭祀是人的心愿的展现,是仪式中人向上帝的转身。不幸只有当赎罪完成才会被消除,而赎罪不只是偿付,还意味着对人欠神债。(*Nuer Religion*,228)努尔人有时为纠正所犯的错误祭祀神明。这样做时,他们是在经由请求神明收回人欠他的债而赶走不幸。这里的债也是罪,就像人献给神的牺牲意味着人自身一样。(*Nuer Religion*,229-30)

从祭祀到"原始哲学"

《努尔宗教》在文类上属于民族志,与埃文斯-普理查德写过的其他同类作品一样,宛如从田野的亲身见闻中自然生发出来的,其核心内容由对努尔人生活中的事物、行动和事件的观察及与这些"关键词"之意义相关的阐释构成。对这样的文本,历史和理论并不是无关的,但它们要么被放在作者的脑后,要么只出现在文本的不显眼之处。由这样的文本,埃文斯-普理查德呈现了一个远在非洲的世界的样貌。与《努尔人:一个尼罗河畔人群的生计方式和政治制度的描述》及《努尔人的亲属关系和婚姻》不同,《努尔宗教》描述的对象不是一个民族的生计方式、政治制度和社会关系体制。作为民族志,它固然还是以社会共同体为对象,但由于作者关注的是"自成一体"的宗教,这部民族志给人留下最深刻印象的不是对作为社会共同体的人的还原,而是对一个"神中心"(theo-centric)世界的呈现。

《努尔宗教》首先展现在读者面前的就是"上帝"这章,接着是关于在上之神和在下之神的系统性介绍,此后,人的形象和影子才慢慢在象征、灵魂、鬼、罪、祭祀的意义世界里出现。埃文斯-普理查德在述及灵魂时特地指出,努尔人的这些类别与泰勒笔下原始的灵魂有着根本的不同,后者是神的前身,会随文明史的发展而升格为有德之神,前者则相反,它们只不过是死者之一部分降格的产物。他在"序"中坦言,努尔人的宗教很不像一般理解的"黑人宗教",如他的老师塞利格曼感觉到的,相比于其他非洲

宗教，它更像《旧约》里记述的希伯来人的信仰。(*Nuer Religion*, vii)

努尔人的宗教与阿赞德人的巫术有根本不同。葛兰言笔下"前封建"的"中国宗教"与埃文斯-普理查德笔下的"努尔宗教"也有着根本不同。这个宗教不像古老的"中国宗教"那样"发乎情"，或如葛兰言所述，由人生来对人与物意义上的他性之依赖而心生感情并用"类比"推衍而得之。与此相反，努尔人的世界与古代希伯来人的一样，是神创的。一方面，物与人都是神的作品，另一方面，神只是通过"折射"便创造了它们，于是它们只部分地是神的作品，其他部分与大地还有自己的降格版本相关。因此，上帝或圣灵才是"一"，其他都是"多"，"一"是"作者"，既要对作为其作品的"多"负责，又要让他/它们总是欠着自己"债"。祭祀正是这个复杂的交换逻辑的展演。

埃文斯-普理查德多次重申，努尔人的宗教不代表所有非洲人的宗教，它仅是非洲宗教诸多样态的一个特殊案例（与它相近的，似乎只有丁卡人的宗教）。与此同时，他也多次暗示，这个在非洲存在的特殊宗教有其普遍的理论价值。在《努尔宗教》的各种"角落"，他淡淡地述及这一价值，到了"祭祀的意义"那章（第十一章）则系统地加以阐述。

如上所述，埃文斯-普理查德将祭祀分为与社会关系有关的集体祭祀和与个人的道德及身体安康相关的个人祭祀，鉴于后一类祭祀的宗教性最为集中，他聚焦于这类仪式，并指出其主要功能是赎罪。他有时也用"个体"(individual)来代表"个人"，但在多数语境下，他用的词是"人"

(personal)。在述及灵魂和鬼的第六章，他还解释了努尔人关于"人"的概念与"个体"是不同的，他们将"个人"视作由身体、生命和灵魂三个来源有异的部分构成，而这三个部分是可分离的（特别是在死亡之时）。这似乎意味着，对埃文斯-普理查德笔下的努尔人而言，个人祭祀中的"个人"显然也是一个集合体，但位于他之前的社会学家和社会人类学家所界定的"社会"之外。典型的努尔人祭祀正是在社会之外发生的人-神关系。这是最具宗教性的关系，但它并不是社会性的，因此，宗教也可以说并非社会性的。

鉴于以上，埃文斯-普理查德在第十一章对开创了社会论的史密斯展开了批判。史密斯对祭祀的论述是在祭祀研究的核心地带展开的，这个核心地带是希伯来宗教、基督教、古希腊和古罗马"异教"的宗教学和释经学研究，而史密斯最关注的便是希伯来宗教。他认为希伯来宗教的母体是闪米特宗教，而早期闪米特宗教与原始宗教相续，存在着典型的节日盛宴特征，这种盛宴可以被界定为人神共餐，其所食为图腾这种既是氏族的祖先又是神和牺牲的神圣动物，其效果为通过物的献祭达成人神混融。埃文斯-普理查德不接受史密斯的这一祭祀理论，他提出，共餐很可能是后发生的、次要的祭祀形式。如《旧约》研究者格瑞伊（Buchanan Gray, 1865—1922）[24]指出的，即使是早期希伯来人的祭祀，占支配地位的也不是共餐而是供奉，而

---

[24] Buchanan Gray, *Sacrifice in the Old Testament: Its Theory and Practice*, Oxford: Clarendon Press, 1925.

供奉有鲜明的赎罪含义。[25]

史密斯的图腾论完全出自其猜测。这一理论用来解释努尔人的祭祀更是不妥，原因很简单：努尔人并不认为神需要吃人供奉给它的牺牲，它只是拿回本来拥有的东西，他们在祭祀仪式完成后会吃祭品的肉，但只是在祭祀仪式的场合之外与家人或亲属共同进餐。

相比于史密斯的观点，在埃文斯-普理查德看来，莫斯和于贝尔在《献祭的性质与功能》中提出的交流理论更为妥当。祭祀的确是在神圣界和世俗界之间建立交流管道的行动；在这一行动中，起中介作用的是牺牲或牺牲的生命。然而，埃文斯-普理查德接着表明，即使是莫斯和于贝尔的解释，也需要附加一个条件才可以成立：努尔人的赎罪祭确是为了与神沟通才举行的，但与神沟通的目的不是要实现人-神共融，而是相反，使神远离人，使神不再干扰人间之事。努尔人的祭祀是通过合实现分，这看似有悖论，但这个悖论来自努尔人的神之性质本身——他既是好的又是不好的，祭祀可以让他带走不好的。（*Nuer Religion*，274-5）

努尔人的祭祀更像送礼，但不是像泰勒所说的那样，给"像头人一样的神明"送礼，也不像斯宾塞（Herbert Spencer, 1820—1903）所说的，给祖先的灵魂送礼，而就是在给神明送礼。努尔人在祭祀中给神送礼，也期待回报，所以，他们用来解释祭祀的词包括了购买、赎回、赔偿、支付赎金、交换、讨价还价、付账等，这些词之所指，很像莫斯在《礼

---

[25] Buchanan Gray, *Sacrifice in the Old Testament*, p.273.

物》中研究的赎回和契约的观念。(*Nuer Religion*, 276)

努尔人的祭祀也有社会契约的性质。然而,用社会契约来理解其祭祀也是不够的。祭祀并非寻常交换,神这一方其实没有真的从交换中得到任何东西:努尔人一方面相信上帝在祭祀中得到了牺牲的生命,但他们也知道,生命本来就是上帝的,所以上帝并不需要这种礼物。(*Nuer Religion*, 277)与此同时,交换的人这一方也没有真的付出什么实质性的东西。努尔人了解,危机大小与祭品价值高低要有一定的对等性,并视危机大小给不同神明送上价值不等的礼物。但他们也明白,给神送什么东西不是关键,关键的是送东西的人是否有诚心,因为神不见得真的在意所得到的东西,而更在意人的内心是否虔诚。

任何礼物都是心意的表达,送礼可以说就是送出自己。在祭祀中,无论是对神还是对人,关键也在于心意的表达。比起无生命之物,有生命之物更像自己,本已更能表达人的心意,而在祭祀中,人们还用诸如在牺牲身上抹灰这样的行动来使自己与它融为一体。在努尔人中,牺牲的圣化就是自己的圣化,人与牲品要通过接触达成交融。这种做法和看法,在吠陀时代的印度人、希伯来人和穆斯林中也一样存在。

然而,祭祀毕竟是一场献出自己的戏剧,所献出的不是自己的生命,而是它的替代品。埃文斯-普理查德引用韦斯特马克(Edward Westermarck, 1862—1939)[26]和詹姆斯

---

[26] Edward Westermarck, *The Origin and Development of Moral Ideas*, London: MacMillan and Co., Limited, vol.1, 1906, pp.65–66; vol.2, 1908, pp. 604–626.

(E. O. James, 1888—1972)[27]的看法指出，祭祀的关键在于用牺牲来置换人，使两者之间成为替代或置换（substituion）的关系（*Nuer Religion*, 280）。在献祭仪式中，人的一部分与牺牲一起死去。这既含有解罪、重生或自我牺牲的意味，又含有置换的意思，而所谓置换，意味着给予、交换或赎罪必须要以一部分自我的死去为方法。

埃文斯-普理查德反对泰勒的万物有灵论解释，但他没有舍弃后者提出并被莫斯和于贝尔继承的礼物之说。通过重新解释礼物，他围绕着替代概念提出了自己的看法。他指出，祭祀中的礼物必须含有心意的表达，而心意表达的最好方式是给神送上替代或代表自己生命的牺牲。

为了凸显替代的重要性，他单辟一章（第十章）用以阐明祭祀中的牛如何是人，同时专门用第九章来讨论，人在祭祀中挥舞并用以杀死牺牲的矛，同样也象征着人自身。

在努尔人的信仰世界里，既有至上神上帝又有低于它的在上之灵和在下之灵。上帝是纯粹的圣灵，是万物与人类的创造者，他其实不缺任何东西，因而对祭品的要求不高。而在上帝之下的各种神明和精灵则不同，它们的超越性比较低，只具有程度不一的精神性，对礼物的要求相对苛刻。越低级的神明和精灵越有"物欲"，也越容易在得到礼物后给出回馈。所以，祭祀虽都有解罪和赎罪的内涵，但含义会随着神明的变化而变化，祈祷的方式也一样。（*Nuer Religion*,

---

[27] E. O. James, *Sacrifice: A Study of Comparative Religion*, London: Murray, 1933.

283–4）即使在给上帝的祭祀中，意义也不见得相同。比如，如果在祭祀中所求的是关于免除乱伦之罪的事，祭祀的解罪意义就凸显出来，如果所求的仅是减缓伤痛，那解罪的意义就少一些。（*Nuer Religion*，284）

祭祀的这一可变性表明，不可能用单一的词来解说努尔人祭祀的意义，我们似乎只有将学者们既往用过的所有词都用上才行，包括：共餐、礼物、辟邪、讨价还价、交换、赎、消灭、驱逐、净化、赎罪、解罪、替代、舍弃、致敬等。（*Nuer Religion*，282）然而，很显然，从史密斯到莫斯和涂尔干，再到布朗，关注原始宗教的人类学家为了呈现祭祀的集体性，而将一些具有浓厚的盛宴色彩的仪式当作祭祀的核心来研究。其实，这类仪式虽然盛宴色彩是最浓的，但宗教意义是最低的，在努尔人当中，主要发生在成年礼和婚礼中，这些礼仪并不排除献祭，但它们是典型的集体确认仪式，赎罪色彩最淡，因而不代表努尔人那种赎罪色彩浓厚的宗教之特点。（*Nuer Religion*，285）

在提到泰勒将原始人的祭祀视作"向一个犹如头人的神明送礼"时，埃文斯－普理查德批评说，这不是对努尔人的祭祀的好解释，"因为努尔人并没有头人"（*Nuer Religion*，276）。埃文斯－普理查德早在写作《努尔人》一书时对这点已经有充分的说明。在《努尔宗教》一书中，他进一步表明，努尔人没有世俗政治意义上的差序等级之分，但有相当完善的神圣差序，这个差序是由超越性的上帝和分布在上下不同层次的精灵、物、人共同构成的。祭祀的确可以说是向"上级"的神明贡献礼物，但这里的上下之别纯属非世俗性的，泰勒错在用世俗政治意义上的"头人"来形容祭祀的上下关系。

如埃文斯-普理查德在第十二章指出的，对于人，努尔人也进行了神圣差序的划分，他们将家族的司仪、祭司和先知视作非凡人物。在这些人物中，前两者可以说是世袭的，后一种则是凭个人与神的特殊关系获得的。

与泰勒所说的"头人"有些像的是祭司这种人物类型，他们往往被欧洲人当作"头人"来对待，他们的名号被翻译成"豹皮酋长"，而这个名号的实际意思是"豹皮祭司"。这类人仅在仪式场合才被认为高于常人，仪式之外就变成凡人，其地位不是在世俗政治意义上界定的，而是在传统神圣差序中界定的。在仪式场合中，他们成为比较接近神的人，并因此能促成人-神沟通。这些人-神的中间者在努尔人的部落中广泛分布，但他们属于这些部落的"陌生人"（*Nuer Religion*，292），流动于部落之间。他们不是世俗政治界的"官员"，甚至他们到底是什么样的人也并不重要，他们的德性和效力是由神建立这个职位之初便确定了的，通过祭祀仪式，他们为人们处理杀人、严重乱伦等罪或发誓等事务，也可以说是社会群体的中间者。

家族的司仪和先知也在祭祀中扮演助祭人的角色，有必要指出，作为司仪的家族长者与豹皮祭司不同，他们往往是家族中人，而先知则更不同，他们不单纯是人-神的中间者，而是有其熟悉的小精灵、物神或图腾的人物。先知可以为自己或别人向他们拥有的精灵献祭，以求得到护佑，避免危险。他们与豹皮祭司有很大不同，后者的德性和能力是由其职务决定的,也被称作"地上的祭司",他们向上祷告;而前者则是由自己决定的,他们有自己的崇拜,是在上之神降临于人身造就的,是神明的代言。在殖民政府官员看来,先知与占卜师乃至巫师是一类,因此相当排斥他们。但在努尔人的眼中,祭司与先知是很不同的人物,但他们并非相互对立,而是同为人–神交流的不同中间者。

家族的司仪、祭司和先知这几类人物的存在和作用,与努尔人的神圣差序相适应,人物与神圣差序共同表明,努尔人这个民族没有集权政体和与之相关的人物,但他们的神圣领域有着明显的上下关系体例,正是这一体例的存在和作用表明,宗教这个"自成一体"的系统深刻影响着努尔人的社会生活与他们对变迁的反应。

在论述努尔人宗教的普遍价值时,埃文斯–普理查德使用的论证策略明显源于马林诺夫斯基。与致力于从各种"偶然相似"的观念、信仰和习俗中归纳出一套原理的莫斯和布朗不同,他总是用特殊个案的特殊性来颠覆既存理论,并以此将特殊个案所能说明的东西当成普遍价值的载体加以呈现。以上述论述祭祀的意义为例,他总是先说,对此,学界曾有这种或那种解释,但这些都难以说明努尔人的情况,然后接着说,努尔人的祭祀其实并不是完全特殊的,比如在《旧约》中有对相似做法的记载,也因此,这种有特殊性的祭祀实际有普遍的价值。

在《努尔宗教》最后一章,埃文斯–普理查德淋漓尽致地发挥了这一论证策略的有效性。他首先说,以通常标准判断,努尔人无疑是个原始民族。然而,他们的宗教思想却十分灵活、精练、有智慧,是一个高度复杂的体系;他们由宗教行为表现出来的情感也不单一,有恐惧和焦虑,也有欢乐,更有麻木不仁;他们对不幸是惧怕的,但他们也充满希望和信任;他们对神明的比喻、对错误所做的罪的解释以及对仪式中家族长者、祭司和先知的角色的界定,都存在着与社会秩序相关的方面,但其宗教却不完全等于社会秩序。这些表明,进化人类学那种将原始宗教视作简单、粗野的巫术、拜物教、祖先崇拜、万物有灵崇拜、前万物有灵教、玛纳观念、图腾论、原始一神论的看法,毫无根据;心理学那种对原始宗教的恐惧心理起源的解释,低估了原始人感情的丰富性;社会学对宗教进行的道德形而上学界定,在有其合理性的同时,存在着"将社会制造成神"的错误(*Nuer Religion*,311-3)。

总之,进化人类学、心理学和社会学的原始宗教理论提出者,犯了一个共同的错误:在没有直接研究原始民族的情况下,他们便基于猜测做出结论,过分强调原始宗教与文明的"世界宗教"之间的差异。(*Nuer Religion*,314)

埃文斯-普理查德承认,学界早已认识到既有理论的这一问题,并且,在他完成《努尔宗教》之前三十年,对原始民族已经有了相当深入的研究。然而,理论的反思和深入原始民族的民族志都没有解决问题,学界对于原始宗教依旧缺乏系统研究。而要系统研究原始宗教,便不应拘泥于不可能验证的既有理论,应该另起炉灶,对原始民族的哲学进行个案和比较分析。

埃文斯-普理查德将自己的《努尔宗教》视作这类原始

哲学研究的一个组成部分，他还将自己的研究旨趣界定为"建立诸非洲哲学体系的分类"（*Nuer Religion*，315）。他表明，在所有非洲民族中，都能发现这样或那样的神明信仰、祖先崇拜、巫术观念、超自然制裁、魔术实践因素，但不同非洲民族有各自的独特哲学，这些哲学将作为观念的因素相互关联起来。不同的民族，占主导地位的观念不同。

一个民族将危险、疾病和其他不幸归为什么，他们又采取哪些步骤来规避或消灭这些不幸，决定了这个民族的哲学主题是什么。努尔人的哲学是有突出宗教性的，它的主导观念是Kwoth（上帝）。到底努尔人的宗教是一神教还是多神教？这个问题并不重要，因为无论我们采取什么定义，努尔人的神既可以指超越的上帝，又可以指超越性程度较低的神明和精灵，并且二者之间相互关联。努尔人神明的"一"与"多"，是依据层次之别来确定的，也反映在祭祀所表现出的复杂理解上。

努尔人的宗教是一种"神中心的哲学"（theo-centric philosophy）。在其他非洲民族中占支配地位的祖灵、万物有灵或巫术观念，在这一哲学中都处在从属地位，甚至全然阙如。在其他非洲民族中，我们看到礼仪起着广泛的神圣制裁作用，但在努尔人，这种作用很小。努尔人重视祭祀，但他们重视的不是这类仪式的外在表现，而是它的内心状态，对他们来说，道德的内心状态比仪式这种神圣制裁的外在规范重要得多。

努尔人特别轻视人的力量或努力，特别依赖和信任神明，对其虔诚无比，其信仰无疑深受其社会生活整体的影响，对此，古朗士、史密斯、涂尔干、莫斯、赫兹等社会学家提出的宗教作为社会秩序之投射的看法无疑是有用处的。然而，在宗教的社会形式之外，似乎还存在着某个更有待揭示的层次。（*Nuer Religion*，320）这个层次与个人的经验有关，不能用社会来解释，它的基本内容是超越所有形式的人-神关系。努尔人会谈论他们对上帝的经验，但却难以道明上帝的本质是什么，而只能说出某某空气中的某神的名字。这些名字之所指并没有精神本质，它们只是"物的象征"（material symbols），其用处在于"将上帝与某些人的关系和他们与其他人的关系区别开来"。可见，"对努尔人来说，圣灵是藏在名字和图腾等其他外貌后面的奥秘"（*Nuer Religion*，321），这个奥秘只能为想象所知，人们只能凭借本能了解它。

对埃文斯-普理查德而言，"物的象征"表达了超越所有形式的人-神关系或人对神性的经验，它背后的奥秘构成一种原始哲学，这种哲学是既有人类学、心理学和社会学的原始宗教理论尚未求索的。要充分领悟这种哲学，人类学研究者应有新的理解方法。人类学的既有方法使我们认识到，发生在祭祀中的那一系列看起来无意义甚至粗暴而令人厌恶的表演其实意味深长，构成了对某种精神经验的戏剧性表现。然而，这种精神经验到底是什么？人类学研究者并不易说清。这种经验之所以不易说清，是因为祈祷和献祭是外在的行动，但宗教说到底是一种内心的状态。我们可以观察外化的仪式，但仪式的意义最终取决于对神的觉知，而这觉知是个人意识的事，对于这觉知的领悟，神学家比人类学家更有办法。(*Nuer Religion*, 322) 到《努尔宗教》这一文本的结尾，埃文斯–普理查德终于从"原始哲学"回到了其在《赞德神学》开篇即予以反思的"原始神学"，重申了人文学的"解释"从社会科学的"解答"中解放出来的必要性。

神学、他者与人类学

在论述努尔仪式时，埃文斯–普理查德多次重申，其最典型者是那种与集体祭祀有别的、处理私人关切的个人祭祀。这个区分令人难解：难道这些个人性的祭祀不是努尔人对其集体性的神明观念和仪式"语法"的展示？我们不禁想起莫斯在《巫术的一般理论》中对于将巫术想象成纯个体的"技术"类似主张的批判。"巫师所信任的和大众所信任的无非是一枚硬币的两面"[28]，作为其作用原理的"玛纳"，表面上可以理解为巫师个体力量的幻象，实则是"存在于个体之外的一个范畴"[29]。个人祭祀似乎也是这样，它们一方面以个人为祭主、处理个人关切，另一方面则动员公认的上帝、在上之灵、在下之灵等神明及介于神–人之间的祭祀物，造就一个超个人的神圣领域（即使这一领域不是以固定的神堂或临时的祭坛为形式）。

埃文斯–普理查德之所以不在意以上吊诡之处，有其"下意识"的原因：毕竟，他曾景仰从个人角度理解文化的

---

[28] 莫斯、于贝尔：《巫术的一般理论》，115页。
[29] 莫斯、于贝尔：《巫术的一般理论》，140页。

马林诺夫斯基，虽公然反对过这位老师，但却受其潜移默化的影响，当面对社会学年鉴派及其"大不列颠先知"（正是其前辈布朗）时，他会习惯性地用原本所学加以抗拒。不过，他之所以如此恐怕还有其意图和雄心。为了将人类学从"社会的科学"中解放出来，他放弃用"社会"这个概念解释一切的做法，有志于为学科找到一个替代框架。为此他找到了一条通往心灵的人类学之路，他探入"人心"，求索更具体的"物的语言"，通过求证"人心"的想象、象征或置换本质，展望了人类学的人文前景。

或许是由于他的学术转向与信仰转向在时间上有重叠之处，而他又在替代了布朗的席位之后屡次给"社会的科学"戴上不可知论帽子，后世往往用其后一个转向来解释前一个。[30] 在为旨在会通人类学与神学的学术论文集《祭祀》一书所写的序[31]中，埃文斯-普理查德的知交福忒思（Meyer Fortes, 1906—1983）用英国式腔调渲染了其故友的自相矛盾。他写道，埃文斯-普理查德在马雷特讲座上宣称：他的人类学先辈们之所以难以理解非西方人民的宗教，主要原因是他们自己是无神论者。福忒思批评说，这说法没有道理。埃文斯-普理查德所要纪念的是马雷特，而马雷特善于运用科学原理揭示原始宗教的"圣礼"特征，并且，他也是埃文斯-普理查德崇拜的德国神学家奥托（Rudolf Otto,

---

[30] Robin Horton and Ruth Finnegan eds., *Models of Thought: Essays on Thinking in Western and Non-Western Societies*, London: Faber, 1973, pp.45–46.

[31] Meyer Fortes, Preface to *Sacrifice*, eds. by M. F. C. Bourdillon and Meyer Fortes, London: Academic Press, 1980, pp.i–xix.

1869—1937）唯一提及的英国人类学家。从一定意义上讲，马雷特的事例已经替我们回应了埃文斯-普理查德的说法。与马雷特一样，所有埃文斯-普理查德批评的先辈（如泰勒、弗雷泽、马林诺夫斯基、布朗）对宗教的理解都做出过巨大贡献，在他们中，泰勒本人早已在《原始文化》的结尾提出了人类学家与神学家合作的号召。[32]对所有这些，埃文斯-普理查德都了解。然而，他还是用"不可知论"这个罪名来谴责所有以科学为名的人类学。由此而言，他在"二战"期间的皈依对他的学术有很大的影响。

福忒思说，支持"信仰转向说"的还有《赞德神学》与《努尔宗教》这前后发表的两部作品本身。它们代表着两种截然不同的进路，但异曲同工。福忒思毕竟是知情者，他"揶揄"埃文斯-普理查德说，其在马雷特讲座上批判不可知论者的理由，足以解释《努尔宗教》的成书的确间接反映了埃文斯-普理查德的个人信仰。在该书中，埃氏借鉴了不少神学和《圣经》释经学的成果，甚至将之当作用以进行民族志描述的术语和文化解释的框架。然而，他自己早些时候写的《赞德神话》却明显不同：这部作品是从科学权威生发出来的典范学术作品，它基于西方科学塑造的因果律、人性论和自然法原理，对阿赞德人的信仰与实践进行了考察。

福忒思的笔锋指向埃文斯-普理查德那个"不可知论者难以理解宗教"的宣言。在他看来，对人类学而言，重要的

---

[32] Meyer Fortes, Preface to *Sacrifice*, p.vi.

并非个人的信仰或信仰的承诺,而是其"职业上正确的进路"所要求的立场本身[33]。他强调,这个立场是对客观性的信奉,它要求人类学研究者必须基于与可比的证据和独立的观察相匹配的描述和分析展开研究。而这当然不取决于人类学家的信仰归向,同样,也不取决于不可知论者或无神论者的身份。福忒思指出,这两种立场都不能决定客观性,因而,人类学的这一本质特征是外在于信仰的,信仰和无信仰都不能造就它。也因此,无论是作者青年时期信奉不可知论,还是在"不惑之年"到来时皈依信仰,都并不妨碍《赞德神学》和《努尔宗教》成为"卓越的民族志"[34]。

很显然,福忒思彼时彼刻所关心的是人类学与神学的差异与关联问题。他借埃文斯-普理查德这个事例指出,西方人类学与神学相互有过许多贡献,人类学研究成果深刻影响过神学,同样地,一大批神学学者曾对早期民族志有过巨大贡献,还有过像史密斯那样借助人类学展开批判释经学研究、立场与科学一致的学者,而其关切和概念也持续影响着人类学。从某个角度看,埃文斯-普理查德的《努尔宗教》可以视作两门学问相互交流的成果。

此外,借人类学与神学之间的差异与关联,福忒思也做了明确表态:对人类学研究而言,重要的不是信仰或无信仰,而是要有客观性上的敏锐度,民族志描述和分析的深度,比较的广度。这与埃文斯-普理查德在马雷特讲座上的

---

[33] Meyer Fortes, Preface to *Sacrifice*, p.vii.
[34] Ibid., p.vii.

提法似乎是相反的:"人类学研究以某种方式影响信仰的可能性很小。"[35]福忒思则表明,信仰可以通过看问题的角度影响人类学研究,但人类学研究所采用的进路要有"职业上的正确性"便要超越信仰与无信仰。

福忒思"以其之矛攻其之盾",对埃文斯-普理查德的批判无疑极其精彩且富有意义。然而必须指出,他提出的人类学研究的客观性和我们可以称之为"民族志手艺"的东西,有史以来实践得最好的恰是埃文斯-普理查德。学界有人认为,埃文斯-普理查德的天主教徒身份影响了他的民族志研究,使其扭曲了努尔人的宗教,也有学者针锋相对地指出,这一身份从未影响他的民族志之客观性,对他的"人文化"人类学观的形成产生关键影响的,并非这一信徒身份,而是其年少时所学的历史学。[36]其实,确如福忒思所言,信仰对埃文斯-普理查德的学术即使有影响,也是次要的,因为他的学术并未因此而变得主观起来。

从《赞德神学》到《努尔宗教》,存在着贯穿始终的一条线,这条线由两股丝交缠而成,一股是福忒思所说的客观性,另一股则是他所没有充分阐述的作为人文学的文化翻译,及作为这项事业之核心的文野会通使命。

对埃文斯-普理查德而言,人类学家展开民族志研究有形形色色的目的,但所有这些目的都应相互关联,共同指向

---

[35] 埃文斯-普理查德:《宗教与人类学家》,载其《论社会人类学》,127页。
[36] 李金花:《学术、信仰与宗教研究——英国人类学家埃文斯-普理查德的宗教人类学研究》(中国社会科学院世界宗教研究所博士后研究工作报告),2013,78页。

一个判断:无论从地理空间的横向还是历史时间的纵向展开比较,既往人类学达成的有关文明与野蛮之别的看法都毫无根据,因为深入的历史和人类学研究已证明,文明与野蛮之间的共性远比差异突出而重要。埃文斯-普理查德深信,20世纪50年代,摆在大不列颠人类学家面前的一个重要使命在于:会通文明的人文学遗产与人类学的"野蛮社会"民族志。而他同样深信,在宗教研究领域,这一重要使命可以具体化为会通文明的诸世界宗教学术遗产与人类学的"原始神学"研究成果。

在《努尔宗教》中,埃文斯-普理查德所自担的便是这一"会通"使命。他以文字记录了自己穿梭在《旧约》与一个非洲古老民族的"神谱"和祭祀之间的"行程"。这些文字不是为了比较"文野之异"而写下的,而是为印证"文野之同"而雕琢的,它们共同表明,人类学家应动用其所由来处的"智慧",使其与远在异国他乡的"野性思维"相互印证,为此,他们既必须更经验主义地面对眼前的对象世界,又必须更内省地处理和解释,使经验世界的丰富性与民族志文本作者的"满腹经纶"真正不相抵牾地存在。埃文斯-普理查德之皈依天主教,固然有值得进一步猜想的其他原因,但我们毋宁相信,这是一个学术事件,是20世纪中叶西方人类学一度产生重要思想转向的标志。

埃文斯-普理查德在书中的一些地方提到,努尔人的宗教观念和行为充满个人赎罪特征,这使他们与其他非洲民族形成了差异。他点到为止地引用了巫术和祖先信仰等不同的文化,用以说明非洲人有众多不同的观念和行为。而福忒思则进一步指出，为逻辑和经验事实所证实的人世之外，存在着一个远在的境界，是超自然力量的居所，超自然力量不一定是单一、无所不在、无所不知、无所不能的绝对创造者、神或宇宙力量，而是广泛存在的，以神、神性、祖灵、自然精灵等名号和形式分布在非洲诸社会，构成涂尔干意义上的"神圣"[37]。非洲诸民族乃至全人类还有一个共通点，这就是处理人所认识、可控的世俗存在与不可见、难以估量、不可控制、不可识别的非物质力量或势力之间关系的行动。祭祀是这种行动之最典型者。也就是说，如果世界各地都有不同的巫术、仪式、魔法之类的活动存在，那么可以说，不同的远在的境界也存在。

在《努尔宗教》出版之后的二三十年间，福忒思所说的那一事实得到了英国人类学界的广泛关注。埃文斯-普理查德的弟子玛丽·道格拉斯（Mary Douglas, 1921—2007）从20世纪60年代起发表大量著作，同为天主教徒的她部分因袭了乃师有关"私人仪式""物的语言"的观点，对《旧约》的人类学内涵也相当关注。[38]埃文斯-普理查德逝世三年后，大不列颠的"结构主义先知"利奇（Edmund Leach, 1910—1989）出版了他用以向大学生介绍结构人类学思想的小册子《文化与交流》[39]，在书中，他辟专章讨论祭祀。在这个主题为"献祭的逻辑"的章节中，他所用的"古史民族志"事例是《旧约》记

---

[37] Meyer Fortes, Preface to *Sacrifice*, p.iv.
[38] 梁永佳：《玛丽·道格拉斯所著〈洁净与危险〉和〈自然象征〉的天主教背景》，《西北民族研究》，2007年第6期，27—30页。
[39] 利奇：《文化与交流》，郭凡、邹和译，广州：中山大学出版社，1990。

载公元前3世纪耶路撒冷祭祀活动的部分，他从这些片段引申出将祭祀与人生礼仪结合考察的论点。利奇虽未言明，但其论点显然不同于埃文斯-普理查德，后者认为过渡仪式不是典型的祭祀活动。值得注意的是，在该章一个不显眼的地方，利奇说，《旧约》记载的"在今天看起来不同一般的各种行为一定与故事的记录者当时直接感知的民族志事实相符"，并且，也与他自己在东南亚各地亲自观察到的各种献祭仪式过程有着"确实令人惊异"的类同现象[40]，直白地表明，在他看来，《旧约》与人类学存在着值得关注和思考的相关性。

除了以上两个英国新结构主义者，出自格拉克曼（Max Gluckman, 1911—1975）师门的特纳（Victor Turner, 1920—1983），也从另一个角度展现了宗教和仪式在非洲社会中的关键作用。特纳1977年发表过一篇有关祭祀的论文[41]，在文章中批评了结构人类学家将语言、思想、理想当作外在于社会的系统的做法。他指出，被研究者对这两个不同领域的区分是有深刻意识的，他们还通过祭祀致力于克服这种区分导致的分裂。特纳表明，他研究的恩丹布人（Ndembu）之祭祀，便是定期重建本体论上的集体性之努力。特纳是一位致力于通过返回社会学原理使社会人类学实现其"人文化"的杰出学者，他的著作充满艺术韵味，其有关仪式经验的论述成为剧场理论的基础。

---

[40] 利奇：《文化与交流》，88页。
[41] Victor Turner, "Sacrifice as Quintessential Process: Prophylaxis or Abandonment?", *History of Religions*, vol. 16, 1977, pp.189-215.

特纳对神学也相当关注,但不同于写《努尔宗教》时的埃文斯-普理查德,他没有用基督教神学的概念来"翻译"非洲宗教,而是努力在被研究者当中寻找"原始神学",其做法更接近写《赞德神学》时的埃文斯-普理查德,但也与之有异:在对恩丹布仪式进行"释经学解释"时,特纳依赖的不是《旧约》,而是当地的巫医和仪式专家。他分析这些人物与西方文化中的哲学家或神学家是一类,比常人更有知识和智慧,其思想与话语相当于经书的"注解"(exgesis)[42]。

相形之下,埃文斯-普理查德虽反复重申研究原始哲学的重要性,但其所谓"哲学"少了特纳笔下土著哲学家这个部分,而恐怕主要是指"集体表象",因此,在刻画努尔人的司仪、祭司、先知等这类"非常人"的形象时,并没有将他们与哲学关联起来,而是视作个人的长辈、仪式传统的个人载体和在变迁时代回应外来挑战的"通灵者"。这一事实表明,相比特纳致力于捍卫社会概念的尊严,埃文斯-普理查德在述及哲学时更注重结构的作用。然而必须指出,这并没有妨碍他对西方文明的他者的哲学传统产生浓厚的兴趣。

对埃文斯-普理查德而言,会通文野也就是会通西方与非西方,而所谓"非西方"不只是指原始他者的文化,还包括文字、哲学、"世界宗教"、集权组织、城邑的"文明社会"。在1966年发表的《人类学与历史》讲稿中,他在一

---

[42] Victor Turner, *Forest of Symbols*, Ithaca: Cornell University Press, 1967, pp.131–150.

个过渡段落再次提到法国学术,提到葛兰言、布洛克(Mac Bloch, 1886—1944)、杜梅齐尔等人的名字,指出对他们的著述将历史学和人类学相结合取得的成就,我们必须致以敬意[43]。在提到人类学的历史转向时,他说,据其观察,人类学家对复杂、成熟的社会或文化越来越感兴趣,因此对近东和远东的文明都开始关注。[44]其实,早在1950年马雷特讲座[45]的最后,他已经展望了20世纪下半叶近东和远东文明社会的人类学研究前景,他深信,人类学将成为与东方学对应的研究,"它会把世界上非欧洲民族的过去和现在的文化和社会作为它的研究范围"。[46]作为一位致力于从内部而非外部——如"社会的科学"这一外在于宗教的知识系统——研究宗教的人类学家,埃文斯-普理查德在提到近东和远东的文明时必然主要关注它们的宗教,他也必然能够看到,非西方文明的诸宗教与非洲原始宗教一样有着各自的"神学"系统,虽然这些系统是他所信奉的天主教的"他者",但它们也是"神学",因此同样是"哲学"。

与特纳和利奇不同的是,即使关注他者的广义上的神学,埃文斯-普理查德并没有舍弃自身所在文明的狭义上的神学。《努尔宗教》一书最后一段已经言明,要真正理解原始人、古代东西方人的内心世界,便要与近代西方"科

---

[43] 埃文斯-普理查德:《人类学与历史》,载其《论社会人类学》,138页。
[44] 同上书,143页。
[45] 埃文斯-普理查德:《社会人类学:历史与现实》,载其《论社会人类学》,99—112页。
[46] 同上书,112页。

学"宇宙论保持距离，防范它的祛魅主义对认识和良知的破坏。埃文斯-普理查德主张一种我们可以称之为"心学"的求索，并且以身作则试验了达此知识境界的一种方法。他借助认识者所在文明之信仰成就，找到人对"超人"的心理依赖这个突破口。埃文斯-普理查德所试验的，不是利奇所实践的、将《旧约》视作"民族志素材"和人类学研究对象的那种做法，不是对神学的人类学诠释。他透过神学在他者的民族志中看到自己，并使神学成为比较和文化翻译的手段；他将人类学推向人文化解释，提出一种相对"科学"普遍主义不那么强制的世界认识框架。他在曾经的帝国大不列颠生活和工作，没有想到过用"本土化"来形容自己所展望的学术前景，但却实际上与数十年后在第三世界涌现的"本土世界人类学"[47]相近，同样预示着"本土模式"对人类学解释的潜在贡献。不同的是，它不像第三世界的"本土世界人类学"，因已陷入"祛魅的宇宙论"陷阱，而念念不忘"权力系统"，以至忘记了追寻那些可以替代其所欲求破除的西方理性主义、自然主义和功利主义的其他宇宙论类型。

埃文斯-普理查德多次把涂尔干和莫斯当成犹太不可知论者来批评，做法稍显过激，但也可以理解：毕竟，年鉴派社会学家致力于为科学与宗教找到共同的初始宇宙论根基（即"原始分类"），与之不同，埃文斯-普理查德对科学与宗教之间的紧张关系及"社会的科学"的定式化与功利化有

---

[47] Gustavo Lin Ribeiro and Arturo Escobar eds., *World Anthropologies: Disciplinary Transformations in Systems of Power*, Oxford: Berg, 2006.

着深刻感受，因此有志于使人类学脱去两位前辈依旧穿着的"科学"外衣。他用话语向我们暗示，人类学的所谓"科学"带来一种新的自负，它不仅造成现代社会的内在破裂，还制造出众多"无心"的个人，这些个人信奉的祛魅宇宙论既非完美的世界解释，又对异类哲学缺乏同理心。在这样的时代，从依赖于非人（特别是超自然的非人）的人之哲学——特别是"原始哲学"或"原始神学"——入手展开人类学理解和文化翻译，有着重要的意义。

埃文斯-普理查德对"替代"所做的"象征""隐喻""类比"等方面的解释，对随后兴起的"象征人类学"进行了思想上的铺垫，这些与结构主义的交换和转化概念不约而同指向"后社会学主义"方向，实与列维-斯特劳斯的结构主义有相通之处[48]，自20世纪60年代也直接或间接地刺激了包括利奇在内的英国新结构主义者的相关思考。相比之下，他关于神学对人类学的意义的论述，直到20世纪70年代末才受到学界一小部分人的重视。

1978年，耶稣会教士兼津巴布韦大学社会学系讲师、人类学家鲍狄伦（Michael Bourdillon）获得资助，以皇家人类学会为平台，组织了一次有关祭祀的学术研讨会，邀请神学与人类学领域的研究者参会。会后，他与著名人类学家福忒思合作，选出七篇论文编为《祭祀》一书（上文述及福忒思之序，便是为此论文集所写）。七篇论文包括鲍狄伦撰写的长篇导论，鲍狄伦与巴灵顿-瓦尔德（Simon Barrington-

---

[48] 列维-斯特劳斯：《图腾制度》，渠敬东译，北京：商务印书馆，2012。

Ward）合写的后记，人类学论文三篇，神学论文两篇。这些作品对埃文斯-普理查德有关祭祀的分析评价不一，但文集从整体上呼应了他对人类学与神学合作的号召。

在福忒思的序和鲍狄伦的导论之后，第一篇论文的作者是埃文斯-普理查德的高足比迪（John Beattie, 1915—1990）[49]。比迪回顾了从莫斯、于贝尔到埃文斯-普理查德的社会学和人类学祭祀解释，并对祭祀的含义提出了自己的看法。比迪认为，与其将祭祀对象界定为神明和精灵，不如称它们为各种"力量"，由此，我们可以更好地理解人与祭祀对象之间通过仪式进行的交流。比迪还指出，祭祀的类型虽各不相同但相互重叠，包括：（1）为了取得或保持与神明或精灵的亲近关系举行的祭祀，（2）为了达成与神明或精灵的分离而举行的祭祀，（3）为了增强祭主的非人化"力量"而举行的祭祀，（4）为了与这些弥散的"力量"相隔离举行的祭祀。[50]

两篇神学论文中，一篇关于《旧约》中的祭祀，指出这部经书记载的祭祀名目繁多，其一体性是后来的基督教释经家通过注解建构的，社会人类学家对《旧约》的一般认识局限于祭祀的社会背景，而从神学家角度看这是不尽妥当的。他们不关心这些背景，甚至也不见得关心经与注之间的断痕，而是更关心《旧约》里富有信仰含义的故事。[51]另一

---

[49] John Beattie, "On Understanding Sacrifice", in *Sacrifice*, eds. by Michael Bourdillon and Meyer Fortes, pp.29–44.

[50] Ibid., pp.38–39.

[51] John Rogerson, "Sacrifice in the Old Testament: Problems of Method and Approach", in *Sacrifice*, eds. by Michael Bourdillon and Meyer Fortes, pp.45–60.

篇论文与《新约》有关。[52]该文表明,《旧约》有许多关于特定祭祀的记载,而《新约》则有许多将这些记载化为福音的篇章,这些篇章不是社会背景的记录,它们相对文学化,透露的是个体作者的思想境况,可以被当作一个文学传统来研究。因此,不能过多重视《新约》中仪式参与者的仪式经验之分析,而应关注宗教领袖的思想,这些思想大多围绕着基督徒及其关键的人生悖论而展开。

之后的两篇人类学论文,前一篇强调从不同英格兰基督徒对象征的不同解释研究祭祀[53],根据作者20世纪六七十年代在英格兰的田野工作写就,考察了一个后来才变成开明派的天主教女修道院改革前后教众仪式的变化,以及一个保守的方济各派女修道院的同类仪式,在此基础上指出,这些神圣象征和仪式在程序上相似,但三种教众仪式分别表现了弥撒相应于特定祭祀主题的三个不同面向:(1)献礼和死亡象征,(2)圣餐仪式,(3)与神的接触。作者将不同时代和教派的弥撒表现出来的强调的不同,归结于对宗教权威的不同解释。后一篇论文分析了阿萨姆人的印度教式祭祀观念[54]。作者指出,解释阿萨姆人的食品供奉,既不能用种姓

---

[52] Stephan Sykes, "Sacrifce in the New Testament and Christian Theology", in *Sacrifice*, eds. by Michael Bourdillon and Meyer Fortes, pp.61-83.

[53] Suzanne Campbell-Jones, "Ritual in Performance and Interpretation: the Mass in a Convent Setting", in *Sacrifice*, eds. by Michael Bourdillon and Meyer Fortes, pp.89-106.

[54] Audrey Hayley, "A Commensal Relationship with God: the Nature of the Offering in Assamese Vaishnavism", in *Sacrifice*, eds. by Michael Bourdillon and Meyer Fortes, pp.107-126.

制度，又不能用西方有神论概念。这类食品供奉不包括动物祭（它们属于素食祭），但祭祀程式与其他祭祀相同。构成祭祀的"人物"有四类（神、神之名、古鲁、献礼者），神不是例外，祭主被认为是能在祭祀中完美地达至敬献状态的人物，其身包含了神、神之名及古鲁的不可见存在。[55]在阿萨姆人的素食供奉或祭祀中，参与者的感受似乎停留于对仪典的体会，他们通过食品供奉与餐食的表演感受敬拜和关爱，同时也获得净化和精神力量的释放。他们与神的关系不是上下关系，而是共餐、共生，对他们而言，西方宗教意义上的神性是次要的。

《祭祀》所收论文的作者都既是神学或人类学专业的专家，又对另一门学科有所了解且知识广博（尤其是几位神学家，他们对人类学的熟悉程度令人惊讶），并且，他们都在写作中关注对方的观点。然而，两组论文还是表达出两种有差异的立场，如鲍狄伦在导论中指出的：

> 人类学与神学……在研究目的上存在着不同。相关于祭祀研究的社会人类学，可以这样概括，它旨在通过在一系列社会和文化情景中考察祭祀，以了解在社会中存在的人之本质。基督教神学家则致力于寻找其所研究的祭祀所传递的真理：他努力地从犹太－基督教传统建立一种祭祀概念，确信这一概念对当代处境

---

[55] Audrey Hayley, "A Commensal Relationship with God", in *Sacrifice*, p.118.

有着富有价值的用途。[56]

　　倘若当年埃文斯-普理查德仍健在,他一定会对这一事实表示遗憾:《祭祀》这部论文集虽是为人类学与神学的交流设置的对话平台,但其所收录的三篇人类学论文,没有一篇不是为捍卫社会学风格的研究而写的。尽管比迪追随的是埃文斯-普理查德和福忒思,但他把诸神改称为"力量",悄然消除了诸神一词的超越和"魅惑"含义。而那篇关于英格兰修道院不同祭祀"解释"的论文,把"解释"与意义世界割裂开来,在现实的时代性和"派系"情景中考察意义的差异。这些恐怕都是埃文斯-普理查德不愿看到的。或许他会对那篇关于阿萨姆人素食祭的文章相对满意一些,因为作者能够通过与社会结构概念保持距离,深入祭祀的意义世界。然而,这篇文章强调的不是埃氏关注的人对神的依赖,而是祭祀者在供食过程中的仪式经验和体会,这也丧失了埃氏的关怀。

　　相比于三篇人类学论文,埃文斯-普理查德兴许会对那两篇神学论文满意一些,它们起码分别指出,《旧约》中的祭祀记载有经史之异,《新约》的主导内容是有实效的意义修辞。然而,即使是这两篇论文,也是专业性的,埃文斯-普理查德仍旧难以在它们之中找到自己在完成《努尔宗教》后想寻找的。

---

[56] Michael Bourdillon, Introduction to *Sacrifice*, eds. by Michael Bourdillon and Meyer Fortes, p.3.

幸而，在结束后记[57]前，巴灵顿-瓦尔德和鲍狄伦说了一些更直白的话："对基督徒而言，祭祀整合了人们赋予它的许多意义：礼物或给神的供奉，通过神-王中介克服死亡和恶力造成的无序而恢复的秩序，一种生命对另一种生命的替代，'王国'伟大宴饮的前提条件，力量与生命和受难与死亡之间的关联。"[58]他们还说，在基督教对祭祀的理解中，基督祭祀是一个包容性的象征，它超越了其他相对有限的祭祀形式，可以用来理解和解释其他祭祀形式。在最后，他们说：

> 当一个努尔人看到他的牛棚被闪电击中着火，在救他的家人和牲畜之前，他先用矛刺向牛，把它献祭给神，他实际上是在说，比起自己可能失去的，还有某种更重要的东西。当一个基督徒抽出忙碌的一天中的半个小时来做弥撒，他是在对自己和别人断言，耶稣基督的生、死和复活的故事，指向了他自己的生活中某种比构成其生活的意见、抱负、遗憾、喜乐及无聊之动态更为重要的东西。[59]

努尔人献祭牛，引据的是埃氏《努尔宗教》，由此展开的叙述也正是埃氏想要听到的：埃文斯-普理查德期待人类

---

[57] Simon Barrington-Ward and Michael Bourdillon, "Postscript: A Place for Sacrifice in Modern Christianity?", in *Sacrifice*, eds. by Michael Bourdillon and Meyer Fortes, pp.127–134.
[58] Ibid., Postscript, in *Sacrifice*, p.128.
[59] Ibid., Postscript, in *Sacrifice*, p.133.

学家在神学的帮助下找到的不是别的，正是比财物及俗世生活中的喜怒哀乐和纷争更重要的东西。他坚信，这种东西不仅存在于基督徒心中，也存在于人类所有群体的内心世界里。他深知，无论是努尔人还是基督徒，其信仰和仪式都不是世间唯一的类型，但他也深信，这一类型因为特别"典型"，对那个"更重要的东西"的说明性价值也更大。埃文斯-普理查德的这一信念，连他的高足比迪都不接受，后者在其文章中通过类型比较表明：在埃氏集中考察的为达成与神明或精灵的分离而举行的祭祀之外，还有为了增强祭主的非人化"力量"而举行的各种祭祀，这类祭祀也有对"更重要的东西"的追问，从追问中得出的"神话"兴许也潜在构成比较研究参照点的可能。[60]然而，对这一补充，埃文斯-普理查德或许会在表示欢迎的同时不予接受，他可能会有这样的文化上的自知之明：自己所在的文明毕竟与犹太-基督教系统有着千丝万缕的关系，他虽身在"漫长的20世纪"这一"高级现代性阶段"，但没有看到这一关系的消失，他更不想像穿着"科学"外衣的其他西方人类学家那样，伪装成他者或他者的代言人。

1973年，美国人类学家格尔兹（1926—2006）把自己在20世纪50年代末至70年代初写的十多篇论文汇编成册，冠之以"解释人类学"的主题。[61]他在书中收录的文章大量

---

[60] John Beattie, "On Understanding Sacrifice", in *Sacrifice*, pp.41–42.
[61] Clifford Geertz, *The Interpretation of Cultures: Selected Essays*, New York: Basic Books, 1973.

引据了文学和哲学的论著,但这些都没能掩盖他对埃文斯-普理查德的效法。在民族志描述、信仰和习俗的解释等众多方面,格尔兹因袭了埃文斯-普理查德创制的风格,在理解上,他也深受后者的影响。正是基于比他大二十多岁的埃文斯-普理查德的创造,这位大西洋彼岸的学者构想出他的"新人类学"。新在何处?可能仅在于:格尔兹以解释人类学构想出一种平等对待不同"世界"(或"地方性知识")的可能,而埃文斯-普理查德则相信基督教信仰和仪式的高度兼容性,相信这种兼容性能使他协调和解释其他"世界"。两者之间没有言明的争议,牵涉到文化翻译是否能消除不同文化的视角差异这一难题,格尔兹的解释人类学代表一种对这个难题的简单化解答,而埃文斯-普理查德的信念,不可避免地会被美国相对主义者视作民族中心主义的表现,但其所引发的思考本可更为复杂。

7. 列维-斯特劳斯:"反祭祀"的神话学

埃文斯-普理查德的作品没有石沉大海,它们荡起了一圈圈波纹,引起了颇多反应。在大不列颠,反应主要来自经验研究,它们是基于田野见闻所说的"理"。例如,著名非洲人类学家米道尔顿(John Middleton, 1921—2009)在其《卢格巴拉宗教》一书[1]中指出,同在非洲的卢格巴拉人(Lugbara)听说努尔人用野黄瓜来供奉神明,对此十分不解,他们认为这很奇怪,因为他们自己的神明和精灵没有努尔人的那么愚蠢,不会被这样戏弄。[2]卢格巴拉人的这一反应有两方面深意。一方面,《努尔宗教》不能解释所有非洲民族的信仰和仪式情况,在其他民族中,并不"愚蠢"的神明所要求的是实在的礼物,而不是替代品或象征;另一方面,不可否认的是,原始民族对祭品或牺牲的质料还是很较真的,不会真的相信象征及其背后的"互渗律"。对前一个方面的"理",埃文斯-普理查德早已知晓(他早就说过,非洲诸民族有不同的哲学),而对后一方面的"理",他虽并

---

[1] John Middleton, *Lugbara Religion: Ritual and Authority in an Eastern African People*, London: Oxford University Press for International African Institute, 1960.

[2] Ibid., p.88.

非完全无知,却还是为了自圆其说而不无遗憾地将它筛出了他的认知过滤网。

在英吉利海峡对岸,埃文斯-普理查德声名远扬。法兰西的同行们以他的《阿赞德人的巫术、神谕与魔法》《努尔人》为民族志典范,在《努尔宗教》出版后,也对它赞赏有加。对于英国民族志丰碑的向往,在涂尔干时代早已有之,那时法国社会学年鉴派,大抵是依赖英联邦提供的民族志素材来思考理论问题的。而从20世纪30年代初起,法国民族学形成了独立的民族志事业。对这方面做出最大贡献的是"非洲研究法国学派"[3],他们对信仰和仪式也提出了自己的解释。

这个学派的领导人是格雷奥勒(Marcel Griaule, 1898—1956),他1920年修过莫斯的民族学课,1927年毕业于国立东方语言学院,1931—1933年受命领导"达喀尔-吉布提探险"[4],该项目由莫斯创办的民族学研究所启动。在这项旨在收集法属非洲殖民地语言文化资料和民族志博物馆展品的团队性考察中,他进入了多贡人居住区,对该地的神话和宗教产生了浓厚兴趣。此后,他在其学生蒂特兰(Germaine Dieterlen, 1903—1999)等的伴随下,多次组团——其实主要的团队成员都来自他的家族——到马里这个他们认知中的"法属苏丹"考察。[5] 1938年,他基于对多贡人的研究完成

---

[3] John Beattie, "On Understanding Sacrifice", in *Sacrifice*, p.41.
[4] Marcel Fournier, *Marcel Mauss: A Biography*, translated by Jane Marie Todd, Princeton: Princeton University Press, 2006, pp.281–283.
[5] Walter van Beek, "Dogon Restudied: A Field Evaluation of the Work of Marcel Griaule", *Current Anthropology*, vol.32, no.2, 1991, pp.139–167.

了博士论文,获得博士学位。"二战"爆发,他返回年轻时参加过的法国空军,"二战"后,他成为巴黎索邦大学首任人类学主任。

格雷奥勒没有来得及读到《努尔宗教》就过世了,但他与埃文斯-普理查德一样深受莫斯启发,对原始神学和原始哲学也有浓厚兴趣。[6]在论及多贡神话和仪式时,格雷奥勒没有回避祭祀这个主题。尽管我们无从得知他对埃文斯-普理查德的解释会有什么反应,但很显然,他的论述客观上构成了一种堪与埃氏解释对比的见解。

与努尔人相似,格雷奥勒笔下的多贡人有自己的宇宙起源神话和"神谱"系统,他们也正是在这个系统下理解自己的生活的。然而,与努尔人的系统不同,多贡人系统的源头不是至上神(埃氏所谓"上帝"),而是内在于人和宇宙的"种子"。如格雷奥勒在其与徒弟蒂特兰合写的《法属苏丹的多贡人》一文[7]中所言,多贡人的"创世",是由内在于人和物的蛋形"种子"依左右、高低、奇(数)偶(数)、阴阳等二元对立的方向颤动导致的,其造物也本应有这一根本的双重或双胞胎特征,但"创世"过

---

[6] 这点在其与多贡年迈的盲猎者沃特梅利(Ogotemmeli)合著的有关土著世界观、创世神话和哲学的著作中得到集中表现,见:Marcel Griaule, *Conversations with Ogotenmmeli: An Introduction to Dogon Religious Ideas*, London: Oxford University Press for the International African Institute, 1970。

[7] Marcel Griaule and Germaine Dieterlen, "The Dogon of the French Sudan", in Daryll Forde ed., *African Worlds: Studies in the Cosmological Ideas and Social Values of African Peoples*, London: Oxford University for International African Institute, 1954, pp.83–110.

程中总是会出现内在的不平衡。对多贡人而言，外在于人和大地上的物的世界之创造，是在宇宙这个宏大范围内展开的，但其动态与内在于人和物的"种子"的颤动，有着同样的规律。天地是造物主Amma——其实也是"种子"——的双胞胎孩子，其中，大地急着出生，早熟为男性（阳），于是使其获得生机的女性（阴）只好从别处得来。天和水是这个"别处"，它们规定着大地及在其上的所有制度的形态。

在格雷奥勒笔下，多贡人同样善于运用替代或象征来理解自己在宇宙中的处境。他们用符号来替代广泛分布的由"两性"构成的对应，用形象来建构这一对应性的系统。[8]也就是说，他们比努尔人更彻底地将"象征主义"贯彻到现实生活的所有方面中，而不局限于在祭祀中运用这一"主义"。

如格雷奥勒所描绘的，多贡人的各种神明都没有明确的精神性，不是至上神（努尔人的"上帝"）的精神性的"折射"，它们是非人格性的，但却与人相通，拥有两性特质的不同精灵，一类住在天上，一类住在水里。性别是精神性的，也是物质性的。神明的"创世"往往与两性乱伦的故事有关，神明创造出来的世界，在内涵上甚至可以说与中国的阴阳相似：如列维－斯特劳斯（Claude Lévi-Strauss, 1908—2009）概述的，"多贡人把植物分成二十二个主科，其中一

---

[8] Marcel Griaule and Germaine Dieterlen, "The Dogon of the French Sudan", in *African Worlds*, p.83.

些又继续分成十一个子类。排成适当顺序的二十二个科被分成两个系列,其中一个系列由奇数诸科组成,另一个系列由偶数诸科组成。在象征单个生殖的前一类中,被称作阳与阴的植物分别同雨季与旱季相联系;在象征成对生殖的后一类中,同一关系颠倒了过来"[9]。

此外,如格雷奥勒和蒂特兰所言,"由于人的状况反映了宇宙的状况,因而,任何对其中一方有影响的事,都会影响另一方。也就是说,人的所有行动和所有情况,必须被构想为与万物的运行紧密相关"[10]。

多贡人认为,完整的人就是完整的世界,但常人在人格上并不完整,他们因此深陷对人格缺憾的感受之中,总是期望通过男女阴阳的充分协调来弥补这一缺憾。他们也善于反省自身,相信人容易犯错并导致个人和宇宙的失序。对他们来说,祭祀的意义并不在于虔诚地给出部分自我,而相反,在于通过矫正特定物和神之间的偏差,重建人以及其所在的大地的秩序。对努尔人来说,祭祀是一种"减法",要减少的对象是罪,或者说人与神的不洁和危险,而对多贡人来说,它则是一种"加法",要增加的是贯通神、人的神秘力量。因而,多贡人的祭祀往往被认为是创造宇宙的神话行动。

多贡人的祭祀是某种"技术",它是人们利用弥散在动植物、超自然存在者和自然物体里的非人格性、非意识性力

---

[9] 列维-斯特劳斯:《野性的思维》,李幼蒸译,北京:商务印书馆,1997,47页。
[10] Marcel Griaule and Germaine Dieterlen, "The Dogon of the French Sudan", in *African Worlds*, p.88.

量（nyama）的方法。这种力量在祭祀前就已存在，它会在宰杀动物牺牲之时被释放出来，激发其他力量，并使其相互作用，生发出一个能量网。这一能量网把祭祀者、被唤醒的力量、祭坛及牺牲联系成一个复杂的网络。与努尔人不同，多贡人认为祭祀对祭祀者和超自然力量都是有益的。祭祀之所以必要，并不是因为神明导致了危险——相反，危险都是"人祸"——而是因为人触犯了某种禁律而致使自己失去了部分精神质料。

在多贡人中，祭祀的意义也在于莫斯所说的沟通，但这种沟通有特殊性，它的作用在于通过献牲释放出那个不同于努尔人的神明的非人格性、非意识性力量（他们的造物主），使之补充人的精神质料之所失。这一类型的祭祀里，也隐约有替罪羊的逻辑，但就格雷奥勒的诠释看，多贡人的祭祀条件，并不是神的在场，而是人的缺憾。[11]

在法语学术界，除了与埃文斯-普理查德同时展开研究的格雷奥勒，有雄心踏在莫斯肩上往上走的结构主义者列维-斯特劳斯，也于战后出现在巴黎的学术舞台上。与无缘和埃文斯-普理查德对话的格雷奥勒不同，列氏在若干不显眼之处直接点评了《努尔宗教》，在慷慨称赞埃氏之后，他对其得出的结论深表遗憾。这并不是因为他像格雷奥勒那样在自己的田野工作中看到了不同的祭祀行为，或听到了不同

---

[11] Marcel Griaule, "Remarques sur le mécanisme du sacrifice Dogon (Soudan français)", in *Systèmes de pensée en Afrique noire*, Cahier 2, Le Sacrifice, ed. by Luc de Heusch, Paris: CNRS, 1976, pp.51–54; John Beattie, "On Understanding Sacrifice", in *Sacrifice*, pp.41–42.

的祭祀解释，而是因为，在他看来，埃氏的替代说虽从社会学的解释中跨了出来，但因过于把土著观念当真而离理论的严谨性有相当大的距离。

列维-斯特劳斯

列维-斯特劳斯比埃文斯-普理查德小六岁，是个法国犹太人。埃氏开始在东非展开田野工作时，这位大器晚成者还在巴黎学习哲学。那时，莫斯在巴黎讲授民族学课程，列维-斯特劳斯没有选修。他对原始文化的兴趣，自有其来源。这个来源似乎与民族学或人类学关系不大，而与其对古物和前卫艺术的盎然兴致相关。青年时期，他博闻强记，对地质学有所钻研，也相当系统地读了弗洛伊德和马克思的书。他对自然科学和社会思想里有关地层、潜意识和"基础"的透析方法了然于心，形成了透过表面看本质、透过事物表象看"深层"的突出能力。[12]

20世纪30年代，大不列颠人类学已成为一座高耸的知识大厦，而法兰西人类学却刚刚奠基。巴黎哲学界的不少新生代相信，这一学问可以为哲学提供另一条出路。此间，格雷奥勒带着他的团队去了西非，而列维-斯特劳斯也开始读一些民族学的论著。不久，他决定赴巴西支教。为此，他大量浏览关于巴西的书籍，也对美国人类学家关于印第安人的记述产生了浓厚兴趣。

---

[12] 贝多莱：《列维-斯特劳斯传》，于秀英译，北京：中国人民大学出版社，2008，19—22页。

1935年他去了巴西，到圣保罗大学担任社会学讲师。那个阶段，他已表现出对涂尔干社会学的反感。他讲授的社会学以亲属制度和家庭为主要内容，更多涉及罗维（Robert Lowie, 1883—1957）、范吉内普（Arnold van Gennep, 1873—1957）、韦斯特马克等人的民族学和民俗学。在巴西，列维-斯特劳斯利用假期与妻子和友人深入印第安土著村社开展了初步的田野工作，并于而立之年生日前不久组织起一支探险队。这个探险队有相当大的规模，其成员沿龙东电报线进入土著驻地，但算不上是去做民族志田野工作，而更像是重走18世纪科学探险家走过的路。[13]

1939年春，列维-斯特劳斯回到巴黎，计划在人类博物馆展示其在田野工作中收获的土著文物，但不久战争爆发，他应征入伍，充当英法军队之间的联络官。德国以闪电战深入法国领土，他随部队南逃，没办成展览，但毫发无伤，还在"维希法国"谋得一份大学教职。他一边应付教学，一边开始埋头阅读人类学的著作，其中葛兰言发表在《社会学年鉴》上的杰作《古代中国的婚姻范畴与亲属关系》[14]令他特别惊艳，该著作也成为他数年后完成的第一部杰作《亲属制度的基本结构》主要的思路来源。

好景不长，1940年10月维希政权发布反犹太法令，列维-斯特劳斯失去了教职，本计划回巴西继续做田野工作，

---

[13] 贝多莱：《列维-斯特劳斯传》，111—114页。

[14] Marcel Granet, "Catègories matrimoniales et relations de promimitè dans la Chine ancienne", *Annales Sociologiques*, série B, fasc.1-3, 1939.

但未得到签证，幸亏洛克菲勒基金会突然邀请他去设在纽约的社会研究新学院任教。1941年春夏之交，列维-斯特劳斯终于带着他的民族学材料到了纽约，去那里流亡人士的落脚中心——社会研究新学院报到。次年，戴高乐的"自由法国"在社会研究新学院隔壁设立了高等研究自由学院，列维-斯特劳斯也在那里兼课。

在纽约，列维-斯特劳斯常光顾二手书店，与超现实主义艺术家交际，也有机会拜会了包括波亚士在内的著名人类学家。更重要的是，他与逃亡来纽约的俄罗斯诗人兼语言学家雅各布森（Roman Jakobson, 1896—1982）成为挚友，从雅氏那里，他发现了地质学、弗洛伊德、马克思之外的另一个重大理论之源——索绪尔（Ferdinand de Saussure, 1857—1913）的结构语言学。[15]

战后，列维-斯特劳斯回到巴黎，接触了那里的存在主义哲学家，同时很快开始运用语言学原理对布朗的亲属制度理论进行修正。他于1945年底回到纽约担任法国驻美大使馆文化参赞，1948年秋回到巴黎后，先后任职于法国国家科学研究中心和人类博物馆，同时在索邦大学完成其博士研究。其博士学位论文《亲属制度的基本结构》翌年出版成书[16]。在书中，他借助已谙熟的结构语言学原理，清算了既有的人类学亲属制度理论，把这个领域的研究界定为对在人从自然

---

[15] 贝多莱：《列维-斯特劳斯传》，172—176页。
[16] Claude Lévi-Strauss, *The Elementary Structures of Kinship*, translated by James Bell and John von Sturmer, ed. by Rodney Needham, Boston: Beacon Press, 1969.

到社会的过渡中起关键作用的乱伦禁忌的研究，并围绕乱伦禁忌将既有亲属制度理论归结为理性论（梅因、摩尔根）、心理学（韦斯特马克等）及社会学（麦克伦南、斯宾塞、纪林、卢伯克、涂尔干）三类。

他运用葛兰言依据中国材料得出的概念，对澳大利亚、中国、印度、西伯利亚、东南亚等地的相关民族志材料进行分门别类的分析。列维-斯特劳斯称，葛兰言虽没有直接引述莫斯，但其理论与他自己的理论一样，都以莫斯在《礼物》一书中提出的交换理论为基础。这一点没有错，但它掩盖了一个事实：在发表其《古代中国的婚姻范畴与亲属关系》十年前，葛兰言已在《古代中国的节庆与歌谣》中围绕"食色"论述了人的交换与物的交换的对应性，并将两种交换放在节庆中审视，其对所谓"外婚制"的解释，视野远超亲属制度，而与习俗、信仰和宇宙论相关。列维-斯特劳斯一面对葛兰言"人的交换"之说加以引申，一面指责他将中国古文献记载当真，缺乏民族志的直接证据，并批评他未能揭示出女性这类"欲望的对象"应"如词语一般"地隐藏着"象征思想"[17]。

1950年，列维-斯特劳斯担任巴黎高等研究实践学院社会实验室主任，同年，他得到社会学家古尔维什（Georges Gurvitch, 1894—1965）的邀约，为配合其所编的莫斯文集《社会学与人类学》而写作有关莫斯思想的概述。在这篇名

---

[17] Claude Lévi-Strauss, *The Elementary Structures of Kinship*, p.496.

为《马塞尔·莫斯的著作导言》[18]的文章里,列维-斯特劳斯推进了他在《亲属制度的基本结构》中初次阐述的象征和语言观点。

列维-斯特劳斯高屋建瓴地概括了《社会学与人类学》一书收录的莫斯著述(该书第一版遗憾地没有收录其有关祭祀和社会形态学的重要论著),用最长的篇幅评介了《礼物》,称此著"无可争议的是莫斯的主要作品"[19]。他称赞莫斯用精确的逻辑推理,从礼物交换的送礼、收礼、还礼三种义务出发,揭示了交换是异质的社会活动的公分母。他指出,这个公分母的发现,超越了来自美洲、大洋洲、印度、希腊和凯尔特人的杂乱无章的资料,"达到了更深刻的现实",由此,社会概念的境界得到提升,不再是对奇闻的道德化描述,而"变成了一套系统,人们可以从中发现各部分之间的联系、等价和一致"[20]。由此,莫斯抵达了结构语言学的边界,赋予了交换以交流的含义,并对驱动交流——礼物往来、给予、回馈——的力量进行了求索,指出这个力量不是物理性的,而是主观性的,与尊严、责任、特权的社会观念相关。[21]列维-斯特劳斯接着批评莫斯说,他在将我们带到一个正确的方向上时止步不前,滞留在"毫"(hau)等"土著观念"中,没有追问藏在这些观念背后的东西到底是

---

[18] 列维-斯特劳斯:《马塞尔·莫斯的著作导言》,载莫斯《社会学与人类学》,佘碧平译,上海:上海译文出版社,2014,3—36页。
[19] 同上书,15页。
[20] 同上书,22页。
[21] 同上书,25页。

什么。他认为,这些"土著观念"之所以可能,是因为它们有着交流所依赖的象征本质,与社会一样,象征同样是实在的,莫斯本应从"社会事实"脱身而出,进入这些象征符号构成的系统中,遗憾的是,他与葛兰言一样,过于依恋从孔德到涂尔干的法国社会学传统,未能从当时业已成熟的语言科学中借鉴理论洞见,从而与"深层结构"失之交臂。

列维-斯特劳斯所谓的"结构",与莫斯和埃文斯-普理查德在论述祭祀时致力于探入的层次迥然有异。在发表《礼物》之前二十多年,莫斯在《献祭的性质与功能》中通过仪式的圣-俗交流界定了宗教的社会本质,埃文斯-普理查德在《努尔宗教》中反其道而行之,通过研究对神明、精灵、灵魂、鬼的信仰,界定了仪式作为宗教象征体系的本质。在列维-斯特劳斯看来,从莫斯到埃文斯-普理查德,所谓的"本质"都是表象,无论是社会性的还是个人性的,宗教都不过是"土著观念",社会人类学若是止步于这些"观念",那便难以达到普遍性。

在《马塞尔·莫斯的著作导言》写作五年后出版的《忧郁的热带》[22]一书中,列维-斯特劳斯回顾了自己的学术成长史以及在新旧大陆之间的身心之游,用最大的篇幅讲述了他在巴西那些年利用假期所做的田野工作和有浮光掠影之嫌的"民族学探险"之所得,呈现了卡都卫欧(Caduveo)、波洛洛(Bororo)、南比克瓦拉(Nambikwara)、吐比瓦克

---

[22] 列维-斯特劳斯:《忧郁的热带》,王志明译,北京:生活·读书·新知三联书店,2000。

（Tupi-Kawahib）的不同生活风格，在最后，他记录了自己于20世纪50年代初在南亚次大陆的旅行，将旅行中的见闻与思考和盘托出，对什么是好的人类学进行了摸索。他坦言自己对欧亚大陆诸"世界宗教"的看法：佛教有普世同仁的慈悲观，基督教含有极高的对话欲望，伊斯兰教与其他神启式宗教一样将基础建立在"天启真理"上。但每种宗教都有内在矛盾，佛教的慈悲观往往是以生命和知识的空无为前提的，基督教的对话欲望往往伴随着以己见为真理的倾向，而在所有的"世界宗教"中，伊斯兰教最使他坐立不安，"其基础建立于天启真理的程度还没有比无法与外在世界相联系的程度更大"，它的不容忍"以一种无意识的方式存在着"，结果倾向于通过把其他人"负面化"，使自己免于自我怀疑和受辱。（《忧郁的热带》，529）

列维-斯特劳斯说：

> 我自己很明白为什么在接触到伊斯兰教的时候，我会如此不安，原因是我在伊斯兰世界中重新发现到我自己所来自的世界；伊斯兰是东方的西方……伊斯兰教徒与法国人都具有同样的书卷气，同样的乌托邦理想主义精神，也都同样固执地相信，只要能在纸上把问题解决，即等于已经消除问题了……像伊斯兰世界一样，革命后出现的法国社会遭遇到改头换面的革命者逃避不掉的命运，这命运即是成为某些事物状态的念旧的保存者……我们对那些目前仍然依赖我们的民族与文化所采取的态度，困在矛盾之中，与伊斯兰

教对待其徒众及非伊斯兰教世界的态度所存在的矛盾完全一样……(《忧郁的热带》，531-2)

列维-斯特劳斯认为"没有一个社会是完美的"(《忧郁的热带》，504)，那些处在南半球的诸土著社会，也一样良莠参半。然而，这不意味着我们可以把自己所在社会的构成原理直接套用在其他社会上。以莫斯的解释为例，它宣称神明祭祀的理想形式有高度的包容性，因而常被神学家认为可以解释所有其他宗教的样式，这实属正常之事。在列维-斯特劳斯看来，这种倾向于"以己化他"的学术有民族中心主义的嫌疑。民族中心主义正在以类似于伊斯兰教的形象出现在法兰西的思想界，使其以宽容的形式达至对其他民族和文化的不宽容。社会人类学要摆脱其所在的困境，出路不在于返回到"旧大陆"的文明，而在于面向仍滞留在新石器时代文野之间过渡状态的那些民族和文化，通过返回到卢梭的文化论，对它们进行拆解和重组，建构一个人类社会的理论模型。(《忧郁的热带》，510-4)

20世纪50年代，英吉利海峡两岸不约而同地出现了以象征论替代社会论的潮流。在大不列颠，埃文斯-普理查德的阐述使象征论成了学者转向自身所在文明母体的途径，而文明母体成为跨文化研究"再出发"的起始点，在法兰西，它则在列维-斯特劳斯的畅想中走向了一个相反的方向：以"旧大陆"文明的对立面为思想之旅的起始点。

两个同代人有共同的关怀，都致力于使人类学成为一门能够深入人的内心深处的学问。在《马塞尔·莫斯的著作

导言》中,列维-斯特劳斯甚至说了一段似乎只有立志在人类学与神学之间求索的埃文斯-普理查德才会说的话:

> 在世界各地,包括我们这里在内(而且长期以来),延续着一种基本的处境,它属于人的处境,也即是人从其起源就掌握着能指的全部,为了补充一个不知名的所指,他对能指的全部感到很为难。能指和所指之间总是存在着不一致,唯有神的理解力才能消弭这种差异,而且它是在与所依赖的所指相关的能指过剩中产生出来的。[23]

列维-斯特劳斯这里说的"能指过剩"的产物,直接指向莫斯在《巫术的一般理论》和《礼物》中反复引用的奥伦达、玛纳、毫等"神力",也间接指埃文斯-普理查德想求知的神明和精灵。然而,列氏与埃氏还是不同的,如前者在《忧郁的热带》中表明的,他有志于审视的并不是神的理解力,而是卢梭相信的那种"在原始社会的懒惰与我们自尊自大所导致的无法抑制的忙忙碌碌之间维持一个快乐的调和"的状态(《忧郁的热带》,512),他认为那种状态对人的幸福更为有利,而它仅存在于"那个神秘的新石器时代"(《忧郁的热带》,511),而那个时代的气质不是随便用"高级宗教"的理论就可以理解的。

---

[23] 列维-斯特劳斯:《马塞尔·莫斯的著作导言》,载莫斯《社会学与人类学》,34页。

从幻象到科学

《努尔宗教》出版后，引起了列维-斯特劳斯的关注，他称此书构成一条使人类学"通往心智"的道路。在数年后出版的《图腾制度》（原名为《今日图腾制度》）和其姊妹篇《野性的思维》中，列维-斯特劳斯对其进行了审视。列氏这两本书是先后写的，但于1962年同年出版，前一本是图腾理论史的批判性导论，后一本则直接表达了他对自然、文化和心灵之间关系的看法。在这两本书中，列维-斯特劳斯涉及了人类学与哲学；仅就人类学而论，它的视野几乎涵盖了19世纪晚期到20世纪上半叶英法和美国学界的所有成就，在其中，埃文斯-普理查德的贡献只不过是人类学思想史长河的一个片段，但列维-斯特劳斯将它看作一个值得详加讨论的重要过渡。

在19世纪晚期的人类学中，图腾论基本上是苏格兰独有的学术概念，它先是得到麦克伦南的重视，接着被史密斯更系统地运用于解释古代闪米特人的亲属制度与宗教行为。从祭祀理论的角度看，从麦克伦南到史密斯，贯穿着一条有别于英格兰学者泰勒的万物有灵论的思路。万物有灵论是一种"人中心"的"神学观"，它将外在于人的物与神都理解为由人的灵魂生发出来的。对倾向于这一观点的泰勒而言，这种"神学观"是人最早的思维方式，是智识的产物，在它之下存在的祭祀，是人给高于自己的神明供奉礼物。与之相对，图腾论可以说是一种"物中心"的观点，它用外物来贯通物我、人神。对运用这一观点来解释宗教演化的史密斯而言,图腾制度里最重要的是祭祀,祭祀不是信仰而是行动,是人们在集体圣餐上吃掉作为他们氏族祖先的图腾(祭祀品)以滋养共同体之生命的仪式。

相比于泰勒的智识论,史密斯的学说与法国社会学的思想传统更亲近,因而深得社会学年鉴派的青睐。列维-斯特劳斯相当清楚这一点,他在阐述其结构人类学时,怀有突破孔德以来的社会学之局限的雄心,因而他的包括《图腾制度》在内的著述,针锋所指必定是从史密斯到莫斯和涂尔干的祭祀理论。然而,《图腾制度》似乎并没有彻底表露这一点。列氏在《导论》的最后提到麦克伦南,但随即引用泰勒反击图腾论时说的两段话,用以表明,唯有从被麦克伦南、史密斯和涂尔干相继泛化了的"宗教"中分离出来,图腾制度才能恢复其本来面目。[24]

在这本书中,列氏设置的叙事时间起点是20世纪的前二十年。那时,在美国人类学中,图腾制度仅在一些概论中被简要提及,但在英法,弗雷泽的相关著作和关于澳大利亚土著部落的民族志将图腾制度这个话题重新带回了人类学界。1920年,范吉内普(Arnold van Gennep, 1873—1957)出版了一本书,梳理了四十余种图腾理论。20世纪20年代末,在图腾论回潮的背景下,澳大利亚神职人员兼人类学家埃尔金(A. P. Elkin, 1891—1979)在田野工作中研究了大量澳大利亚土著部落的图腾。他罗列出名目繁多的图腾,其类型几乎穷尽了列维-斯特劳斯通过排列组合得出的所有可能

---

[24] 列维-斯特劳斯:《图腾制度》,17—18页。

性：自然范畴与文化群体的关系、自然范畴与个体融为一体、自然范畴的特例与个人的关系、自然范畴的特例与文化群体的关系。(《图腾制度》，21-2)

在对各种图腾进行分类之后，埃尔金思考了不同类型的统一性。他总结说，"所有类型的图腾制度，都具有一种双重的功能，换言之，一方面可以表达人与自然之间的亲属关系和合作关系，另一方面可以表达过去与现在的关系"(《图腾制度》，65-6)。

列维-斯特劳斯对埃尔金提供的民族志细节充满兴趣，但对其得出的结论并不满意。在述评了埃尔金的图腾研究之后，列维-斯特劳斯转向了功能主义解释，在其中寻找补正性的论点。他承认，功能主义解释确实在埃尔金留下的空间中起到了作用，但它同样没有抓住图腾制度的要害。首当其冲的当然是马林诺夫斯基的解释了。马氏说，图腾这事儿很简单，土著居民觉得一些动植物可以吃，对人群有用处，所以崇拜它们。列维-斯特劳斯对这种将万物当作利益的看法兴味索然，他指出，许多原始部落崇拜不可吃的动植物，马氏的解释甚至比20世纪头两年在澳大利亚做研究的斯宾塞和吉兰（Francis Gillen, 1855—1912）提出的象征解释都差得很远。

列维-斯特劳斯也评介了拉德克里夫-布朗的结构-功能主义解释。他指出，布朗与涂尔干一样确信，要维系社会秩序，便要确保社会分支的持久性和团结性，而要做到这点，便要将个人感情集体地表达在固定的对象上。但关于为什么在有些社会中人们会将感情诉诸动植物图腾，拉德克里夫-布朗与涂尔干持有不同看法。涂尔干认为，图腾的本质是标识，之所以会有动植物的形式，是因为这些存在者就在眼前，是自然而然形成的，而布朗则认为图腾制度里人与动物之间的关系要经过仪式这个环节。

在布朗看来，仪式是前提性的，不存在图腾的社会同样存在仪式，这说明仪式更为普遍。因而，可以认为图腾是从仪式建立的更广泛的框架中发展起来的。(《图腾制度》，71–3)他从大量事例中归纳出一个看法：对社会财富和精神财富产生重要影响的事物和事件，都会成为仪式态度的对象，如果图腾制度选择自然物种作为各个社会分支的标志，这必定是因为这种物种在图腾制度之前就已经成为仪式态度的对象了。(《图腾制度》，74)

至于缘何只有特定动植物才成为图腾这个问题，布朗的回答与马林诺夫斯基相近，认为这是心灵之外的事，与处在特定环境中的人对有仪式价值的自然物的需要有关。

在列维-斯特劳斯看来，布朗的解释虽与涂尔干有所不同，但二者在社会学的层次上并无二致。布朗有英国人类学的经验主义和功利主义关切，所以在回答物与人之间关系的问题时，与马林诺夫斯基陷入了同一个困境之中。

相形之下，对于马林诺夫斯基和布朗的大不列颠晚辈们，列维-斯特劳斯的评价要高得多。在"图腾的幻象"这章里，列维-斯特劳斯称赞弗思在蒂科皮亚人中发现了比涂尔干和布朗的结构-功能主义解释更为复杂的关系层次：

> 在蒂科皮亚人中，人们既没有把动物当成是一种

标志，也没有把它们当成祖先或亲属。与某些动物有关的遵从和禁忌都应以一种复杂的形式，通过三重的观念得到解释：群体是某个祖先的后代，神是某些动物的化身，在神话时代中，祖先与神之间存在一种亲缘关系，对某种动物的遵从也间接地依据这种关系。（《图腾制度》，36）

列维-斯特劳斯称颂弗思这种用更复杂的关系来分解"图腾的幻象"的做法，他说，"在弗思看来，那些被强行归于图腾制度的标签的信仰和习俗，在很大程度上都具有极其复杂和异质的特征"（《图腾制度》，29）。

对于福忒思和埃文斯-普理查德，列维-斯特劳斯的评价同样相当高。福忒思和埃文斯-普理查德相继在战后的十几年时间里完成了对非洲祖先崇拜社会和神明崇拜社会的研究。据前者，在泰伦西人（Tallensi）中，社会的结构层次是地域与世系，祖先崇拜是其一般框架，图腾符号等仪式符号的作用在于保证个体循规蹈矩，相当于意识形态标志。（《图腾制度》，89-90）泰伦西人将祖先看作性情和行为难以预测的存在者，并将祖先与丛林和河流中带有侵略性的动物相联系。如果说他们中有图腾，那么，图腾便是指这些与祖先对应的有侵略性的动物，其可感知的统一性特征是"长牙"。福忒思认为，在泰伦西人中，常识与经验世界中人与动物的关系，是神话因果关系领域中人与其祖先关系的象征表达。处理这一关系的是祭祀，而祭祀是胁迫或安抚祖先的方法。

列维-斯特劳斯称赞福忒思，说他与弗思一样，"在从主观功效的视角向客观类比的视角过渡的过程中……迈出了一大步"（《图腾制度》，95），看到了图腾并非社会单元的传统名号，也认识到对物我相似性的感知方为图腾制度的基础。同时，列维-斯特劳斯也指出，与弗思一样，福忒思研究的是祖先崇拜，这是文化发展较高阶段的产物，难以用来解释原始文化，而福忒思挑出来考察的动物，也局限于特定的类型，从而使他的理论无助于解释人与物之间关系的系统性。（《图腾制度》，93）

接着，列维-斯特劳斯谈到了对埃文斯-普理查德图腾论述的看法。他指出，无论是在对阿赞德人的研究还是对努尔人的研究中，埃文斯-普理查德都看到了图腾的幻象本质，因而其所罗列的图腾甚至包括了想象出来的动物。埃氏还认识到，图腾不带有马林诺夫斯基和布朗强调的那种功利色彩，不是利益的仪式化。在《努尔宗教》中，他将物与神放置在一个天地/上下的层级中叙述，表明某些物被理解为神的特定"折射"，是因为其所处的层级与神明相似，比如：鸟会飞，所以能与天上的神灵沟通；蛇在地，所以能体现在下之神的存在。在同一本书中，埃文斯-普理查德还审视了努尔人思维中人的特定类型与物种的特定类型的统一性，努尔人说双胞胎既是人又是鸟，而鸟是神的孩子，因而双胞胎也是"天上的人"。列维-斯特劳斯评论说，埃文斯-普理查德通过双胞胎的土著名号解释了列维-布留尔的互渗律、马林诺夫斯基的功利主义、弗思和福忒思的感知相似性观点都没法解释的现象，展现了"能够把精神关系统一起来的一系列逻辑关系"(《图腾制度》,98),有助于我们从图腾与心灵的联系中去寻找对图腾制度的解释(《图腾制度》,100)。

努尔人生活在一个有至上神信仰的社会,埃文斯-普理查德依据努尔人的神学,将双胞胎与鸟等同的公式看成是双胞胎、鸟和神三者之间的关系,而非物我二元关系,这在列维-斯特劳斯看来是特别具有吸引力的。但他同时认为,努尔人作为一个特殊案例,其模式并不能解释在信仰上与它相似的其他社会,因此,"埃文斯-普理查德在通过这种方法来阐发他的解释时,也会冒有限制这一解释的风险:他与弗思和福忒思一样(尽管程度上比较低),用一种特殊社会的语言提出了一种普遍的解释,所以,也限制了该解释的适用范围"(《图腾制度》,101)。

在第四章中,列维-斯特劳斯用标题"通向心灵"来形容福忒思、弗思和埃文斯-普理查德等英国人类学家对他的重要性:"通向心灵"画龙点睛,无异于表明,这几个英国人是他这个法国人通向自己预期达成的境界的桥梁。然而,他也指出,桥梁并不是目的地,只不过是帮助抵达目的地的重要依托。列维-斯特劳斯在走完这座桥梁之后,回首眺望它,依旧不满足。他表明,几位英国人类学家之所以难以彻底摆脱由图腾幻象构成的知识陷阱的纠缠,是因为他们受制于民族志知识的特殊性,而后者又是因为他们舍不得割舍所研究社会的整体性。

在陈述其对埃文斯-普理查德的批评时,列维-斯特劳斯说,"尽管拉德克里夫-布朗在埃文斯-普理查德发表《努尔宗教》的前几年,提出过有关图腾制度的第二理论,可是埃文斯-普理查德似乎并没有看清这一理论所带来的革命性的重要意义"(《图腾制度》,101)。这里所说的"第二理论",是指布朗1951年在赫胥黎纪念讲座上发表《社会人类学的比较方法》演讲时提出的新解释,与二十多年前的"第一理论"不同,其要义是"自然物种是依据一对相互对立的东西来分类的"(《图腾制度》,107),如列氏所言,具体内容是指:

> 所谓图腾制度只是依据由动物和植物名称所构成的特殊命名的一种特殊表达……它所具有的唯一独特的特征,就是通过其他方式所阐明的相关和对立,例如,在北美和南美的某些部落中,就是通过天/地、战争/和平、逆流/顺流、红/白等类型的对立来实现的。(《图腾制度》,108)

列维-斯特劳斯相信,以上要义与他自己看到的无涉利益的逻辑理性一致,而据布朗的观点,以上要义不仅可以从部落社会中得出,也适用于文明社会:"这种对立最为普遍的模式,以及最系统的运用,也许可以在中国找到,在那里,阴阳两种原则的对立就是男女、昼夜、冬夏的对立,而它们的统一则会形成一种有序的总体(道),如一对夫妻、天或年。所以,图腾制度可以被还原成一种阐明一般问题的特殊方式……"(《图腾制度》,108-9)

当时已公然宣布反对布朗理论的埃文斯-普理查德,忙于将社会人类学从科学这边推向人文那边,对于布朗进一步走向科学的举措,他不可能不知道,也不可能赞同。然而,对于列维-斯特劳斯而言,这无异于失去了一次触发一场思想革命的机会。布朗在讲座中描绘说,许多成对的半偶族都取相近的动物为图腾,以分布得最广泛的鸟类图腾为例,有鹰与大鸦(卑诗省)、鹦鹉与乌鸦(西澳大利亚)、白色凤头鹦鹉与黑色凤头鹦鹉(维多利亚州)、蝙蝠与猫头鹰(东澳大利亚)、海鹰与鱼鹰(美拉尼西亚)等,其他图腾动物则有袋鼠、野猫等。基于这一观察,布朗断言,选择何种动物为图腾,与动物本身是什么关系不大,而与动物的相互关系有关。图腾动物的配对,表达的是相连的二元性,这种二元性的逻辑如同中国的阴阳观念,是同中有异的。

布朗的讲稿必定会让列维-斯特劳斯想到他在写《亲属制度的基本结构》时诉诸的葛兰言的思想,后者早已将这种二元对立统一的"逻辑"运用于解释王国文明诞生之前中国乡村的两性社会与物我共生的宇宙观。然而,列维-斯特劳斯在《图腾制度》中要讨论的不是历史而是结构,因此他没有返回葛兰言对古代社会与封建社会的历史比较,而是对布朗将图腾论的重点从"动物性"转移到"二元性"的做法大加肯定。

对列维-斯特劳斯而言,埃文斯-普理查德在《努尔宗教》中运用的替代、象征、隐喻、类比等词,都与他自己的结构人类学相通。然而,在一个关键点上,这位伟大的英国人类学家的思想受到了限制。在诸如《原始分类》的著作中,涂尔干和莫斯一面阐述宗教的社会性,一面挖掘社会生活的心智活动前提,在致力于扩展社会学的势力范围之时,他们会忘记自己思想的后一面,但客观上这后一面是持续存在的。(《图腾制度》,118-20)埃文斯-普理查德对涂尔干的前一面提出了严厉批判,但因为未能深思其后一面,其从批判中建立起来的新框架仍旧与前一面藕断丝连。他的确做到了借助神学推进人类学对"内心世界"的理解,但其"神学转向"所带来的后果却与他的预期相反。以对图腾制度的解释为例,正是长期以来人类学家和社会学家对"宗教问题的沉迷",使图腾制度被置于宗教之中。学者们当然明白,图腾制度所在的"未开化的宗教",不是所谓"开化的宗教",但他们已经习惯用后者来套用前者,结果就是,前者本来的属性几乎彻底被同化了。

在《图腾制度》最后的部分,列维-斯特劳斯对人类学和社会学的"宗教情结"提出了以下告诫:

> 人的科学只有借助明确的观念,或者是它们竭力使之明确的观念,才能有效运转。如果宗教依然构成了一种自发的秩序,需要一种特殊的检验,就不得不从科学对象的共同体命运中脱离出来。因此,宗教是通过相反的方式得到界定的,在科学看来,宗教会不可避免地仅仅表现为一个混乱观念的领域。因此,任何试图对宗教加以客观研究的尝试,都不得不被引入这一领地,而无法成为观念的研究,宗教人类学的主张,就已经歪曲和采纳了这种做法。剩下来的唯一一条研究路线,就是感性的(如果不是真正有机的)和社会学的路线,这样的研究只能围着现象转。(《图腾

制度》，128–9）

关于以上主张，列维-斯特劳斯也在《民族学中的结构概念》[25]一文中指出，他并不是反对宗教人类学研究，相反，他相信"神话、仪式和宗教信仰一起形成了一个将可供结构主义研究大显身手的领域"[26]，他所担心的是研究者因囿于"有意识模型"（即被研究者所觉知的模型），特别是因囿于那些作用于并延续信仰和习惯的常规模型，而让包括宗教在内的"畸形的有意识的模型横亘在观察者和他的对象之间"[27]，难以深入作为深层结构的"无意识模型"中去。

埃文斯-普理查德及其同代人对观念世界（包括图腾观念）展开的宗教解释（包括埃氏自己的努尔神学，以及弗思和福忒思对祖先信仰的论述）既是对神话、仪式和宗教研究的重要贡献，又给人类学带来一个危险：因囿于"神学"而陷入"混乱概念的领域"里不能自拔。

在列维-斯特劳斯看来，相比于致力于"人文化"的晚辈们，始终将人类学视作科学的布朗在逝世四年前提出的见解，反而可以构成规避这一危险的方法。这个见解是：图腾制度既不是独立的实体，也不是有实用或宗教功能的仪式，而是某种高度抽象的思维方式。这一有别于早期图腾论者和其他功能主义者（如马林诺夫斯基和涂尔干）的论断，足以

---

[25] 列维-斯特劳斯：《民族学中的结构概念》，载其《结构人类学》（卷1），张祖建译，北京：中国人民大学出版社，2006，255—295页。
[26] 同上书，288页。
[27] 同上书，259页。

将人类学——特别是其对包括图腾在内的观念的研究——推向语言法则甚至是思想法则的深层领域。

布朗在晚年从社会学转向唯智主义，这使他的论断与哲学界的柏格森（Henri Bergson, 1859—1941）接近，后者也曾指出，当两个氏族的成员宣称他们是两类动物时，他们所强调的并不是动物性，而是二元性。列维-斯特劳斯指出，布朗与柏格森之间观念的相似性并非偶然。哲学家柏格森之所以能够理解深藏在图腾制度背后的东西，是因为他的思想与图腾民族的思想相协调，甚至可以说与印第安人（例如苏族）的思想雷同，二者同样拒绝在连续性与非连续性之间做选择，同样"努力把它们看成是用来获得同一真理的可以彼此互补的视角"（《图腾制度》，122）。而布朗对形而上学思考虽不感兴趣，"但当他为了将对立和整合调和起来而把图腾制度还原成一种一般倾向的特殊形式时，他所遵循的也是同样的路线"（《图腾制度》，122）。

列维-斯特劳斯指出，布朗和柏格森所不约而同遵循的路线并不是新鲜的，因为，早在其写《论人类不平等的起源和基础》的1754年，卢梭已明确提出，现代人类学的核心问题应是自然到文化的过渡，并且，在论述动物性到人性、自然到文化、感性到知性的三重过渡时，卢梭阐述了同情或"他者的认同"的重要性："正因为人起初就能够感觉到他自身与所有与之相似的存在之间是同一的……所以他可以获得既能够区别自身，也能够区别这些存在的能力，换言之，就是把物种的多样性用作社会分化的概念依据"（《图腾制度》，125）。这种对自身和外物同时进行区分的能力，来自人的心灵中留下的对各种物的感知,而感知的对象不是相互无关的事物,而是事物的相互关系,这些关系是用大小、强弱、快慢、勇敢和恐惧等二元性的词语来表达的。(《图腾制度》,124)

列维-斯特劳斯将18世纪中叶的卢梭的思想看成现代人类学的最早样貌,在他看来,如果说布朗和柏格森对于二元性的论述有其重要价值,这一价值也应放在由卢梭开启的思想路线上来认识。这在很大程度上意味着,被埃文斯-普理查德视作妨碍几乎所有人类学家内在地理解"内心"的科学,其基础正是在上述"三重过渡"中产生的,它和卢梭、布朗、柏格森等人的思想一样,与曾被圈在现代和理性之外的图腾论等"低级宗教"相协调。而这又意味着,人的科学是可能的,无须用文明社会的犹太-基督教"神学"来使其"人文化"。

替代祭祀的"图腾算子"

在《图腾制度》和《野性的思维》中,列维-斯特劳斯多次表明,他并不赞同涂尔干和莫斯在《原始分类》中对分类进行的社会学解释。但很显然,他自己确实是沿着两位先贤指出的方向行进的,他关注的也是作为分类系统的图腾。他谨慎地行走在"物以类聚"和"人以群分"这两个层次之间,但大胆地对落笔之前积累起来的成果加以整理和批判。在《图腾制度》中,他没有延续莫斯和于贝尔在《献祭的性质与功能》中开创的祭祀研究,这不无遗憾,因为,正是在此著中,两位前贤将沟通运用于宗教仪式的研究中,触及了列维-斯特劳斯关切的交换、语言、思想构成的深层领域。然而，列维-斯特劳斯比莫斯更坚定地将图腾从自史密斯起就一直被强调的祭祀中分割出来，这似乎有其理由，他在《图腾制度》的"导论"中对此给予了说明：

> 图腾制度首先就是外在于我们自身世界的投射，仿佛是一种招魂的咒语，仿佛是一种有别于人与自然相割裂的要求所产生的心态，而基督教思想恰恰把人与自然的割裂视为根本。这样，人们就有可能通过把这种反向的要求设定为一种"第二自然"的性质，来确认思想的有效性，而"第二自然"，则不过是文明人在摆脱自身和自然本身的这种无望企图中，从所谓其自身发展的"原始"或"古老"阶段中编造出来的东西。（《图腾制度》，3-4）

若是史密斯依然健在，他读到这段话必然会对号入座，认定这是在批评包括他在内的、以文明社会为关切的进化人类学家，因为，他便是通过对以图腾祭祀为中心的"未开化宗教"的考察，通过对物我、人神混融的共同体状态的考察，找到了与基督教的人与自然割裂论不同的"第二自然"。而列维-斯特劳斯还接着说，"尽管祭祀这种观念依然是西方大型宗教的核心观念，但它也提出了同样类型的难题"（《图腾制度》，4），这个难题就是"第二自然"本身，如图腾的幻象，它外在于论者自身的道德世界，将人同化于动物。

在《野性的思维》中，列维-斯特劳斯进一步对古典人类学祭祀解释中的图腾论加以批判：

> 麦克伦南，以及后来的罗伯森·史密斯和弗雷泽……曾经十分相信图腾制先于族外婚制（我觉得这一断言没有意义），其理由是，在他们看来前者是单纯指示性的，而他们推测后者是系统性的；然而，系统只能建立于已被指示的诸成分之间。但若要把图腾制也看成一个系统，就必须把它置于语言学的、分类学的、神话的和仪式的关联域内，在这个关联域内作者们首先把图腾系统分离出来，以便找出一种任意的组织的轮廓。（《野性的思维》，264）

列维-斯特劳斯认为，问题并不那么简单。如莫斯早已模糊地意识到的，图腾制与祭祀本是两种并不相关的事物，二者相互抵牾、互不相容，英国古典人类学的图腾论派随意将二者历史地关联起来，使图腾制获得一种仪式的实在性外表，阻碍了我们对祭祀之本质的理解。为了克服图腾论的局限性，莫斯在于贝尔的协助下，直接以印欧文明中的古代祭祀仪式为起点，叙述了其对祭祀的本质与作用的认识。而列维-斯特劳斯则从印欧文明中的祭祀返回在欧亚大陆并不常见的图腾制度，将之与祭祀传统区别对待，以之作为一个更普遍的系统，来诠释其所谓的"野性的思维"。

说图腾与祭祀是两套相去甚远的机制，并不是指那些以动植物名字来称呼氏族的社会一定没有祭祀活动，而是指在这些社会中，祭祀之物并不用作任何氏族的从祖名，它独立于氏族姻亲关系。(《野性的思维》，254）更重要的是，在列维-斯特劳斯看来，祭祀与图腾制度构成两个完全不同的理论：在图腾理论中，"一种动物绝不能当成另一种动物。如果我是熊族的一员，我就不能属于鹰族……系统的唯一实在性在于那个被假定是不连续的诸项中的一个区分性差异的网络（réseau d'écarts differentiels）"，而在祭祀理论中，情况正相反，虽然对于某些神或某些类型的献祭，人们往往喜欢用不同的东西来供奉，但它的基本原则却是置换原则：当缺少规定之物时，可用任何其他之物来替代，只要作为唯一重要因素的意图继续存在，即使热忱的程度或容改变（《野性的思维》，254-5）。

关于作为理论的祭祀，列维-斯特劳斯完全采用了埃文斯-普理查德的民族志解释，但在将祭祀与图腾制度区分开来的过程中，他表现出了一种有意味的新意。他指出祭祀理论的替换逻辑有二：其一，容许在诸项间有连续性的过渡，比如，"一根黄瓜可相当于一个鸡蛋，一个鸡蛋可相当于一只小鸡，一只小鸡可相当于一只母鸡，一只母鸡可相当于一只山羊，一只山羊可相当于一头牛"；其二，这个替换是有等级的方向性规定的："当无牛时用黄瓜献祭，但若因无黄瓜而用牛献祭就视为荒谬了"（《野性的思维》，255）。在作为理论的图腾制度中，逻辑则全然不同。在图腾理论中，关系总是可逆的："在二者都出现于其中的氏族称谓系统中，牛真的是与黄瓜相等，其意思是，不可能把二者混淆，而且它们都同样适宜于表现它们各自所意指的二个群组之间的区分性差异。但只有当某图腾制（不同于献祭）宣称它们是不同的，是不能彼此替换的时候，它们才能起这样的作用。"（《野性的思维》，255-6）

列维-斯特劳斯没有用"世界"来形容图腾制度与祭祀这两种我们称之为"理论"的东西所指向的图景，但在其用来区分二者的文字中，我们可以看出两个"世界"的对立。在图腾制度这一方，世界是由两个系列构成的，一个是自然物种系列，一个是社会集团系列，列氏称二者之间的关系为"同态关系"，意思是说，两个系列的诸项并不是成对地类似的，而是整体地对应的。在祭祀这一方，世界则是由三个系列构成的，包括祭祀者、神及介于二者之间的自然物种，其中前两者为两个极项，但二者——祭祀者与神——之间本没有同态关系，甚至可以说他们没有任何关系。祭祀旨在凭借同化作用来建立其两个极项之间的邻近性，然而，邻近性却不同于类似性。旨在达成邻近性的同化，在两个方向上发生作用，一个是祭祀者，另一个是神，其选择取决于祭祀是赎罪性质的还是神通性质的（《野性的思维》，256），而邻近性本身是临时的，一旦人与神之间的关系通过祭品圣化建立起来后，祭祀就接着将这一关系消解了，由此使人神返回到无关系的状态中。

相比于图腾制度，祭祀缺乏关系性，是一种极端的活动，也是与极端物相关的中介活动（《野性的思维》，257），在建立邻近性时，祭祀把比较作为一种消除区别的手段，而图腾制度虽也确立物的邻近性，但其目的不在于通过比较消除区分，而是相反，在于通过比较达成区分。从认识论角度看，图腾制度与祭祀系统的区别昭然若揭：

> 图腾分类具有双重客观的基础：实际上存在着自然物种，而且它们是以非连续性系列的形式存在的；另一方面，也存在着社会性的诸氏族。图腾制或所谓图腾制只限于在两个系列间构想出一种结构的同态性，这是一种合理的假设，因为社会的氏族已被建立，因而每一个社会都能够通过形成其规则和文化表现方式使该假设能够成立。相反，祭祀系统使一非存在项——神祇介入；而且采用了一种自然物种的概念，这一概念从客观角度看是虚假的，因为如我们看到的，它把它表现为连续性的。（《野性的思维》，259）

英国古典人类学家以指示系统和操作系统来区分图腾制度与祭祀，列维-斯特劳斯认为这是不够的，他提出的理由是，作为分类系统，图腾制度出现在语言层次上，由完善程度不一的各类信码组成，目的是表达意义，"而献祭系统则表示一种'私语言'（discours particulier），不管它如何经常地被引述，却总是欠缺明确的意义"（《野性的思维》，260）。

列维-斯特劳斯的图腾与祭祀的两个世界，很像是葛兰言基于古代文献和民族志构想出的前封建和封建的两个时期。在卢梭"他者的认同"和莫斯"互惠"思想的脉络下，受澳大利亚图腾隐喻的启迪，葛兰言把前封建时期的节庆看作表达人对其他人和万物的依赖的活动，把封建时期的祭祀看作王者和士人循着一条想象的路径追溯生命之源（山川意境）的行动。列维-斯特劳斯在《野性的思维》中用短短几页对图腾和祭祀展开的对比，在深层次上与葛兰言的历史比较相当接近，二者之间的不同似乎仅在于：其一，葛兰言并没有特别重视神这个极项，而是用生命之源（山川意境）来替代它；其二，葛兰言采取的比较是历时性的，而列维-斯特劳斯则始终坚持结构的共时性观点。

为了论证其共时性观点，列维-斯特劳斯在"可逆的时间"这一章区分了图腾与祭祀之后，接着辨析了澳大利亚中部的屈林加（churinga）习俗。（《野性的思维》，269-76）如其所言：

> 屈林加是石制或木制的物品，大致呈椭圆形，有尖端或圆端，往往刻有象征记号，有时候就只是木块或未加工过的石子。每一个屈林加不管什么形状都代表某一祖先的身体，它一代一代地庄严地授予被认为是这位祖先托身的活人。屈林加成堆地藏于天然洞穴中，远离常来常往的路径。它们被定期取出检查和擦弄，这时总要把它们磨光、上油和涂色，并冲着它们祈祷念咒。（《野性的思维》，272）

列维-斯特劳斯提到涂尔干对屈林加的解释——后者将屈林加视作图腾神圣性的证明，但他指出，如果说这是一种神圣之物，那么，屈林加的神圣性和神祇及其幻象便毫无关系，屈林加无疑可以说是神圣的记号，但其意指之物的确是实在的:"屈林加提供了祖先和他活着的后代是同一个肉身的确实证明。"(《野性的思维》,274)如现代社会藏入保险箱或托付给公证人秘密看管的文件档案,屈林加代表了图腾神话有一种不同于现代历史的历史感,其总特征是用共时性消化历时性。

很显然,在列维-斯特劳斯看来,比之于屈林加习俗之类的仪式,祭祀因其极端性而与图腾制度更不相容,因而,从祭祀世界是难以抵达图腾制度所代表的"野性思维"世界的。如果说卢梭关于"三重过渡"所说的一切都已表明复原"野性思维"的重要性,那么实现这一重要性的办法离我们也并不远,它近在咫尺,就在人的内心里,在人自新石器时代起便广泛运用的对立统一的理性中,而图腾制度正是这一对立统一理性的载体。

"野性的"法语原文为"sauvage",与英文"primitive"(原始)意思相近,但列维-斯特劳斯对这个词的使用带有讽刺意味。在《图腾制度》中,他已表明,进化人类学和心理学的看法,是在"第二自然"中将"原始"与"文明"区分开来,而"第二自然"错误地将内在于人的东西视作外在于人的。他反对这种对立,因而也反对列维-布留尔将原始思维置于科学之对立面的做法,他不认为科学与原始思维有根本区别。所以,"野性的"对他来说仅是一个戏称。然而,与此同时,这个词也深有意味,列维-斯特劳斯用它来表明,自己承继的学统乃是由蒙田、卢梭等先贤开启的,而属于这一学统的法兰西思想尤其突出地重视"文质彬彬"的境界。

至于"思维",列维-斯特劳斯则用"pensée"来表达。

在法语里，这个词既可以指思维，又可以指三色堇这种植物，其意象富有田园韵味和诗性情调。据《野性的思维》附录，这种植物在欧洲民间传说里除了与圣三位一体有关，还与亲属制度的难题（后母及子嗣的归属难题和乱伦难题）有关（《野性的思维》，310-2），对列氏而言，它似乎既能表达植物所能给人的思想启迪，又能呈现他对亲属制度的基本结构（乱伦禁忌）所做的鸿篇大论，意义相当深邃。对列维-斯特劳斯而言，三色堇那富有感性和诗性的深邃意象，很好地表现了内在于我们的、不受科学分析和抽象拘束的心灵。

这样的心灵既不是进化人类学、心理学所能探知的，也不是功能和结构-功能概念所能揭示的。民族志研究为我们积累起来的事实表明，如果所谓的"原始人"依旧生活在新石器时代的状态之中，那么他们的思维便可以说与这种心灵最接近。他们对动植物有着极其细致的区分，这些区分并不是为了实际生活的需要，而是远远超出了生活的需要，是"原始人"通过对周遭环境的环顾、审视、归类、综合而提出的。"原始人"的这些认识，是通过运用二元对立和结构语言学揭示的差异性关系达成的，它们使自然万物得以在人的心灵里综合、重组，成为神话、仪式和社会组织的文化成品。"原始人"运用的方法也是一种科学，一种"具体的科学"，它不拘一格，无须现代生物学那种系统的动植物分类系统，而可以用单一物种来实现区分的需要。比如，可以用金鹰、斑点鹰、秃鹰三类，来对鹰进行区分，使鹰自身成为一个差异与关联的概念工具。这个内在于物种的三重区分，又可以外化为成组的物种之间的区分，如海豹、熊、鹰的区分，而这些区分又可以内化为对动物个体的身体部位（如头、颈、足）的区分。个体与物种之间的往复转化，可以用"图腾算子"来概括。

"图腾算子"的逻辑是：

> 物种首先取经验性的形式：海豹种、熊种、鹰种。每一种包括一系列个体（在图式中也限于3个）：海豹、鹰、熊。每一动物可分解为诸部位：头、颈、足等。它们首先可以在每一物种中加以重组（海豹头、海豹颈、海豹足），然后按照各种部位组合起来：一切头，一切颈……最后的重组过程在个体重新获得的全体性中恢复了该个体的模型。(《野性的思维》，172-3)

作为概念工具，"图腾算子"的运作程式是：

> 它通过多重性透滤出统一性，又通过统一性透滤出多重性；通过同一性透滤出差异性，又通过差异性透滤出同一性。它在其中央层次上具有理论上无限的幅度，于是在它的两个顶角上收缩（或伸展）为纯粹的概念内涵（compréhension），但以彼此正相反的形式，而且并不遭受某种扭曲（torsion）。(《野性的思维》，173)

列维-斯特劳斯说，"图腾算子"只代表理想模式，并且只不过是理想模式的冰山一角,"因为自然物种的数目是二百万级的"(《野性的思维》,173)。然而,这个理想模式能够说明"野性的思维"的特征。"野性的思维"是"神话思想",这种思想的特征是:"它借助一套参差不齐的元素列表来表达自己,这套元素列表即使包罗广泛也是有限的;然而不管面对着什么人物,它都必须使用这套元素(或成分),因为它没有任何其他可供支配的东西"(《野性的思维》,22)。

列维-斯特劳斯认为,"神话思想"同时是知性和美学上的满足,这种认知形式,可以用艺术和工艺无区分情景下的"修补术"(bricolage)来理解。运用修补术的是"修补匠"(bricoleur),此类人兼通多门手艺,善于利用手边方便得到的材料来拼装、修补或制作东西。但我们不能把这类人看成只是在解决实际问题的工匠,因为他们所从事的"修补术"其实与视觉艺术、文学和哲学领域的即兴创作相通,他们也是艺术家、叙事者和思想者。所谓"野性的思维",其运行方法与修补术是一致的(《野性的思维》,23–24)。从某种角度看,它并不是"原始思维",而是一种未被驯化的思想,在像修补术、艺术、文学和哲学这样更富近代性的各类"术"中持续地被运用。

反祭祀的神话学

如果用科学与宗教、科学与人文这两对概念来比较20世纪中叶英法两位杰出人类学家埃文斯-普理查德与列维-斯特劳斯的思想,就可以发现,他们之间有相同点,但不同点更突出。二者对原始哲学有共同的爱好，但出于不同的理由，其爱好有不同的取向。埃氏从神学迈向哲学，而列氏则从科学迈向哲学，与此同时，后者并不喜欢哲学的进步，而是力求使它返回到文化的原点，希望在知识、思想和艺术尚未分化的境界里寻找哲学的新定位。因此，在科学与宗教这两种选择之间，埃氏选择了宗教，列氏则选择了科学；在科学与人文之间，埃氏与列氏都共同倾向于人文，但前者用人文来排斥科学，后者却并没有这么做，而认为二者可以合成"人文科学"。

以人文科学为志业，列维-斯特劳斯既难以接受埃文斯-普理查德对努尔人"神谱"的整理，又无法欣赏他对祭祀所做的仪轨结构分析。在他看来，与图腾一样，祭祀是一组幻象，在其中，"每一种牺牲都意味着司仪、神与献祭物之间的自然团结状态，无论是一只动物、一株植物，还是一件物品，都会被人们当成生命，因为只有当发生灾难的时候，它的毁灭才是有意义的。于是，祭祀的观念从中萌发了与动物相融合的胚芽，这种融合也带来了将它们从人扩展到神的风险"（《图腾制度》，4）。在埃文斯-普理查德的前辈拉德克里夫-布朗生前针对图腾制提出的两种理论中，第一（仪式价值）理论不如第二（二元对立分类宇宙观）理论。埃氏敏锐地觉察到了第一理论的局限性，而努力从仪式的社会学解释传统中脱身而出，这是睿智之举。但由于他忽视了布朗的第二理论，因而，在将仪式研究推向象征研究的过程中，他遭遇了作为仪式之"神学前提"的宗教这一障碍。列氏认为，只有当这一障碍被排除，人类学才能成为人文科学，而要成为人文科学，人类学研究者必须避开图腾和祭祀之类的幻象，从生活的浅层探入思想二元组织的深层本质。

在《努尔宗教》出版的同年，列维-斯特劳斯在其杰作《有二元组织这回事吗？》[28]中对二元组织的本质做了说明。该文尊重民族志，但本身不是民族志，而是一篇比较民族学研究，凌驾于几部有关不同民族和区位的民族志描述之上。它的确很像莫斯的作品，但也没有像后者那样，总是依照社会的成熟度来安排不同民族志所描述的社会共同体出现的先后顺序。在这篇文章中，先出现北美印第安人，接着出现美拉尼西亚特洛布里恩德人，最后才出现列维-斯特劳斯关注的南美洲波洛洛人与印度尼西亚民族。而列维-斯特劳斯的"心路"，却以南美洲为出发点，以北美洲和美拉尼西亚为中间地带，以印尼之类接近欧亚大陆的"近海岛屿"为终点。

列维-斯特劳斯也述及圣俗之分，但他似乎对图腾和仪式毫无兴趣。他始终关怀的还是通婚的不同形式所展示的二元结构的不同变体。在分析这一结构及其变体时，他并没有为此重复《亲属制度的基本结构》的内容，而是聚焦于不同民族志中不同区位的布局平面图。通过"读图"，他深入不同社会的左右、内外、上下区分中，将二元性与三联体关联起来，由此表明，在其"心路"的两端，他获得了对结构的对称而相反的运用：

---

[28] 列维-斯特劳斯：《有二元组织这回事吗？》，载其《结构人类学》（卷1），122—150页。

印度尼西亚有一个跟一般交换结合起来的半族制度,也就是外婚制的一种不对称形式。因此,三项式结构规定着联姻亲属,二项式结构分别规定男性和女性的两个流通方向。换言之,前者跟阶层有关,后者则跟这些阶层之间的关系有关。与此相反,南美洲(而且似乎各族的所有部落都是如此)的二项式结构用于规定群体,三项式结构规定流通的两个方向——不是男女的流通方向,而是获准的和遭禁的婚姻的方向,不分男女(既然按照一种对称的内婚制形式,交换是有限的)。所以,二项式结构此时涉及的是阶层,三项式结构反倒涉及它们之间的关系。[29]

也就是说,在南美洲到印尼这个跨越太平洋的路线上,存在着各种不同的二项式与三项式结构的结合形态。在其中,二项式总是与有限交换相关,三项式总是与一般交换相关,列氏曾经认为前者是常态,现在则认为它是特例。这是个不一般的特例,它总是或明或暗地起着作用,其变异幅度有两个端点,一个是涵盖三联体的二项式(南美模式),另一个是涵盖二元组织的三联体(印尼模式),中间则是大量的变体。

列维-斯特劳斯指出,为了触发"人类学革命",莫斯、拉德克里夫-布朗、马林诺夫斯基这代人确立了互惠概念在

---

[29] 列维-斯特劳斯:《有二元组织这回事吗?》,载其《结构人类学》(卷1),147页。

学科中的核心地位,并对作为互惠的心理-社会条件的二元结构做了对称性的界定,从而误导了人类学研究者,使其未能深入社会的真实中去把握二元结构的非对称性潜能,也未能真正理解二元现象缘何"是两个种族、文化甚至实力方面都不同的民族之间联合的产物"[30]的前提条件。他深信,对二项式(二元结构,互惠)与三项式(三联体,阶层)之间关系的地理转化展开研究,对于我们理解内在于社会的左右、上下、内外等非对称性二元区分至为关键。

《图腾制度》和《野性的思维》可谓列维-斯特劳斯迈向系统性神话研究的前奏,但在此之前,他已开辟了进入这一领域的入口。在他于20世纪50年代所写的数篇神话学论文里,《阿斯迪瓦尔的武功歌》[31]可谓是一篇杰作。在这篇首发于1958年的论文中,列维-斯特劳斯以优美的语言展示了结构神话学的特征。从资料上看,这篇论文没有任何新鲜之处,它的素材都是波亚士于19世纪后期在美洲西北部太平洋沿岸的一个文化群组中搜集到的。但从分析方法上看,这篇论文的开创性是无可置疑的。在文中,列维-斯特劳斯深挖了神话文本的层次。他指出,神话不应被当成与现实严丝合缝对应的系统,它们都含有地理、经济、社会及宇宙观四个不同层次,其中有些——这些层次中的前两个——准确地反映了现实情况,但也有些与现实无关,

---

[30] 列维-斯特劳斯:《有二元组织这回事吗?》,载其《结构人类学》(卷1),148页。
[31] 列维-斯特劳斯:《阿斯迪瓦尔的武功歌》,载其《结构人类学》(卷2),张祖建译,北京:中国人民大学出版社,2006,541—593页。

比如涉及天、地、水等宇宙构成因素的第四个层次。我们也不能说神话是社会的表象，因此四个层次中最有社会学色彩的第三个并不是现实的集体表象，而是介于真实和想象之间并使二者交织在一起的机制，它不能全面反映现实，但又并非完全不反映它。层次化的神话也构成一个整体，这个整体与社会学层次有关，但不完全等于它，因为，神话的每个层次及其象征意义，"看来均从一个为它们所共有的潜藏的逻辑结构转换而来"[32]。这个逻辑结构，正是与女性和男性之分对应的水平／垂直、饥荒／充裕、停止／运动之类的二元结构。

文章中，列维-斯特劳斯除了处理以上的纵向叠加的结构之外，还处理了同一个神话的不同版本的横向变异，其极端情况是："当一种神话图式从一个群体传递到另一个群体时，由于两者在语言、社会组织或生活方式上的差异而造成的沟通不畅，神话于是变得频发和头绪混乱"[33]。但列维-斯特劳斯指出，"即使在极端的情况下，人们也能够发现某些过渡，神话此时并未因为失去它的所有轮廓而彻底毁灭，而是颠倒过来，并且重新获得了它的一部分精确性"[34]。

从纵（层次）横（变异或转化）两轴，列维-斯特劳斯展示了神话所反映的心灵自发性的创造活动，它将这些活动称为"转化"（transformations）。在他看来，神话虽在大部

---

[32] 列维-斯特劳斯：《阿斯迪瓦尔的武功歌》，载其《结构人类学》（卷2），541页。
[33] 同上书，577页。
[34] 同上书，577页。

分层次上与现实有关,甚至准确反映现实,但其自身不受现实约束或决定,是一种作用于现实的纯思想。怀着对理解这种纯思想的极大热情,列维-斯特劳斯于1964年开始写作四卷本的《神话学》,在四年间出版了前三卷《生食与熟食》、《从蜂蜜到灰烬》和《餐桌礼仪的起源》,1971年又出版了最后一卷《裸人》。

《神话学》的四卷有两条主线。其中一条由地理位置构成:"在《生食与熟食》中,分析限于南美洲之内,集中在巴西中部和东部;《从蜂蜜到灰烬》扩大了研究范围,向南北两个方向,但没有走出南美洲;在《餐桌礼仪的起源》中,我还是从南美洲的神话出发,但是选的是南美洲更北部的神话,讲的还是同样的问题,但意象不同,这个意象在北美洲的神话中更突出。如此一来就自然地从南美大陆过渡到北美大陆,可以说《餐桌礼仪的起源》涵盖了两个美洲大陆;最后一卷只讲北美洲神话。"[35]

另一条是逻辑上的先后,涉及神话背后越来越复杂的问题:"第一卷选编的神话研究对立的感官属性:生与熟、新鲜与腐烂、干与湿等;第二卷中,品质的对立逐渐被形式的对立所取代:空与满、容器与内容、内与外等;第三卷,《餐桌礼仪的起源》迈出了关键的一步,它探讨的神话不是由反义词构成的,而是由词语间相反的组合关系构成的:一对反义词可以相连,可以分开。"[36] 而第四卷《裸人》

---

[35] 列维-斯特劳斯、埃里蓬:《亦近,亦远:列维-斯特劳斯谈话录》,汪沉沉译,深圳:海天出版社,2017,215页。
[36] 同上书,215—216页。

则重在指出围绕人类神话的所有问题而展开的主题：从天性到教养的转变，其代价是永远丧失与天空和大地交流的能力。[37]

在《裸人》的最后一部分，列维-斯特劳斯从理论上回应了英国学派对结构主义的非难，解释了自己缘何对英国学派高度重视的仪式研究有偏见。

列维-斯特劳斯说：

> 我受到来自各个地方尤其是英国的指责，说我把个人主体的丰富实际经验还原为从情感生活观点看是中性的符号，就像数学家所用的符号，而无文字民族的思维诉诸具体的、充满情感价值的符号。据说，从我采取的观点出发，这个距离是无法克服的。[38]

以上所谓"英国的指责"，具体指福忒思和利奇对他的批评，同样也指与列氏观点并没有本质差异的特纳的批评。特纳似乎认为，仪式普遍存在于各种人类社会中，而神话却并非如此，在其研究的恩丹布人中，神话极其零碎，是用来解释仪式的补偿性的注释。不同于这些零碎的神话，仪式是一种具体符号，其作用在于浸润思维，使其有情感，并确保丰富复杂的自然界讯息得到完整传递和沟通。与特纳针锋相

---

[37] 列维-斯特劳斯、埃里蓬：《亦近，亦远：列维-斯特劳斯谈话录》，217页。
[38] 列维-斯特劳斯：《神话学：裸人》，周昌忠译，北京：中国人民大学出版社，2007，719页。

对,列维-斯特劳斯表明,在他看来,仪式并没有这一浸润思维、使讯息整体化的作用,正相反,它的作用是将思维疏离在外,使其与心灵的亲和性渐次衰减。(《神话学:裸人》,719-21)

列维-斯特劳斯将由明显(完整)神话、隐含(注释性的零碎)神话、纯粹仪式构成的连续体,与由分解语言、声乐、器乐构成的连续体相对应。他提出,神话的支撑系统是分解语言,隐含神话和声乐离它较近,而仪式和器乐离它最远。换句话说,分解语言和明显神话的沟通性最强,隐含神话和声乐次之,仪式和器乐更次之。(《神话学:裸人》,722)

人们说,仪式在于说出言语,完成动作,操作物品。从完成动作和操作物品来看,仪式的特点是"化整为零",即对动作类型和物品类别的内部做无限细分,并赋予各个细小碎片以价值,使同一个动作、同一个物品获得其特殊作用和意味。在列维-斯特劳斯看来,与仪式动作和物品的这第一个特点相伴的,还有第二个特点,这就是从言语观之的"重复"。"仪式以耗费言语为代价而诉诸大量重复"(《神话学:裸人》,725),它充斥着套话。仪式"化整为零"和"重复"的特点,有着深刻的存在"理由"。杜梅齐尔将罗马诸神分为两类:一类是三个一组、有功能整体性的"上级神";另一类是为数众多,负责仪式的不同阶段、时期和运作的"下级神"。在列维-斯特劳斯看来,仪式更像是"下级神"代表的那个难以计数的细分领域,它与"上级神"代表的神话形成对立:

……仪式把运作无限细分,不倦地重复它们。在这样的分切运作时,仪式专心于小修小补,弥合缝隙,由此哺育一种幻觉即意味能够逆向追溯神话,从不连续出发重造连续。仪式热衷于通过化整为零来发现构成实际经验的最小单位,通过重复来增多这种单位,这种努力反映了一种烦人的需要,即必须防止会损害仪式展开的一切偶然中断或中止。(《神话学:裸人》,726)

在列氏看来,神话思维把同一连续体分割成各不相同的大单位,并拉大这些大单位之间的距离,与一般预期相反,仪式的作用不是加强神话思维,其与神话之间的对立恰恰是生活和思维之间的对立,"仪式代表思维屈从于生活奴役的一种退化"(《神话学:裸人》,726)。

与仪式不同,神话思维有转化的本质,在其流传的过程中,元素、系列、结构并不保持一致,而是有无限的转化可能,这些转化造就的新版本与旧版本可以说是矛盾和对立的,但都遵循某种主线。

在接受访谈时,列维-斯特劳斯以四卷本《神话学》中的总体意象,形容了他眼中"转化"的主线:

无论我选哪个神话做中心,它的变式都呈发射型在四周分布开来,组成玫瑰线图案,越往外延伸,图案越复杂。假如从外延选择一个变式做新的中心,又可以生成同样的玫瑰线式,这第二个玫瑰线图案和第一个有部分重叠，部分超出。以此类推，虽说能形成的玫瑰线图案是有限的，但我们可以以此生成新的玫瑰线式，直到回到起点。最后，我们可以从起初看似杂乱无章的图景中看到，这个网络实际经络分明，有明显的主线。[39]

列维-斯特劳斯认为，以上主线以"离散变化"为规律。所谓"离散变化"，指每一个不连续的变化都要求对集合进行重组，或者说，每一个变化都不是独自产生的，而是与其他变化相关，而使这些变化关联起来的整体性，同样可以用二元对立的思维模式加以把握。(《神话学：裸人》，727）可以说，思维与可感觉的世界相对立，二者之间的中介是眼睛，而眼睛的观察带给人的不单单是图像，它早已浸染了静止/运动、色彩有/无等二元对立的体系。(《神话学：裸人》，730）

也因此，神话式知性一开始便与仪式不同，它"坚决不理会连续，以便借助区别、对比和对立来切分和理解世界"(《神话学：裸人》，731）。同时，神话并不像仪式那样转向实际经验及其引发的焦虑，而是创造或实现人用以感知实在的范畴。(《神话学：裸人》，732）仪式通过反区分实现反思维，神话通过区分实现思维；仪式运行范畴，神话创造范畴。神话并不是没有条件地思维、没有条件地创造，其所

---

[39] 列维-斯特劳斯、埃里蓬：《亦近，亦远：列维-斯特劳斯谈话录》，205页。

赖以区分和整合的二元对立机制满足了人的知识活动对秩序的需求,而"既然人类心智毕竟是宇宙的一个部分",那么心智对秩序的需要,就可能是"因为这个宇宙之中存在着某种秩序"[40]。神话本身是在宇宙内的,是在宇宙内的人的创造,其结构一经解析,便有可能把人重新整合进自然,使心灵在宇宙的纹理中找到对应物,使人的认同成为"他者的认同",并由此获得其与包括存在主义在内的种种自我认同理论相区别的身份。

人文科学在心灵与自然之间求取它的原理,它注视神话思维中"具体事物的逻辑",将之看作有别于西方古代精神-物质二元论和近代科学理性-感知二元论的思想体系。列维-斯特劳斯认为,这种精神-物质不分、理性-感知一体的思想体系,长期存在于漫长的人类史中,仅在17—18世纪短暂几百年里才被追求科学式知性的哲人们抗拒。启蒙哲学家,特别是培根、笛卡尔、牛顿等,为了"科学思维"选择与"具体事物的逻辑"决裂,这在他们的时代是必要的,但"我们目前正见证着这场决裂可能终将被克服或扭转的时刻,因为现代科学似乎已经能够不只循着其本身一贯的路线前进……而且同时还能拓宽其进路,将许许多多以往存而不论的问题重新包容进来"[41]。

结构主义虽是来自神话式知性的,但它也志在助力神

---

[40] 列维-施[斯]特劳斯:《神话与意义》,杨德睿译,郑州:河南大学出版社,2016,24页。
[41] 同上书,24页。

话思维与科学思维的重新整合。结构主义虽并不可能调和科学与信仰，但却能揭示出宗教感情在人的历史上的地位并证明这一感情的有效性。（《神话学：裸人》，740）至于仪式，列维-斯特劳斯一再强调，它长期以来被视作信仰的社会表达渠道，但难以构成弥合心灵与世界之鸿沟的桥梁，对它的研究也难以助力旨在贯通人文与科学的人文科学。对他来说，要达成其作为人文科学的神话学，"反仪式"或者"反祭祀"是必要的态度。

在《裸人》中，列维-斯特劳斯最后将锋芒直指英国人类学的经验主义；此刻，他的角色，如同一个代表某一传统向另一传统宣战的勇士。这"另一传统"，便是在一个相当长的阶段里支撑着英法社会人类学的社会学年鉴派。他不否认自己也是这个传统的受益者，但他宁愿跳出笛卡尔、古朗士、涂尔干划定的魔法圈，回到卢梭，并以索绪尔的理论整合他从音乐、地质学、印象派艺术、《资本论》、《梦的解析》、超现实主义中得到的不同教诲，使之有助于其对莫斯民族学的扬弃。

有此雄心，对于另一些因袭社会学年鉴派传统的法国同行，列维-斯特劳斯也同样不满意。在《野性的思维》中，他多次提到格雷奥勒在非洲的发现，称赞其重要，但他同时指出，格氏在搜集了大量经验素材后，并没有赋予它们合理的解释，特别是未能回答他在《阿斯迪瓦尔的武功歌》中致力于回答的问题："神话表现是否与形成社会与宗教实践的真实结构相符呢，还是说它们只是以另一种方式表现了这样一种凝结的形象，借用这种凝结的形象，土著人为自己提供了使逃逸的现实固定住的幻觉呢？"（《野性的思维》，264）对列维-斯特劳斯而言，格雷奥勒所代表的"非洲研究法国学派"面临的危机与英国人类学一样：这个学派深耕个别区域的民族志，在经验研究上取得了值得赞赏的成就，但由于缺乏民族学的比较视野，其得出的结论到底有多大价值，是值得怀疑的。

饶有趣味的是，在列维-斯特劳斯拟制其神话学研究大纲之前，"非洲研究法国学派"已在祭祀与神话之间做了一个与列氏相反的选择，他们将祭祀视作"神话的核心"。或许是由于淡漠，列维-斯特劳斯并未对这个在20世纪30年代萌芽的新学派加以充分评述。而客观上，这个新学派却对他"反祭祀"的结构神话学构成了一个来自法兰西内部的挑战。它的成员们是水平高超的民族志研究者，对仪式高度重视，他们以直接或间接的方式表明，从史密斯到莫斯和于贝尔，再到涂尔干和拉德克里夫-布朗，有一条绵延相续的仪式研究学脉，其价值不应被低估。列维-斯特劳斯之所以觉得这个学派面临着危机，恐怕是因为在他看来，他们与英国经验主义人类学更接近。

然而，在海峡对岸，学者们对"非洲研究法国学派"的评论却并非如此，他们认为这个学派的总体旨趣是多贡人的神话，他们研究仪式，目的在于了解神话，而无论怎么研究，他们都未能深入多贡人的现实生活中。[42]比如，遭到列

---

[42] Walter van Beek, "Dogon Restudied: A Field Evaluation of the Work of Marcel Griaule", *Current Anthropology*, vol.32, no.2, 1991, pp.141–142.

维-斯特劳斯批评的特纳,便对这个学派提出过相当严厉的批评。[43]他说,这个学派太重视发现过程和结构的秩序,没有看到文化和社会在生活中往往是不对称的,"社会行为是系统的和有序的,文化则如同一个存储各种毫不相干的事物的仓库,规则来自目的,并不来自知识"[44]。因而,这个学派也未能认识到,"信仰、规范和价值观念组成的世界是一个变幻不定的自在之物"[45],它们很容易成为一个整体,但也很容易随凡间的各种政治经济利益分歧之变化而变化。特纳指出,"如果普通的多贡村民能持续不断地意识到任何事物之间的对应关系,他们就很有可能在面对各种规则和价值观念时一筹莫展并任其摆布"[46],而事实并非如此,多贡人与其他民族一样,他们既是"智者"又是卓越的"实干者",他们懂得生活与秩序之间是有差别的。

"旁观者清",局外人的看法往往更客观。与列维-斯特劳斯一样,格雷奥勒与他的追随者们也确实最重视神话,并且,他们对神话的解析也带有从图腾论转化而来的自然-社会"关联宇宙论"的突出特征。这就使特纳对他们的批评看起来也很像是对列维-斯特劳斯的批评(英国学派并没有太大兴趣深究二者之间的差异)。这个学派的"关联宇宙论"特征既令人不禁想起拉德克里夫-布朗的"第二理论",又

---

[43] 特纳:《多贡人的词语》,载其《戏剧、场景及隐喻:人类社会的象征性行为》,刘珩、石毅译,北京:民族出版社,2007,184—195页。
[44] 同上书,194页。
[45] 同上书,193页。
[46] 同上书,194页。

提醒我们这"第二理论"背后有莫斯在爱斯基摩民族志中重新发现的贯通物我的"社会形态学"和葛兰言在中国上古思想中找到的物我"食色"对应论,而这几个理论,的确也是列维-斯特劳斯的人文科学所致力于综合和阐发的。

当然,在格雷奥勒与列维-斯特劳斯之间,还有一个重要不同:后者坚信,要达成自然-社会的贯通,便要将祭祀虚构出来的神这个"第三元"从宇宙论中减去,使宇宙还原为物的秩序与人的秩序两端,而前者则深信,祭祀的三项式本来也是二项式,因为,它们是在贯通物我的阴阳二项式中转化的。这个不同之所以存在,兴许还是因为,格氏与列氏这两位法国人类学大师对于如何处理神学与科学的关系有着不同看法。与埃文斯-普理查德不同,二者都不相信人类学家应当用基督教神学去"翻译"其他文化,但格雷奥勒认为,避免文明陷入自我中心主义的路径就在身边,人类学家仅须承认,世界上存在着在内容和形式上均不同的"其他神学"——如多贡人的神话;列维-斯特劳斯则认为,包括多贡人的神话在内的如星云般的各类神话,都不能用"神学"来形容,因为比起宗教,它们与科学更相通,终将通过结构主义人文科学进入科学的领地。

8. 基拉尔：摹仿欲与"神圣的暴力"

法国学者基拉尔（René Girard, 1923—2015）20世纪40年代移民美国，在印第安纳大学获得博士学位，之后长期在美任教，研究视野广泛，包括文学、心理学、人类学、社会学、历史学、哲学及神学，成名后得到法国学界认可，2005年当选法兰西学院院士。他本是不可知论者，到了20世纪60年代初，有感于自己与其所研究的陀思妥耶夫斯基小说中的某些人物角色有相似气质和命运，他皈依了天主教。此后，基拉尔对古今祭祀仪式及相关的古希腊神话和悲剧产生了浓厚兴趣。1972年，他写作《暴力与神圣》[1]一书（中文版易名为《祭牲与成神》[2]，下文正文论述仍沿用原名），对祭祀展开了别样的文化史叙述。

撰写《暴力与神圣》时的基拉尔，与写作《努尔宗教》时的埃文斯-普理查德身份相似，既是学者，又是天主教徒，对《圣经》了然于心，对神学兴致盎然。不同的是，基

---

[1] René Girard, *La Violence et le Sacré*, Paris: Éditions Bernard Grasset, 1972; René Girard, *Violence and the Sacred*, translated by Patrick Gregory, Baltimore: The Johns Hopkins University Press, 1977.
[2] 基拉尔：《祭牲与成神：初民社会的秩序》，周莽译，北京：生活·读书·新知三联书店，2022。下文凡摘引此书仅在正文括号内标注页码。

拉尔没有用犹太-基督教概念来做"文化翻译"实验。他的著述犹如人类学、古典学和神学文献的百科全书，没有放过任何与祭祀相关的记载。而他对祭祀本质和作用的解释与人类学思想紧密相关，既是对弗雷泽巨著《金枝》中有关"替罪羊"论述的再解释，又是埃文斯-普理查德"象征替代"观点的历史心理学延伸，同时还是对列维-斯特劳斯"反祭祀"观点的回应。

暴力与神圣

基拉尔吸收了19世纪后期以来近一个世纪人类学关于祭祀的各种研究成果，对其理论解释有所扬弃。在《暴力与神圣》开篇，基拉尔就提到莫斯和于贝尔的《论献祭的性质与功能》，他没有全盘否定这一经典，但一提到两位前辈对牺牲和神圣双重性的论述便随即表明，其"令人惊叹"的两面性观点误导了20世纪大批人类学家，"并不能阐明什么"（1）。对基拉尔而言，所有人类学家都犯有一个毛病——在解释人类行为时，习惯于将社会契约当成先在、优先的（prior）系统，对藏在这个系统底下的人性漠不关心。莫斯和于贝尔也是如此，他们把祭祀解释成"圣化"，热衷于审视人、物、神之间的互惠关系，却没能看到所谓"互惠"仅是表象，对于祭祀，更实质的是沟通、交换、互利背后的暴力和冲突。

有关祭祀的暴力实质，基拉尔说：

> ……暴力有时向人类展现可怖的面目，它百般肆虐；有时它则相反，暴力显现出平息事态的一面，它

把献祭的益处向周围传播。

人们无法洞悉这种两重性的秘密。他们必须区分好的暴力和坏的暴力；他们想要不断重复好的暴力，一边消灭坏的暴力。仪式正是如此……要想有效，献祭的暴力必须尽可能与非献祭的暴力相似。(54)

要了解基拉尔祭祀理论的本质特征，先要了解一个事实：在观念上，它恰是通过将"互惠"替换成"摹仿欲"(mimetic desire)才得以确立的。

"摹仿欲"这个词是基拉尔赖以展开其研究的范式性概念，是他从文学、心理学和哲学综合研究中提出的。这个概念中的"摹仿"二字，指芸芸众生中最有智识能力的人之天赋，具体指与人的神经结构有关的学习机制。加上"欲"，基拉尔使"摹仿"与"仿效"(imitation)得到了区分；他认为，前者指人们欲求与他人一样，并拥有相同的事物，它易于使人变成对手，导致冲突，后者则指复制另一个人的行为，不易导致争夺，意义并不负面。两相比较，"摹仿"比"仿效"更根本，可以指人相互之间深层的本能反应。[3]

基拉尔对认同的解释与列维–斯特劳斯有相近的地方，他也认为人己、自他关系是这一认同的源泉。然而，在人性这个层次上，他采纳了一个与列氏截然相反的看法；他相

---

[3] René Girard, *Deceit, Desire, and the Novel: Self and Other in Literary Structure*, Baltimore: The Johns Hopkins University Press, 1965; Chris Fleming, *René Girard: Violence and Mimesis*, Cambridge: Polity Press, 2004.

信,作为人之天性的"摹仿欲"不可能为"他者的认同"提供支持,而只可能相反,必然引发自我与他者的对抗和冲突。人一开始便心存摹仿他者的求同欲望,并且,他们摹仿的还包括他者所拥有的事物(包括女性)和力量。"小人同而不和",初民总是处于激烈的竞争和冲突之中,而他们又达不到"君子和而不同"的境界,仅能凭靠宗教来克服竞争和冲突。要营造和维系秩序,在道德形而上学阙如的情况下,人们诉诸祭杀替罪羊这个办法,就是让社会的他者替社会去死,从而带走人间的乱,达至治。[4]

祭杀替罪羊是广义祭祀的核心特征,它也有以某物换取某物的内容,但这并不能说是人际互惠的,它的本质可以用"以暴易暴"来形容:以动物他者和共同体的边缘人为牺牲品,换取共同体内部矛盾的化解。

不少学者习惯于区分人祭和牲祭,基拉尔却认为,这一区分缺乏根据,因为牲祭所用的动物必须带有与人相似的特征(比如,努尔人的牛即被认为与人极其相似),只有具备这样的特征才可以成为替罪者,并起到保护后者的作用。而人祭中的牺牲主要是战俘、奴隶、未成年人、替罪者、国王,他们要么是外来者或敌人,要么是社会内部没有完全融入社群的人或国王这样的"等外之人",显然都是与社会想要保护的"正常社会成员"有别又相似的存在者。(17-8)

基拉尔提出,民族志记述中的食人俗很可能是祭祀的

---

[4] René Girard, *The Scapegoat*, Baltimore: The Johns Hopkins University Press, 1986.

"原型"。以巴西东北海岸的图皮南巴人（Tupinamba）为例，被吃掉的是从敌对部族捕获的战俘，人们对他有矛盾的态度：既像对神那样崇敬他，对其性能力投以青睐，同时，人们又辱骂、鄙视他，施以暴力。食人习俗中的"食品"含有替罪机制，他被用来"组织亲近的人互相争斗，阻止关于人类真相的暴露"（427），是最早出现的"神圣"。图皮南巴人的食人习俗表明："并不是为了吃掉他，人们才祭杀牺牲者，是因为祭杀他，人们才吃掉他。"（429）更普遍存在的动物牲品，亦是如此，它们是因为被献祭了才可吃的。

"社会力图将暴力转移到一个相对来说无所谓的牺牲者身上，一个'可牺牲'的牺牲者身上，而这种暴力是有可能打击社会自身成员的，他们是社会想要不惜代价来保护的"，祭祀"让人们可以与暴力这个'敌人'耍滑头，在恰当的时机把欺骗性的猎物扔给它，让它满足"（6）。有了"以暴易暴"这种制度，人也有了文化，这是一种"暴"字当头的行为模式和观念，不过它的功用是社会性的、正面的，"在于平息族群内部的暴力，阻止冲突爆发"（21）。

将祭祀理解为防止暴力发作、避免犯罪而设，听起来有点像19世纪末史密斯的理论。基拉尔的确像史密斯那样，相信祭祀有正面的社会功能。然而，相比于史密斯致力于在历史起源上追溯祭祀的正面社会功能，基拉尔大大突出了祭祀的负面暴力本质。他认为，作为一种象征手段，祭祀以暴力为突出特征，且其施以暴力的对象是对自己的共同体有威胁的内部边缘人或外部存在者，因此，祭祀始终都有排他的攻击性。围绕着祭祀，人们发展出了有关神圣的"自然宗教"，这种宗教起到限制暴力的作用，但为了起作用，它又秘密地与暴力合谋，这便使人们长期深陷在和平与暴力二者构成的内在矛盾之中。

司法文明的迷思

在20世纪70年代的写作中，基拉尔已不可能明目张胆地宣扬进化论，但在揭示人类史——特别是宗教史和文化史——的深层结构时，他悄悄在其学术修辞中藏匿了某种演进的观点。如其认定的，人类史由两大阶段构成，这两大阶段也是两大类型："我们这样的社会"与"宗教社会"（21）。

所谓"我们这样的社会"，是指基于司法系统建立起来的现代社会，而所谓"宗教社会"，实与拓展的"初民社会"等同，与古典人类学派的"前科学时代"无异，但基拉尔用它来特指那些与有成熟司法系统的现代社会不同的所有其他社会（包括原始和东方古代社会）。借助此分类，基拉尔表明，宗教社会或初民社会与"我们这样的社会"之间的不同表现为祭祀仪式在两种社会中根本不同的作用程度：在前一种社会中，祭祀有着决定性的社会功能，在后一种社会中，祭祀仪式被认为缺乏真正意义。

宗教社会或初民社会缘何会如此严重地依赖于祭祀仪式？基拉尔认为，这类社会中的人是"初民"，其"摹仿欲"表现得最直白，离人性也最近，他们的行为举止既是暴力的表现，又易于导致社会内部暴力的传播，成为危害社会一体性的血亲复仇。

血亲复仇是无休止的过程，从遥远的部落社会到古希腊都受到它的威胁，存在着这样的恶性循环。作为复仇"本体"的暴力，就像疾病那样易于传播，而生活在没有司法系统的社会里的人并没有治疗疾病的药方，他们仅有防止疾病的手段，其中首要者为宗教。为了防止暴力，人们考虑到了仪式化的暴力形式，通过宗教祭祀"将人们亲近的对象的暴力威胁转移到更加疏远的对象身上"（28），规训暴力、制服暴力、疏导暴力，从而对付真正无法容忍的暴力形式，减少血仇战争对社会的威胁。（30）

基拉尔认为，人类用来防备无休止的复仇的手段最初只有祭祀，而祭祀只不过是暴力的"预防手段"，它的作用在于"让所有人通过祭祀来偏离复仇精神"（30）。随着历史的发展，相继还出现了对于复仇的规制和约束，比如和解、决斗等，最后出现司法系统，这种治疗手段的有效性无与伦比。"我们这样的社会"便是在司法系统上建立的，它全然不同于缺乏司法系统的宗教社会或初民社会，它的起点在古希腊和古罗马，等到建立之后，祭祀的存在理由便消失了。虽然祭祀行为仍存在，但是人们已不能充分理解它们的存在理由了。

关于司法系统，基拉尔说：

> 与祭祀制度一样，司法系统隐蔽其——虽然同时也透露出——让它成为复仇的等价物的东西，这种复仇形式与其他所有复仇形式类似，唯一的不同在于它不会有后续的复仇，它本身不会被人复仇。在祭祀制度中，牺牲者得不到复仇是因为他不是"正确的"牺牲者；在司法制度中，暴力打击"恰当的"牺牲者，但它的力量和

权威如此之大，以至于任何报复均不可能。(32)

基拉尔对历史的推测带有明显的传统/现代二元论倾向，但这不妨碍他提出另一个观点：这两种社会中，宗教社会或初民社会才是根基性的，它决定了司法系统的本质。他将传统的根基性界定为"广义的宗教性"，即人类抗拒自身暴力的手段。他模糊对待宗教性的历史时间性，既将其与司法系统看作替代祭祀的制度，又将它看作某种"创始性的元素"。对其而言，宗教性"与神圣的、合理的、合法的暴力实际取得的超验性（神性）同时发生"(34)，与祭祀相伴而生，司法系统则不同，发生于宗教性之后。由于宗教性才是根基性的，司法系统因此在本质上也必然与之相通。

基拉尔认为，祭牲原则上是奉献给神的，被神享用。司法系统依赖这一"神学原理"保证其"裁判的真实"。虽然这套神学原理后来消失了，但是其超验性却在司法系统中被原样保留。由祭祀表达的宗教性与由裁判表达的司法性，都是为了克服复仇的恶性循环而设的，在本质上均属于我们可以称为"以暴易暴"这样的东西，属于"广义的祭祀"。所不同的是，当宗教性和司法系统成为神圣的、合理的暴力之后，它们便免于责难和质疑，起到避免社会重新堕入复仇的恶性循环的作用。特别是在司法系统中，它是悄然起着作用的，不为人知，直到许多世纪后，人们才意识到他们的正义原则与复仇原则之间并无区别。(34)

在揭示宗教性与司法系统的"以暴易暴"本质和构建社会秩序的重要作用时，基拉尔摇摆在科学普遍主义与文明特殊主义之间。他用广义的祭祀来界定这两类社会或阶段，搜罗其所占有的民族志和古典学文献，论证了其对祭祀的本质与作用的看法。他在《暴力与神圣》的各篇章里侧重不同，用一些章节重点阐述其对"初民社会"中的祭祀的看法，用另一些章节重点表达其对西方古典时代中的祭祀的认识，在更多章节中，他穿梭于二者之间，将西方古代神话、仪式和悲剧放置在一个广阔的人文世界中审视。基拉尔在叙述中给人的总体印象是一位普遍主义者，一位致力于复原文明的自我与他者之共同根基的学者。他表明，其身处的西方宗教性和司法系统，与原始民族的血祭有共同本质，并非特殊的文明体制。与此同时，他又特别关注"我们这样的社会"，展开历史叙述时带有明显的西方文明特殊主义色彩。在阐述"我们这样的社会"的演进时，基拉尔倾向于用西方古典时代哲学和悲剧中的祭祀转化来展开论证。如其所示，在西方的古典时代，希腊和罗马的圣哲们发明了悲剧这种使狭义的祭祀得以转化的形式，他们也发明了司法系统，使犯罪、暴力和冲突得到了处置，祭祀这种宗教性的"驱邪"礼仪开始走向式微。（450–65）

对"非暴力"人类学的批判

在基拉尔看来，西方文明的"本"与全人类的是一致的，但从古典时代晚期起，悲剧、司法系统相继出现，使"我们这样的社会"与那个"本"渐渐拉开了距离，成为一种能够有效治疗内部暴力这种疾病的社会。

作为其心理结果之一，人们越来越"忘本"，难以理解与他们相异的社会，更难以贯通文明的自我与他者曾经的共同本质。这样的心理结果集中表现为，甚至最伟大的学者也常常会忘记，作为社会秩序源泉的神圣性，原本与暴力息息相关，它的"本"是暴力与暴力的自我对抗，或者说，是吉祥的暴力与不祥的暴力之间的斗争。

这当中，基拉尔认为典型的是与莫斯一唱一和的法国语言学家本维尼斯特（Émile Benveniste, 1902—1976）。此君在其杰作《印欧人诸制度词汇》[5]中追溯了"神圣"（希腊语"hieros"，吠陀梵文"isirah"）一词的本义。本维尼斯特明确指出，这个词原来有"强大""强劲""骚动"等意思，既有吉祥的"神圣"的意思，又有史密斯、莫斯等人解释的接近于"玛纳"的不洁、巫术力量等另外一些意思。但他没有将古希腊的hieros与暴力关联起来，也没有注意到法文"sacre"（神圣）一词实有双重含义，它从拉丁文sacer继承了"神圣的"和"可诅咒的"双重含义，包含某种语义的暧昧乃至不相容的二元性[6]。"我们这样的社会"之文明潜移默化地影响着本维尼斯特，他在考据"神圣"时，采取两种手段弱化了神圣概念的双重性。其一，他突出了印欧文明体系中"神圣"的吉祥力量这一面的意义，消除了其在"我们这样的社会"发展过程中"被历史弱化"的另一面（作为可

---

[5] Émile Benveniste, *Le vocabulaire des institutions Indo-Europeenes*, Paris: Les Editions de Minuit, 1969; Émile Benveniste, *Dictionary of Indo-European Concepts and Society*, translated by Elizabeth Palma, Chicago: Hau Books, 2016.

[6] Émile Benveniste, *Dictionary of Indo-European Concepts and Society*, p.406.

诅咒的、暴力性的"神圣");其二,他给予那些没有遭文明进程破坏的双重性一定空间,与此同时,他排斥了双重性中"非主流"的一重。当说到"神力"(kratos)及其派生形容词"有神力的"(krateros)时,本维尼斯特明确表明,此二者一个指英雄、勇者、首领,另一个一般指对这些人物类型的气质的褒扬,但也常常被用作贬义,可以用来形容行为和事物"硬的、残忍的、暴力的"状态。也就是说,他深知"神圣"这个词完美揭示出祭祀仪式对象内部的"吉暴力与凶暴力的结合",更深知,"诸神和英雄的吉的'kratoros'与怪物、瘟疫和野兽的凶的'krateros'是一回事",但他坚持认为,这个词涉及的无疑是位神明。

本维尼斯特在《印欧人诸制度词汇》中也收入"祭祀"词条,呼应其对"神圣"的考据。既然"神圣"一方面有双重性,另一方面从文明进程的必要性来看它又必须是吉祥的,那么,他呈现的"祭祀"便也相同,既指德性和巫术兼备,又指莫斯和于贝尔意义上的"圣化"。

对本维尼斯特的理性主义词典编纂学,基拉尔的评价并不负面,他用其来说明"我们这样的社会"的学术理性主义特征:

> 在词典的理性主义视角下,神圣性显现为一种尚未精细打磨的意义,或者相反显现为一种后来被人打乱和混合的意义。词典编纂者本维尼斯特让我们认为他应该将区分推进到所有"模棱两可",所有"混淆",所有"不确定"都让位给绝对不含糊的意义的清晰。

这项工作是早已经开始了的。宗教进行的诠释已经倾向让那些揭示危机的现象向一边或另一边倾斜。我们越是往前走,将神圣的两面性当作独立的实体的倾向就越得到肯定。(409)

也就是说,本尼维斯特与他背后的莫斯,都"按照中间者的唯一模式来设想与神圣的关系",他们都试图从部分清除了不祥元素的宗教性来诠释"初民的现实"(414),这样做是因为他们生活在"我们这样的社会"中,表达的是现代思想,而自西方古典时代伊始,这种思想便是宗教性和司法性手段的基础,它的作用正在于清除神圣的不祥因素。学者们用有其独特旨趣的现代思想去解释初民思想,便难以充分认识到,其以今论古的知识习性只能导致自己对人的本性的误判。

在书中,基拉尔也批判了其他现代思想家,特别是弗洛伊德和列维-斯特劳斯。他称颂弗洛伊德是一个异常敏锐的观察者。他承认弗洛伊德借助心理分析学呈现的俄狄浦斯情结是存在的,但他赋予了这一情结不同的解释。在弗洛伊德的解释中,俄狄浦斯情结是指儿子在成长过程中会无意识地形成对母亲的性欲望,并由此产生弑父的图谋。而在基拉尔看来,这一情结与其所谓"摹仿欲"是一致的:儿子在成长过程中会认同父亲,并产生模仿他的欲望,这一欲望包括了对其母亲的性欲望。在"摹仿欲"的作用下,父亲变成儿子的模范和对手,这一双重性解释了俄狄浦斯情结中的暧昧情感。(257-92)

有关列维-斯特劳斯的结构主义,基拉尔辟专章加以评述。(339–423)他称颂列维-斯特劳斯是个对人性几乎有了彻底认识的大学者,但实在不能理解列氏婚姻交换循环理论的依据(351),甚至指责列氏说,他的"思想中有一种几乎不可避免的倾向,倾向于将真理放在一旁"(357)。他将列维-斯特劳斯与列维-布留尔配成一对,认为二者分别代表人类心智的同一与差异理论,其构成的思想对立各自反映初民思维具有的两极,以及人类学思想自身在普遍与特殊之间往复摇摆的两个端点。(372)对于列维-斯特劳斯的"反祭祀人类学",基拉尔的态度是,它为了坐实人类心智里存在的神圣性所不具备的思维结构,否定"象征思维的起源在于替罪牺牲机制"(359),让有历史实在性的神圣性在共时性的结构中缺席了(373),如此一来,"结构主义自身被禁锢在结构中,被禁锢在共时性中,它不能发现变化,诸如暴力和暴力恐怖这样的变化"(374)。

与埃文斯-普理查德及其传人持相似看法,基拉尔宣称,要超越结构的禁锢,人类学家应当更多地关注一些负面存在的寓意,包括双胞胎、疾病、传染、不可解释的意义颠覆、丑怪、空想、禁忌、暴力行为等(375)。正是从这些"过多然而又不足的寓意"中,基拉尔对文明进程展开了与列维-斯特劳斯相对立的推测。后者坚信,最初,文化映照着人与物两个世界的节律,本质是平和的,人与广义的他者(他人与他物)之间既是分离的又是相应的,生活不需要神明这个幻象的"第三者"的介入便"自然地有序";而超然于物我之外的神祇在"较文明的"民族中出现后带来了一个巨变：文化本有的平和宽仁的他者认同被区分彼此的信仰和行为模式所替代，人类进入一个令他"忧郁"的阶段。基拉尔则坚称，最早的人虽然可以说追求安宁，但这些质胜于文的人，其信仰和习俗直白地透露出人性中的"摹仿欲"，也因此，他们特别需要祭祀这种以替罪者为代价来换取社群内部秩序的制度。最初，替罪者是人的同类，接着，他们被动物替代，而无论采取什么方式，祭杀替罪者正是文化的基本制度。考虑到这点，基拉尔对作为祭祀之观念条件的神明这一类别尤为重视。不同于列维-斯特劳斯，他将"神圣的存在"视作与文化史共始终。莫斯曾暗示，"神圣的存在"的最高形式是基督教自我献祭的神，这种神的出现，使人、物、神"三个世界"成为人和牺牲-神"两个世界"，其创始性作用在于使神明通过自我牺牲替代所有替罪者，从而彻底替换了"以暴易暴"的制度。作为虔诚的天主教徒，基拉尔对此深信不疑。然而，他并没有因为这个信仰而用神学来"翻译"他者的文化，他始终相信，在最高形式的"神圣的存在"出现之前，人类（初民）长期处在"以暴易暴"的境况中，而初民也有其别样的"神圣"，这一"神圣"含有最显而易见的暴力内涵，既是人赖以预防暴力的药方，又是暴力的载体或化身，它起到祭杀暴力或将暴力带到社会之外的作用。

基拉尔与列维-斯特劳斯一样，反对传统的祭祀解释，但他反对的理由有所不同。传统解释将祭祀当作人向神祇奉献食物性质的礼物，将神明当作"享用"这些食物的存在者。列维-斯特劳斯致力于还原事物的物的属性，反对将物视作"好吃"的东西，主张将它当作思想所依托的语词来对待。基拉尔反对将祭祀等同于飨食，主张探入供奉和享用的暴力本质。关于这点，他说：

> 每当献祭达成人们渴望的效果，每当恶性的暴力转化为良性的稳定，人们可以说神祇接受了这种暴力的供奉，他以这暴力为食……献祭带给神祇他需要用来保持和增强他的活力的一切。是神祇自己在"消化"恶性的内在本质，以便将它转化为良性的超验性，即转化为神祇自己的实质。（412）

也就是说，神实质上就是"吃暴力的暴力"，这种暴力所达至的境界是社会转乱为治。在基拉尔看来，作为仪式的效果，这种暴力的治乱几乎等同于涂尔干意义上的社会统一性，但涂尔干"没有看到暴力对于人类社会的形成构成多么大的障碍"（478），更没有理解被他视作社会之源或社会自身的宗教之首要功能在于"解除暴力对任何人类社会的构建所形成的巨大障碍"（479）。

祭祀与生死

对基拉尔而言，祭祀是为社会内部的治乱而设的，但毕竟是用暴力来替代暴力，其对社会长治久安的贡献是有限的。为了克服周而复始的冲突，古希腊和古罗马的圣哲们改弦更张，相继发明了若干非祭祀方法，包括城邦、悲剧和司法系统。这些方法出现后，祭祀仪式开始在西方衰落，但这也没有带来暴力的消退。城邦使仪式性献祭丧失其有效性，结果是，"在人们拯救城邦的愿望与最无节制的野心之间，在最真诚的虔心与自我封神的欲望之间，已经不再存在丝毫差别"（204），"同而不和"愈演愈烈；悲剧掀开了暴力的面纱，使人们看透了它，神圣性失去了它的神秘感之后，人们面对一个新危机，他们不再能将暴力向社会之外转移，使之与共同体脱钩。（209）古典时代，有些努力的确相对成功，古罗马的司法系统便是其中最突出者，它有效地用非祭祀的办法处理社会的内在暴力问题，使暴力得到"医治"。可是，这些对暴力仅起到有限的控制作用，未能根绝"以暴易暴"。当然，这一切没有让基拉尔绝望，因为对他而言，这些已为"文明"做了奠基。

到了20世纪80年代，基拉尔出版了《暴力与神圣》续篇《世界建基以来那些藏着的事物》[7]，对《圣经》进行了再解释。他说，尽管仪式规定在《旧约》中到处可见，但这本"圣书"也记载了某些先知对仪式的祭牲内容的谴责，这些谴责构成了对牺牲的辩护与对仪式性祭祀的拒斥。这些先知宣扬一种颠覆性的新神圣观念，声称上帝并不喜欢仪式性暴力，他不要献祭，只求慈悲。这种新观念构成某种从"替罪羊－牺牲者视角"将神圣性与暴力区分开来的努力。基拉尔还提出，《新约》比《旧约》更旗帜鲜明地宣传这一颠覆性视角，

---

[7] René Girard, *Things Hidden since the Foundation of the World*, Research undertaken in collaboration with Jean-Michel Oughourlian and Guy Lefort, translated by Stephen Band and Michael Metteer, Stanford, CA: Stanford University Press, 1987.

它充满着"情"的故事,这些故事构成与传统仪式的神话结构相反的看法,特别突出耶稣受难之事,将这些事说成是耶稣在社会危机时刻成为无辜的替罪羊的"史实"。

据基拉尔,从《旧约》起,一个"文明进程"徐徐展开,最终,《新约》颠覆了人类文化的暴力心理-社会机制,使祭杀替罪者这种暴力行动让位于与暴力的宗教性决裂。他终于揭开了莫斯和于贝尔给"神明的祭祀"戴上的面纱,以空前清晰的语词修饰了《圣经》,使其成为一套反祭祀的"完美理论"。

此处,基拉尔的文明自我中心主义倾向昭然若揭。犹太-基督教的确有"反祭祀"的内容,但它并不是宣明神圣无须祭祀、只需虔诚和慈悲的宗教,比起有不杀生、六道轮回等教义的某些佛教宗派,它的"反祭祀"话语甚至可以说相当无力。基拉尔之所以硬是将它当作一种有最鲜明的"反祭祀"态势的特殊"超越性宗教"来理解,因为他相信自古典时代起,他所在的西方文明已出现消除祭祀的"以暴易暴"的卓绝努力。

与主张智识系统具有历史优先性的列维-斯特劳斯不同,基拉尔认为神圣性是仪式和其他制度存在的条件。他并没有说神圣性是在历史上先出现的,但他坚信,没有神祇这个被列维-斯特劳斯识别为后发"第三元"的存在,任何文化构建都是不可思议的。有意思的是,到写作《世界建基以来那些藏着的事物》一书时,基拉尔却谋得与列氏的某种"共情"。他意识到,唯有当"第三元"与"第二元"合并,或者说,如犹太-基督教的颠覆性主张所宣示的,当神明成为牺牲，祭祀仪式的"三联体"才可能转化为物和人两个对应的系列的"和声"，唯有如此，社会方有长治久安之日。此刻，耗费大量精力解读祭祀的基拉尔与写作《野性的思维》时的列维-斯特劳斯相似，把对祭祀逻辑的敌意全盘托出。如其深信的，"以暴易暴"的祭祀逻辑是为克服人性中的"摹仿欲"而设的，是社会由内而外转移暴力的手段，但它依然是暴力的剧场。这一逻辑要通向良善的未来，还是要先返回宗教社会，找寻一种办法，用以消除使祭祀成立的神圣双重性中的暴力。他声称自己能找到的最好的办法，如《圣经》所示，在于"化三为二"，使高高在上的神圣性与替罪者融为一体。此刻，他与列维-斯特劳斯所不同的似乎只是：后者选择以图腾幻象背后的"野性的思维"或"原始科学"来抵御祭祀，他自己则把这种所谓"思维"或"科学"排除在外，甚至把它当作人类欲望的民俗心理属性，选择距"野性"和"原始"最远的西方古典文明为依托，让"圣书"与祭祀的"杀戮机器"形成对抗关系，期盼着"文胜于武"的日子到来。

也许可以把两位思想家的两种不同"反祭祀"定义为"原始主义的反祭祀"和"文明主义的反祭祀"：前者主张，相比于文明人，原始人更为平和，竞争和暴力随着人文与自然两个世界之外的"第三世界"——神的世界——的出现才出现（列氏认为，实践祭祀的社会都有"超越性"因素，因为，祭祀要求一个超出物我的"第三元"在场）；后者主张，相比于原始人，文明人更为平和，而"文明"意味着"超越性宗教"，这个宗教信仰的也是列氏的"第三世界"，但这个

"第三世界"并不是能随便找到的，许多民族都有，但唯有犹太-基督教方使它远远地疏离于另外两个世界——人与物的世界，成为"高高在上"、无须"吞噬祭品"的神明。

基拉尔从犹太-基督教这种"特殊宗教"引申出一种有关良善与安宁的期望，但他并没有愚蠢到以为这一"特殊宗教"带来的真的都是好事，他深刻认识到，试图通过神明的祭祀（替罪羊化）消除暴力的"超越性宗教"，并没有减少暴力对世界的侵袭。基拉尔没有责备那个宗教，而是深陷人的自我省思中，他觉悟到，再伟大的宗教也不能改变人"同而不和"的本性："我们逃脱不掉恶性循环。抹除神圣性，将它完全抹除的倾向，却为神圣性的暗中回归做了准备，它不是以超验的形式回归，而是以本质的形式，以暴力和知识暴力的形式回归。"（500）

基拉尔感到，直面这个令人无可奈何的局面，唯有将弗雷泽的替罪羊执念化为一种打破知识禁忌的理论，"让暴力在人类社会中的作用完全暴露，完全地暴露在理性之光下"（501），除此以外别无他法。

对于神圣性，基拉尔的看法接近于将社会与宗教等同看待的涂尔干与宗教史学家伊利亚德（Mircea Eliade, 1907—1986），前者为他提供了社会的神圣性洞见，后者为他将神圣性解释为混乱的秩序化。基拉尔的"摹仿欲"理论还与霍布斯在《利维坦》中的人性论有着关联。霍布斯的"社会契约"、涂尔干的凝聚力及伊利亚德的神圣秩序或"治乱"相互之间确实有着值得注意的差异，但如结构派人类学家萨林斯（Marshall Sahlins, 1930—2021）指出的，它们都与犹太-

基督教人性/文化二元论藕断丝连。[8]这种与古今非西方所有宇宙-本体论不同的"基督教-霍布斯主义"[9]，将人之初的"性"看成与乱、不太平、无秩序同义的东西，将"社会"、"文化"或"文明"视作由外而内从制度上限制这个"性"，使其转化为治、太平、有秩序之类面貌的力量。基拉尔对神圣性的界定，是从其仪式的"以暴易暴"深层结构挖掘出的概念，它如同霍布斯的"契约"、涂尔干的"凝聚力"或伊利亚德的"秩序"，都是与人之初的"性"对立的。受史密斯、莫斯等人的启发，他发现了人性的这个"对立面"的双重性，特别是发现了这个双重性中的危险暴力属性，但他却"辩证地"将这一暴力性规定为人赖以将实际暴力移出社会的手段。他在神圣性内部解决了自我保存与"契约"、个体与社会、失序与无序之间的对立。

而此刻的列维-斯特劳斯呢？他沉浸于多卷本《神话学》的写作，似乎无暇顾及基拉尔的学说，即使顾及了，显然也不会关注，甚至毫无兴趣。作为人类学精神家园的守护者，他很容易看出，基拉尔的文化史推测纯属想象，得出的文明自我中心主义结论有违"人类学伦理"。可是有一点列维-斯特劳斯实在不易察觉，他自己的"反祭祀人类学"与文明主义哲学家基拉尔的想象的差别仅是相对的，列氏更不易明了，情况之所以如此，原因恰恰在于，这个哲学家完全

---

[8] 萨林斯：《人性的西方幻象》，赵丙祥、胡宗泽、罗杨译，北京：生活·读书·新知三联书店，2019，65—146页。
[9] 同上书，101页。

无视祭祀在世界上各种不同的人群当中所起到的正面作用。当我们说，在有关祭祀是否普遍存在这个问题上，列维-斯特劳斯与弗雷泽所持观点相似，我们也是在说，列维-斯特劳斯与泰勒、史密斯、莫斯等站在了对立面，而正是他的这个对立面，对祭祀曾有相对正面的看法：典型的祭祀确实总是对牺牲施以暴力，但祭杀牺牲者从这种暴力中期待得到的并不是生命的终结，而是其更新。这种生命的更新是良善的，它使人受益（泰勒），使共同体借助牺牲焕发出新的生命力（史密斯）。

列维-斯特劳斯为了正视人类对真实的非人类的"他者的认同"和依赖，选择与幻象性的非人类（神祇）"第三元"保持距离，因而也没有专门关注其所驱动的祭祀。基拉尔则为了探入共同体"内斗"的人性根源而选择以神圣性作为其研究主旨，他既从这类他者反观到人的暴力本性，又从其中甄别出化解这一本性导致的社会失序的"神之道"。前者的反祭祀出自构建人文科学的关切，后者的反祭祀则是在做了大量祭祀的理性主义研究之后提出的对人自身的"失望理论"。两位学者一位在"具体事物的科学"中深耕，一位努力地试图从经验的历史和民族志记述升华出有道德和政治内涵的哲学，严格说来，他们并不构成两个对立的端点，但他们确实构成了两条不同的学术路线。

这两条学术路线代表两种生死论。基拉尔侧重考察祭杀的"杀"字，用它来指代让人或物死而不能复生的暴力，认为这一暴力和人与生俱来的欲望有关，它冥顽不化，即使是神明都不能彻底改变它。列维-斯特劳斯在处理神话时，也常常遇到死亡的情节,特别是"英雄之死",其中蕴含的"死而复生"的传统智慧对他有着特别大的吸引力。然而,受葛兰言中国思想研究的深刻影响,他聚焦于作为死的对立面的"食色",常把"食"的对象(特别是动物)说成"不是好吃的,而是好思考的",但他并不否认人的生命对于万物的实质性依赖。基拉尔及其信徒会说,要"食"先要"杀",吃是以所食之死为条件和过程的,唯有在一人或一物杀死其异类或同类之后才能进行,祭祀也一样,以杀为先行程序。而列维-斯特劳斯则主张关注一人或一物之生对"异类"的依赖或"认同"。至于社会生命,列维-斯特劳斯考察的主要是人自身之"再生产"所凭靠的两性-内外互惠关系,特别是"性"的生之本质。对他而言,祭祀不是本初的,而是后发和次要的。

无论是基拉尔的"死论",还是列维-斯特劳斯的"生论",都不是人类学的一切;在它们之外,还有被二者扬弃的宗教人类学。从19世纪起,在这个学脉上前行的学者们展开了广泛的原始文化和古代文明研究,由此展现出一幅既不同于"死论"又不同于"生论"的思想景象。在这个景象里,一种不同于现代截然二分的生死观的"另类思想"占据最显要的地位。在这个"另类思想"中,生死被相对地看待。宗教人类学家与被他们研究的"他者"形成心理上的"共情",试图从他们的角度领悟生死的含义。在现代文明中生活,他们不能真的否定"杀"与死的自然科学解释,私下必然从科学角度理解生命的终结。不过,他们尊重初民和古人想象世界的文化真实性,往往也尊重非现代社会

"死而后生"观念的存在理由(这一理由并不是自然科学可以解释的,即使是社会科学,若是缺乏超越现代性的能力,也难以给予贴切的解释)。从弗雷泽起,对这些宗教人类学家而言,"死而后生"大抵意味着个体的死所换取的集体的生,在祭祀领域,它基本上是指以所祭杀的牺牲——包括成为替罪者的非洲神王和耶稣——换取共同体生命。我们可以称这类生死观为"死生论",也可以认为,这是宗教人类学的核心命题。

9. 韦尔南与德许什：古希腊与非洲的祭祀

列维-斯特劳斯在祭祀——特别是其"替代"作用——面前踌躇不前，但他的后辈却运用他出于"反祭祀"的智识论目的而提出的方法来研究祭祀。从某种意义上讲，1976年利奇在《文化与交流》[1]一书中对祭祀之"逻辑"的论述，堪称在祭祀研究领域运用结构主义原理的典范。自视为列维-斯特劳斯的英国代言人，利奇致力于挖掘文化的"深层结构"，但他始终用三分法而不是列氏的二分法，认为在一切神话思维里，普遍存在沟通二分系统的第三元。他认为祭祀普遍存在于所有社会中，人类学家的使命在于从世界各地形式多样的祭祀中发现共同的结构逻辑，这与列氏也不同。祭祀的结构逻辑有两类，一类是空间上的，另一类是时间上的。祭祀之所以可能，是因为人们早已在思想上把世界和人生做了区分。在空间上，这个区分具体表现为"这个世界"与"另一个世界"之分；在时间上，它具体表现为由人生中突出的过渡节点划出的前后之分。要使区分起作用，人们还需"第三领域"。这在空间上

---

[1] 利奇：《文化与交流》，郭凡、邹和译，上海：上海人民出版社，2000，83—96页。

属于两个世界之间的结合部,在时间上则是前后相续脉络中的断裂部。空间上的结合部,如祭坛,是生活中与神圣的"另一个世界"最接近的地方,是人神交流的空间;时间上的断裂部,如过渡礼仪,则对社会生活的时间性加以切分,象征地制造出一个暂时被置于社会之外的无时间状态,使主体区别于他/她之前的状态,等到仪式结束,才将他/她返还给社会时间中的正常态,任其重建社会角色,进而获得"新生"。

利奇以结构主义的方式实践了宗教人类学的"死生论"。不过,他不是埃文斯-普理查德和基拉尔那样的学者兼教徒。对他而言,《旧约》虽是他的文化本位或"母语"的一部分,但不能被直接用来解释在欧洲以外的区域发现的案例;相反,它与后者同属被研究的对象——比如,它与东南亚民族志记载的仪式案例地位相近,都是被深层结构的发掘者掌握和运用的人文科学解析的"客体"。[2]

20世纪70年代中后期,列维-斯特劳斯有关祭祀的思想不仅影响了英国人类学,而且也成为法国众多学术领域的典范,甚至渗透到与其"远方之学"相去甚远的古典学。

韦尔南与普罗米修斯

数十年如一日专注于古希腊神话、社会和思想研究的

---

[2] 利奇对列氏思想的这一运用是理论主义结构论的经验主义化,这一经验主义化基本上是英国式的,但与法国学术中莫斯式的"宗教科学"难以区分。

韦尔南(Jean-Pierre Vernant, 1914—2007),在20世纪70年代便与戴地安(Marcel Detienne, 1935—2019)等同道者一起,对古希腊的"祭祀神学"展开了研究。20世纪80年代初,他完善了他的学说。功成名就后,韦尔南于1990年写作了《古希腊的神话与宗教》。这是一本"科普"之作,勾画了古希腊祭祀仪式的一般模式:

> 神庙是神专用的住所,并不是虔诚者们聚集举行祭祀活动的崇拜之地。而神庙外部的祭台,一个石头砌就的四方体建筑担当了这项职能:希腊宗教的重要仪式就是在这祭台周围和祭台上进行的,而对希腊宗教的分析针对的最重要的东西也就是这牺牲的仪式。仪式中通常用的是作为食物的带血的牺牲:一头戴有饰物、花冠,缠着带子的家畜,在笛子伴奏的乐声中被带到祭台,有人在它的身上浇洒净水,有人则在它的身上和地上撒大麦粒,这些人头上也戴着花圈。牺牲的头被抬了起来,有人用藏在篮子中的麦粒下面的匕首刺向它的喉咙。血一下子喷射到祭台,被接到一个容器里。然后,牲口被开膛,人们掏出它的内脏,特别是肝脏进行观察,想知道诸神是否接受了牺牲。在这种情况下,牺牲马上就被解肢。长的骨骼完全裸露出来,被摆在祭台上。而骨头带着肥油被香料燃烧的火苗慢慢熔化,化作香雾升入高空,向诸神飘去。有些肋骨被穿在烤肉扦上,放在祭台的烤架上烧烤,架下就是把牺牲送往诸神那里去所用的火。那送去的

部分还会回来，这样就使祭祀指向的神圣权力和专为祭祀准备的烤架上的肉块之间沟通。剩余的肉被放在锅里煮，然后被分切为相等的肉块，有时当场被吃掉，有时被参加仪式的人各自带回家，有时则在多少更大的社群范围内分配给外面的人。舌头和皮是最贵重的部分，最后归主持仪式的祭司，而祭司并非总是必不可少的。从原则上讲，每个没有污迹的公民都完全有资格参加祭礼。[3]

这段话述及从神明那里返回来的部分牲品与祭台上的肉之间的"沟通"，令人想起莫斯的"圣化"概念，但其余句子都似乎与莫斯笔下的古印度"圣化"程式、埃文斯－普理查德的"替代"及基拉尔的"吞噬暴力的暴力"全然无关。为了混融一体的宇宙之更新，物带走人之罪，神为人消化暴力，这些既有的祭祀人类学形象在韦尔南笔下的古希腊祭祀模式中都找不到对应物。取代它们的，乃是牺牲的具体区分，包括骨与肉、香味与肉块、烧烤与蒸煮之分等。这些区分，最终都服务于人神和人物之辨：人与神的不同在于人吃肉，而神只需要闻烧烤后骨头散发出来的香味；人与非人之物的不同，在于人吃熟食而非人之物（特别是野兽）吃生食。

在韦尔南看来，古希腊人并没有基拉尔所说的那种与

---

[3] 韦尔南：《古希腊的神话与宗教》，杜小真译，北京：生活·读书·新知三联书店，2001，51—53页。下文仅在正文括号中标注页码。

野兽相通的暴力本性,暴力本性即使局部地存在于他们之中,也是与他们的另一种本性——人性——相结合的。在古希腊,本性并不是与生俱来的本体性,而毋宁是世界的组成部分。人与神原来共处在一个共同体里。人的"自然"和"文明"的双重性是人从原初的人神共同体中分离出来后才获得的,因而,这一双重性都在"文化"的内部。

这显然更接近列维-斯特劳斯的看法。在后者看来,从道德形而上学的立场去判断人最初的"自然性"是徒劳的,人一开始就是"文化性"的,这一"文化性"背后是一个分类体系,它是思维的造物,是人对物我和物物之分的看法。

对于韦尔南来说,在古希腊人中,这一"文化性"也属于思维领域,但它并非与祭祀无关,因为在古希腊人的眼中,唯有通过祭祀,人们方能获得理解有关其存在的"一般问题"的条件。这些"一般问题"包括:"人在兽类与神之间的位置如何?为什么会有女人?我们为什么会死?我们为什么会生?为什么我们要劳动?祭祀礼仪、谷物生产、火的掌握和创造女人之间有什么关系?"(95)

韦尔南和他的同道者戴地安认为,要理解古希腊人(特别是古希腊城邦人)对以上问题的思考,有两方面的事项值得关注。一方面,在古希腊人中,祭祀是由神明参与的庄严宴会,这类宴会通过烟雾和香气将天地联系在一起,从而通过沟通人神为社会赋予秩序;另一方面,在古希腊人的眼里,祭祀作为宴会的一面与其另一面不可分割,这另一面就是祭祀对烹饪的规定。祭祀过程中相当大的部分是准备"菜肴",它的本质是仪式化的烹饪,是对吃肉合法性的确认。虽然动物是思想的材料,但思想是通过祭祀的烹饪被透露出来的。因而,要研究祭祀的思想(韦尔南称为"神学"),便要研究烹饪的规则[4],包括动物内脏与关键部位如何分割,骨头、盆骨、尾巴如何区分,肉如何分块,烧烤和蒸煮如何分工,烹饪在何处进行,以及哪些部位是人吃的,哪些部位专门用于宗教目的,哪些部位是在现场吃掉的,哪些部位是被带走的。

基于这两方面的方法和原则,韦尔南对古希腊祭祀仪式的一般模式加以分析,并得出以下结论:

> 如果说祭祀因此对保证社会实践的有效性必不可少,那是因为,祭献牺牲之火使脂肪和骨骸化作香烟升入天空,并且为人烹煮分给他的那部分肉,在这个过程中,火打开了诸神和参与祭祀仪式的人之间的沟通之路。在按照祭祀仪式规则宰杀牺牲,烧烤牺牲的骨头并食用其肉时,希腊人建立并维持了与神的一种接触,没有这种接触,委身于神的希腊人的生存就会崩溃,丧失意义。这种接触不是一种圣餐:人并不为着与神同一、分享神的威力而去吃神,即使是以象征的形式。人食用的是动物牺牲,是一头家畜,而且人吃的肉不是祭献该神的那部分。希腊祭祀建立的联系

---

[4] Marcel Detienne and Jean-Pierre Vernant eds., *The Cuisine of Sacrifice among the Greeks*, translated by Paula Wissing, Chicago: University of Chicago Press, 1998.

强调并肯定在同一沟通中,极限距离把要死的人与不朽者分离开来。(58)

据赫西俄德《神谱》和《工作与时日》的两段叙述[5],韦尔南指出,古希腊人不仅在实际展开的仪式活动里实践着区分人神、物我的思维方式,而且还在神话里将这一思维方式演绎成一组"神学意义"。普罗米修斯神话最集中地呈现了这组"神学意义"。在该神话里,这位提坦之子是祭祀的初创者。原本人神尚未分离,他们共同生活、欢宴、享受敬贺,无须劳作,不会死亡,与所有罪恶毫无关系。宙斯升为天王后,计划重新规定神明的等次和职能。为此,他需要先区分人和神。普罗米修斯是这项计划的执行者,他发明了上述祭祀诸神的模式,让诸神得到骨头、人得到肉。这本是为人着想而提出的计谋,但冥冥之中却应和了宙斯的计划,让人在得到肉之后被驱逐出天界,成为以胃为中心活着的存在者。人因为吃的是肉,便命定地与只需要闻香的不朽之神有异,他们的身体会老去、衰竭。宙斯对人的惩罚不止于此,他还用土和水制造了第一个女人(潘多拉),让她通过生育繁衍带给人劳累、苦役、疾病、衰老和死亡。人还失去了天火,只剩普罗米修斯为他们盗取的、易灭的火种,为了吃熟食,为了保持自己的"文明",他们必须费尽心机守住那个

---

[5] Jean-Pierre Vernant, "The Myth of Promitheus in Hesiod", in his *Myth and Society in Ancient Greece*, translated by Janet Lloyd, New York: Zone Books, 1990, pp.183–202.

火种。由此，人成了介于神和物之间的存在者，他们既不像吃生食的牲畜，又不像享有永恒极乐的诸神，唯有在祭祀时通过火与神接触、与野兽分开。（58–63）

由祭祀演绎出来的"神学意义"，指向层级化的神、人、物的空间划分，这一划分也被赋予时间性。在古希腊人看来：

> 宇宙中至少存在着三重暗合的时间和生命。首先，是神的时间：一切都永恒，一切都不会改变；然后，有人类的时间：这是线性的时间，它总朝一个方向前进，人先后经历出生、成长、成年、衰老、死亡，一切有生命的生物莫不如此……最后还有第三种时间：这是圆形或"之"字形的时间……它表现出一种与月亮相似的存在，月亮长大、消亡然后重生，周而复始，无穷无尽……它既不同于神的永恒，又不是地上凡人的总往一个方向运动的时间。[6]

韦尔南明确说，那种介于神的时间与人和生物的时间之间的"第三种时间"，是普罗米修斯的时间。由于普罗米修斯是城邦祭祀的发明者，因而其所代表的时间大抵便是我们一般所称的"仪式时间"。祭祀的时间便是介于永恒时间与线性时间之间的"之"字形的循环式时间。

普罗米修斯神话是古希腊城邦社会理性的构成要素之

---

[6] 韦尔南：《众神飞飏：希腊诸神的起源》，曹胜超译，北京：中信出版社，2003，65—66页。

一,因此它所解释的祭祀也是"公民宗教"的核心,其仪典甚至是由雅典城邦的执政者亲自组织和安排的。(59-60)这种宗教可谓是祭祀主义的,但它并不是古希腊的唯一信仰。在这个信仰之外,还有各种神秘主义教派。戴地安的研究[7]表明,教派是"城邦的他者",有"反祭祀"的倾向。例如,俄耳甫斯派和毕达哥拉斯派坚持素食主义,狄奥尼索斯派举行吃生肉仪式。前者坚持吃蜂蜜和麦片之类的"纯食物",追求以食用"纯食物"来融入神界、脱离世俗社会;后者则坚持活剥生吃动物,追求通过像动物那样吃东西,来冲破人兽、物我的界限,拒绝城邦的祭祀规范。

这一切表明,祭祀主义和反祭祀主义的对立,早在古希腊就已经存在;20世纪的"圣化"观念形态(社会学和基拉尔式的暴力哲学人类学)与智识的结构化"通达境界"(结构人类学),甚至可以说是这一古老的对立在今日世界的回响。

然而我们仍不应像基拉尔那样,将整个古希腊的"祭祀神学"当作现代司法文明(处理暴力问题之手段)的前身。

在一个相当长的阶段里,祭祀主义是城邦政治和宗教的核心,而反祭祀则在"公民宗教"之外的、作为"城邦的他者"的神秘教派中起作用,二者的"对立统一"才构成一

---

[7] Marcel Detienne, *Dionysos Mis a Mort*, Paris:Gallimard, 1977; "Pratiques culinaires et esprit du sacrifice", in Marcel Detienne and Jean-Pierre Vernant eds., *La Cuisin du Sacrifice en Pays Grec*, Paris: Gallimard, 1979, pp.7-35.

个完整的古希腊。

追随"古希腊人类学"奠基者热尔奈（Louis Gernet, 1882—1962）的韦尔南及其同道者戴地安等人也深受历史心理学大师迈耶松（Ignace Meyerson, 1888—1983）的影响，他们的学问与社会学年鉴派一脉相承并有所创新，致力于通过对古希腊思想世界及社会生活的研究造就一门"历史人类学"。与此同时，如韦尔南承认的（94），他对古希腊祭祀与神话进行的分析深受结构主义的启发。他对神明、人类、动物的"三分法"，与杜梅齐尔的"三重功能"有关[8]，而其关于人神和物我的区分，以及相应的烧烤与蒸煮、生与熟、自然与文明、圣与俗、男与女、永恒与有限等二元对立，都打上了列维-斯特劳斯思想的烙印，甚至可以说是后者1964年出版的《生食与熟食》[9]的"古典学版"。

结构主义给了"古希腊历史人类学派"一个别样的他者视野，在这一视野下，古希腊祭祀和"祭祀神学"既有别于莫斯模式，又与基拉尔模式分立。保留某些进化人类学因素的莫斯曾暗示，犹太-基督教的"神明的献祭"可能是人类道德进步的顶点，而基拉尔则直接从这一所谓"顶点"出发，将涂尔干有关"神圣"的思想庸俗化，用以"推己及人"，解析原始人的"欲望"，以西方"司法文明"为尺度丈量人类史。韦尔南的"他者"是古希腊，这既不同于莫斯的印欧世界，又不同于基拉尔的古罗马司法文明。古希腊并非

---

[8] 埃里邦：《神话与史诗》，孟华译，北京：北京大学出版社，2005。
[9] Claude Levi-Strauss, *Le Cru et Le Cuit*, Paris: Plon, 1964.

人们印象中的"西方中的西方",它的确在特定时期建立了特殊的政治理性,但其文化却并不那么"西方"。古希腊的祭祀和"祭祀神学"便是如此,我们在其中没有看到多少与"创世""原罪""替罪"等有关的意象,反倒看到了人如何被神从"天界"中区隔出来,成了一个介于神与物之间的"种族",一个必须持续再造、维护与其他两个范畴的差异并与之保持"互惠关系"的存在者。祭祀正是区分神、人、物"三界"的界限与将三者关联起来的纽带。祭祀和"祭祀神学"是古希腊人界定自身及其在世界中的位置,并以此为"规则"为人处世的办法(既是社会的,又是思想的)。如果人类学是理解这套办法的办法,那么,这个办法的基本特征便是将被研究对象当作"他者",让研究者深入其中,把握其文化的内在逻辑。

从"非洲研究法国学派"到德许什

在20世纪70年代的法国学术中,结构主义为"古希腊历史人类学派"提供了"同"的方法(即一套普遍适用的解析方法),但后者也借此揭示出其所研究的古希腊的他者之"异"。结构主义还助力于"非洲研究法国学派",使其有可能在更遥远的异邦(非洲)"求同存异"。运用同一套方法,"非洲研究法国学派"的一些成员对非洲社会的祭祀宴会、祭品和烹饪的规定展开了研究,由此找到了异于古希腊的另一种文化特殊性。

1975年至1981年之间,巴黎《黑非洲思想系统实验》连续刊印了四期祭祀研究专辑,其中1976年卷收录了文森特(Jean-Françoise Vincent, 1935—2012)对喀麦隆北部莫夫人(Mofu)祭祀进行的一项研究[10],颇能说明"非洲研究法国学派"所想象的非洲的相异性。

据文森特观察,相比于希腊的奥林匹斯圣地和城邦,这个非洲民族是在平凡得多的地方举办祭祀仪式的,这些地方就在家的附近。在莫夫人祭祀空间中出现的,除了祭祀者和祭品外,还有一个"第三者",但并不是古希腊的神,而是在仪式期间前来聚餐的祖先。祖先亡故以后带有一定的神性,但他们毕竟是活人的族人。开始祭祀后,莫夫人烹饪食物的方式与古希腊人相似,先烧烤,再蒸煮,但他们并不区分给神的骨头与给人的肉,而是由男人先在祭坛附近烧烤肉块并食用,接着由女人在厨房蒸煮肉块。比较而言,烧烤与蒸煮这两种不同的烹饪方式有先后之分,但在古希腊人那里表现的是人神之分,而在莫夫人那里表现的仅仅是两性的分工合作。古希腊人烧烤给神的骨头时不加盐巴,蒸煮给人的肉时则加盐巴,由此来区分接近自然的神与接近文化的人,莫夫人则没有做这个区分。对莫夫人来说,祖先是亲人,他们在祭祀中与人共餐,不像古希腊人的神那样无须进食,只需要远远地嗅骨头被烧烤后冒出的香味。为了表明活人是亡者的亲属,莫夫人举办祭祀仪式时都穿得非常传统,目的是在模样上显得与逝去的先人一样。

---

[10] Jean-Françoise Vincent, "Conception et déroulement du sacrifice chez les Mofu," *Systèmes de pensée en Afrique noire*, cahier 2, Le sacrifice I, Paris: CNRS, 1976, pp.177–203.

莫夫人信仰世界的核心范畴是祖先。祖先到底是人还是神？莫夫人并没有确然的答案。他们为了祭祀而按规矩小心翼翼地准备食物，但这样做并不是因为"神圣"使他们恐惧，而只是因为他们觉得如果不这样做，祖先就会像应邀参与宴会的客人那样不高兴。由此看来，在他们的思想中，祖先这个范畴更接近于人。

神、人、物构成的"三个世界"在古希腊人那里是界限分明的，但在像莫夫人那样的非洲民族那里，情况却并非如此，用人神之分来界定在他们的祭祀仪式中扮演"主角"的祖先，便并不妥当。

这当然并不意味着古希腊人没有祖先这个类别了。韦尔南在《古希腊的神话与宗教》中提到，在公元前8世纪，有些希腊家族为了标明出身和氏族源流而为特定墓葬建筑前举行祖先纪念仪式。这些被纪念的祖先，就像史诗中的英雄一样，属于过去，在时间的远处"构成了一种既与theoi，即纯粹意义上的神有别，又与平常的死者不同的超自然的神的范畴"，或者说，一种"社群的光荣象征和护身符"（43）。这些被纪念的祖先不是平常人家的亡者，但其属性是可与莫夫人的祖先相类比的。韦尔南还提到，赫西俄德采用一种扩展了的概念来界定"神"，并将之区分出四个等次：神、魔、英雄、死者（50）。这个广义的"神"的范畴，后来在秘教和哲学里还长期得到引申，但古希腊的"大传统"似乎还坚守着必死者与不朽者的对立，以这两种边界清晰的意象来区分人神。从这个"大传统"角度看，那些特殊的祖先在被纪念中可以带上不朽者的光环，但他们毕竟是亡者，并且人们给予他们的纪念并不是永久的，他们终究会被渐渐淡忘，命定地与作为不朽者的神明无缘。在古希腊，人神之间有不可逾越的鸿沟，即使人们为亡者举行礼拜（如装饰陵墓，给死者供上点心，浇洒水、牛奶、蜂蜜、葡萄酒等），这种礼拜也因要与作为诸神的荣誉和特权的祭祀明确区分，而在规制上受到极大限制。（44）在这些地方，古希腊人与莫夫人的祖先很不同：虽然后者属于人这个范畴，但由于莫夫人并没有必死者与不朽者这对意象，他们也不会以之来衡量祖先"精神性"的高低。

结构主义的一个重要方面，是在图腾思维与祭祀"象征"的比较中出现的。在《野性的思维》中，列维-斯特劳斯依据埃文斯-普理查德的论述将祭祀的思想原则界定为"替代"，并将之与图腾思维对立看待。在他看来，图腾制度是在分类基础上形成的，分类是对动植物种属的缜密划分，而祭祀系统则不同，它通过神这一"第三元"起作用，但这一作用无异于混淆，它像努尔人在祭祀中以野黄瓜替代牛那样抵消物种之分，使一物可以转化为另一物、一项可以过渡到另一项。

20世纪70年代的法国古典学和人类学在解析古希腊和非洲祭祀的意义时，参照了列维-斯特劳斯转述并批判的埃文斯-普理查德的"替代说"——正因此，他们才更常用"象征"而非"结构"来形容祭祀和"祭祀神学"中出现的物。然而，他们用得更多的分析方法，来自列氏在解析图腾系统时运用的"分类"概念。对他们而言，祭祀牵涉到祭品的分类（如古希腊供奉给不同"神性存在者"——

神明和祖先——的祭品之区分，以及供奉给同一种"神性存在者"——如宙斯——的同一动物的骨与肉之分），也牵涉到祭品烹饪方式（包括烧烤和蒸煮，以及不加工）的分类，正是这样的分类性区分，构成祭祀的"语言"和意义的基础。

针对结构主义的以上发挥，格雷奥勒和蒂特兰师徒的追随者、"非洲研究法国学派"成员、比利时杰出人类学家德许什（Luc de Heusch, 1927—2012）提出了一个新的概括。与多数人类学家一样，德许什认为任何所谓的"一般图式"都不可靠，要充分理解祭祀，便要先搁置由人类学家所在文明传统提供的图式，尤其是莫斯、基拉尔等所借重的印欧和犹太-基督教祭祀图式（不知为何，德许什在此处对埃文斯-普理查德的相似问题避而不谈），从文明的另一个端点——他者的世界——入手，聆听不同社会中不同祭祀者的各种"声音"，审视其仪式的细节，考察祭祀之物的象征意义。[11]

法国的古希腊和非洲祭祀研究共同遵循了这一原则，其成果表明，对任何民族来说，祭品都不是任意的，而是有选择的（努尔人用野黄瓜来替代牛，也是有选择的）。祭品的选择是在分类基础上进行的，因而要对其进行研究，便要研究列维-斯特劳斯在《野性的思维》中指出的动植物个体

---

[11] Luc de Heusch, *Sacrifice in Africa: A Structuralist Approach*, Manchester: Manchester University Press, Bloomington, Indiana: Indiana University Press, 1985, p.23. 下文仅在正文括号内标注作者和页码，均出自此书。

的种属分类和对这些个体的内部组织的分类。在不同的选择中，普遍适用的"一般图式"是难以确认的，要把握特定社会共同体何以在祭祀中构建其特定宇宙观和社会体系，要处理相似和对反的"模式"之间的关系，最好的办法就是列维-斯特劳斯的"转化"视角，而绝非"人类大历史"的幻象。

班图诸族的祭祀

在1985年出版的《非洲的祭祀》中，德许什结合其田野工作经验、黑非洲思想体系实验室1975年起积累的研究成果及英法的非洲民族志经典之作，展现了班图诸族和西非曼德诸族的各种祭祀和"祭祀神学"体系。德许什批判了基拉尔以犹太-基督教信仰"同化"他者的做法，对莫斯从古印度祭祀礼仪文献导出的图式也做了反思和修正。受列维-斯特劳斯、韦尔南等的启迪，他以人与非人之间空间的联结（conjunction）和非联结（disconjunction）之分替代了莫斯的"世俗"和"神圣"之分，并基于此构建出一种"食物祭祀的拓扑结构"（culinary sacrificial topology）。他指出，这一"拓扑结构"与不同民族的不同宇宙生成理论有关，是社会秩序所凭靠的本体论和宇宙观基础，是与神圣王权（sacred kingship）或神明神秘主权（mystic sovereignty）之再生相联系的祭祀实践的"深层结构"。德许什还有志于修正莫斯有关演化次序的观点。莫斯认为，只有少数文明有"神明祭祀"，这在伦理价值上可谓是一种"先进"的倾向。德许什表明，在他看来，这是自相矛盾的，因为莫斯已将祭品视为

"神圣"和"世俗"的"中间物",若所有祭品的确有这一特性,那么"神明祭祀"便没有什么优越性可言了。德许什认为,要化解这一矛盾,便要先解释被献祭的神本身如何能够同时身处圣俗两界,而要完成这项工作,又要先破除印欧文明的圣俗二分传统。难办的是,在印欧文明及其传人的祭祀和"祭祀神学"中,圣俗二分的传统是固有的,想要从其出发找到克服"神明祭祀"的自相矛盾之处,是不可能的。换言之,我们似乎唯有在这个文明的他者中,方能找到既是社会的化身又是自然的神秘本质的、身处圣俗两界的"圣君",而在文明的他者中,所谓"圣"和"俗",本就不是独立的领域,它们如果存在,至多也是在区分和联系人与非人的宇宙论系统中有一席之地。(德许什,213-4)

德许什借以替代基拉尔和莫斯等人的"神圣论"的看法,显然来自列维-斯特劳斯,后者表明:(1)祭祀所依赖的"神、人、物"三重结构之"神"这一重,既是次生的,又是出自想象的。(2)"野性思维"是在人与自然之间展开的,其运用的"语词"来自野生动植物。作为列氏的忠实信徒,德许什认为这两点原则在理论上虽然是反祭祀的,但却有助于祭祀研究的实际展开。英法学者了解最多的祭祀仪式,往往以人所畜养的动物为牲品,这似乎表明,列氏依据野生动物得出的有关图腾制的结论,无助于我们理解祭祀。然而,在德许什看来,英法学者之所以会这么思考,正是因为他们都太习惯用古印度或犹太-基督教的模式来看待祭祀了。事实上,如果说祭祀意味着对人与非人之间的空间进行区分与关联,那么也可以说,那些不存在"神"这一重的社会，才为我们提供了探寻祭祀本来面目的机会。

在《非洲的祭祀》第一个集中叙述民族志事实的篇章（第二章）中，德许什比较了乐乐族（Lele）、特特拉-汗吧族（Telela-Hamba）和乐加族（Lega）的食物祭祀。三个民族中，乐乐族是唯一一个不畜养动物的民族，其他两个既狩猎又牧牛羊。三个民族的共同点，是它们都把某种有突出特殊性的野生动物作为精灵兼祭品。对乐乐人而言，小穿山甲破除了在水中、地上和空中活动的所有"正常动物"之间的界限（土著人说它们有鱼的身体、尾巴和鳞片，但有四足，还会爬树，通上中下三界）；对特特拉-汗吧人而言，豹子是"森林的主人"；对乐加人而言，大穿山甲是"权威的监护人"。这些特异的野生动物有精灵属性，但它们不是神明。对三个社会而言，小穿山甲、豹子和大穿山甲分别是"男人"、"酋长"及"舅舅"在自然界中的代表。在三个族群中，这些野生动物成为祭品，都被认为是出于偶然，是它们"自愿来的"。围绕着对它们的崇拜，男人们结为不同形式的社会，将这些人们通常不吃的动物切割成块，进行分食。在三个不同的社会中，野生动物本身既形同特殊人物（乐乐人中生育力旺盛的男人、特特拉-汗吧人中权力高于族人的酋长，以及乐加人中教导人们建造房屋的"文化英雄"），又作为仪式中的特殊食品（祭品），这在象征意义上神似"食人俗"，因而人们并不享受吃这些东西，甚至会在吃完它们后即刻奔向河边清洗身体。

举行这类仪式的社会，其组织形式各有不同，乐乐人生活在居住分散、组织松散的母系氏族社会中，特特拉-汗吧人生活在父权社会中，乐加人生活在舅权制的母方亲属制中。小穿山甲、豹子、大穿山甲的食物祭祀在这些社会中分别代表宗教性的社会凝聚、政治权力的确立以及"文化英雄"的塑造。

对德许什而言，三个民族中最奇异的似乎是乐乐族。这个民族将动物严格分成在水中、地上、空中活动三类，将飞鼠之类"跨类别"的动物看作"不洁"的，还在"不洁"动物之外分出"精灵"动物（水蜥蜴这类两栖动物则既是"不洁"动物，又是"精灵"），并规定妇女不可接触这两类动物。乐乐人的村子里有时能看到羊、鸡、猪这些畜养动物，但这些动物被分在"不洁"动物的范畴中，人们从来不食用它们，他们所需的肉类食物全都来自森林野地。作为祭祀食物的小穿山甲属于"精灵"动物，在乐乐人的感知中，小穿山甲是混沌的典范，它结合了水、天、地三界造物的品质，虽在地上活动，但却同水蜥蜴一样，与水和丰产之源相联系，它还与空中飞鸟一样生活在树林里（德许什，29），总之，它在类别上最混杂，因而被看作将村庄与森林、人与精灵关联起来的中介。在乐乐人的巫术-宗教生活中，捕获小穿山甲并对它进行祭祀式的解剖是核心活动。（德许什，30）在这一活动中，小穿山甲是偶然、主动被捕获的，规矩禁止人们追捕它，这意味着，对人们而言，这一"精灵"动物是祭祀的"自愿性祭品"，它代表自然的精神主动进入人间，助力于社会生命的激发。因而，在象征意义上，小穿山甲很像与乐乐人相邻的库巴人（Kuba）中的圣王，是宇宙和社会秩序的调节者。乐乐人甚至用"酋长"来称呼小穿山

甲,这使德许什将小穿山甲的祭祀与弑王仪式相联系。(德许什,37)

乐乐人生活中的社会世界与自然世界的二重性,符合列维-斯特劳斯对"野性思维"的定义。这个民族没有"神、人、物"三重结构的"顶层"(神),只有"物"与"人"两重,但必须看到,在"物"这一重中,兼有在别的社会被明确区分的"第三重"的内容。小穿山甲是最具典范性的物,它既是动物,又像神那样横跨不同范畴,难以用种系来分类。倘若一定要以"神、人、物"的三重结构来看问题,那么我们也可以说,在乐乐人的世界观中,"神"是内在于小穿山甲之类的奇异之物中的,它并没有从物中超脱出来。

接着,在第三章(德许什,38-64)中,德许什审视了南非祖鲁人(Zulu)的祭祀。

在这个民族中,存在着两类无祭品接受者(例如,神或祖先)的祭祀。其中一类以祭杀黑绵羊来防御邪术,另一类以祭杀山羊来终结犯忌。这两类祭祀中的祭品都没有接受者,也都不被食用。在前一类祭祀中,黑绵羊象征祭祀者自己,将黑绵羊祭杀后掩埋在地里,则表示祭主付给了处于社会边缘的邪术师一份报酬,以求其结束邪术攻击;在后一类祭祀中,人们将山羊祭杀后直接舍弃,意思是让其带走违反禁忌导致的危险。

尽管德许什将以上两类巫术置于祭祀中考察,但他花了更大的篇幅论述另外两类有祭品接受者的祭祀。这两类祭祀,一类与祖鲁人的宇宙观有关,另一类是他们的祖先崇拜的核心组成部分。

与乐乐族的小穿山甲崇拜一样,祖鲁人举办祭祀的总目的,是将深藏在非人世界的丰产之力引入人间,保障人和社会的绵延和安宁。但不同于乐乐族,他们眼中承载这一丰产之力的,不是超越一般分类的小穿山甲,而是在宇宙中占据特殊地位并能影响气候的"神明",特别是彩虹公主和水生的蟒蛇精灵,前者含有天、地和水的成分,形同天地的中介,后者虽在地和水构成的下界,但因是生命之源而被视为与"天空主人"共享宇宙主权。彩虹公主(女)和蟒蛇精灵(男)分别被赋予不同性别,但都能促成风调雨顺。在干旱严重的时期,祖鲁人将猎取并祭杀犀鸟,他们认为犀鸟是老天爷最喜欢的动物、彩虹公主的朋友,它的死会使老天爷流泪,随之就会降雨。在干旱更严重的时期,他们则将黑绵羊供奉给蟒蛇精灵,并宴请"雨师"来当主持祭礼的巫师,巫师半夜会在一个神秘的地方将黑绵羊的白色油脂悄悄供给蟒蛇舔食。祖鲁人认为水、白色、冷,与火、黑色、热相对,严重的干旱是这些对立元素之间关系不平衡导致的,闪电和无雨便是"冷热"不平衡引起的。白色与作为生命之源的水和作为它的"气质"的冷对应,蟒蛇精灵舔了白色油脂后,便有助于增强宇宙的冷的成分,而这对于降雨极其关键。由于蟒蛇有这样的重要性,它们平时是受到保护的。但是在严重的旱灾爆发之时,"天师"类巫师或王族的成员可以杀死它们、取出其白色油脂用作"药",以"治疗"天的闪电之病。

祖鲁人认为祖先是失去了人形的人,他们也是活人,与在世之人和他们的牲畜住在一起,喜欢住在阴湿的角落,像蛇一样,是属于水性的。与蟒蛇精灵一样,祖先是生命之源,是生育的动因,他们通过给女性的子宫"加热"而导致其怀孕。由于有"加热"的作用,他们喜欢热性食物。人们为了与他们交流、得到他们的帮助,会给他们献祭。祖鲁人有一种不用于祭祀的牛——无论是奶牛还是公牛——是被完整和活生生地留给祖先的,而他们养的几乎所有其他牛,则都是可以祭杀的。据祖鲁人的"祭品烹饪学",牛被祭杀后,祖先会来祭台舔他们最喜欢的牛胆汁,胆汁的暗绿色决定了它的热性,祖先舔了它之后会流口水,而口水是浓缩的生命之水,对人的繁殖十分重要。之后,人们会将牛血与给祖先的肉块用矛支着在火上烤,它们被烧成灰后,就成为祖先的食品。接着,家中的男人烧烤、女人蒸煮,将肉块制作成熟食。

祖鲁人的两类有接受者的祭祀,一类将以隐喻或转喻的方式代表自然的野生动物用于仪式,并将之献祭,以重建自然的平衡;另一类则与祖先崇拜相关,它用作为祭品的驯养之牛将人和祖先汇集到火塘边,通过与祖先共同进餐来增进人与社会的繁殖力。(德许什,57)前一类的祭品接受者是天地或代表宇宙的野生动物,祭品有野生动物,也有驯养动物;后一类的祭品接受者是祖先,祭品则是驯养动物。

追随列维-斯特劳斯,德许什不仅为"神、人、物"三重结构的自然/文化二元化找到了思维基础,而且将此二元对立逻辑运用到对不同领域分类系统的分析中。与此同时,他深信他做的工作不是"以同化异",而是将列氏的"转化"

概念融入韦尔南等在古希腊祭祀研究中运用的结构与功能、宇宙论与社会学相结合的方法中。心游于非洲大地上，他找寻着"化同为异"的各种可能。

继祖鲁人的案例之后，德许什转入汤加人（Thonga）的个案。如其所言，祖鲁人的祖先拥有赋予生命的巨大能量，其势力范围广大，但他们与活人（后代）关系和谐，在祭祀中会与亲人相聚。而汤加人的祖先则不同，他们的世界与人的世界有严格的界分。他们住在森林里，不许活人进入，更不许他们拿里头的物品。他们接受人给的祭品，但不给"回礼"（不把自己的能力分给人）。

汤加人的祭祀是人与祖先之间紧张关系的暂时搁置。祭品必须是牛这种用以衡量财富和其他物之价值的指标，如果是其他东西（如鸡和羊），那它们也必须要有"牛"的名号。祖鲁人用牛反刍的食物来净化，用牲品的胆囊作为祖先丰产之力的象征，而汤加人则特别重视牲品的食糜。在亡者祭祀中，他们偶尔也用胆囊，但并不怎么强调其代表的祖先丰产之力。他们用动物牲品内脏里的食糜来分化并联结活人。之所以那么重视食糜，是因为汤加人要用它来将祖先分离在共同体之外。他们给亡者献祭羊，通过祭杀羊来标志祖先离开人世的时刻，亡者离开后，其小屋也随之被摧毁，而参与祭祀的人群此后便陷入包含暧昧性内容和争吵口角的闹剧中。这与祖鲁人的祭祀很不同，祖鲁人给亡者做祭，庄严肃穆，为的是将他们的"影子"带回人间。

德许什认为，汤加人的祭祀之所以有这一重要特征，是因为这个民族的亲属制度以通婚结盟为主干。不同于对外封闭、对内团结的祖鲁父系继嗣社会，汤加人生活在两性群体的"对立统一"的关系中。祖先祭祀有这一"对立统一"的功能，婚礼祭祀更是如此。因此，汤加人的婚礼祭祀也与祖鲁人很不同。在祖鲁人中，婚姻双方要为婚礼献上牛，婚礼祭祀就是同时祭杀这两头牛，新娘在结婚时得到的部分是象征丰产的牛胆囊，据说它代表祖先的繁殖力，是祖先对新婚夫妻的回馈。而在汤加人的婚礼中，新娘不仅没有得到胆囊，她身上还会被扔食糜，作用在于使其与原有亲属分离（德许什，82），新婚夫妇得到的部分是牲品的活肝，据说这个肝本是给祖先吞食的，但新人也要用牙撕它，将它当成自己，毅然地破坏自己，使自己脱离原来的状态，与另一个群体结合。

无论是婚礼还是丧礼，汤加人的祭祀都表达了某种隐秘的紧张关系，包括人之间联姻的困难以及人与祖先之间关联的不易。在这些祭祀所呈现的人格特征中，配偶和祖先的性情都难以捉摸，他们易于发怒并导致社会和个人"发病"，而祭祀是治疗这些"病"的药。

汤加人也用祭祀来表达他们与神魔关系的特征。他们把人的精神病当作"神魔的疯狂"，并以祭羊来治这类病。这类祭祀仪式的起点是让病人像上了他/她的身的神魔那样，狂饮从刚被刺的羊腿上喷出来的血。接着，他/她会控制不住地将血吐出来，就像致病的神魔被从他/她的身体里赶出来一样。这两个仪式环节完成后，病人的头上被挂上羊胆囊，身体被盖上羊皮，然后他/她便往四个方向狂奔，似乎成了神魔的信使。最后，羊腿肉被煮熟，病人吃了以后恢复正常人的状态。(德许什,83-4)如德许什指出的,在这个仪式中,病因被界定为人神同化,而治病方法被处理为神魔的迁移,在其(祭祀)实施过程中,祭祀的羊有双重功能,它先以生血的形式驱魔,再以熟肉的形式实现病人社会人格的重建。(德许什,85)

汤加人为婚礼、丧礼和精神病举办的祭祀都侧重于确认内与外、生与熟、自然与文化、精灵(神魔)与人的区分。但我们不能说,这些仪式是为社会分化而设的。汤加人通过祭祀发挥区分的社会作用,这其实与祖鲁人祭祀的社会结合作用相通:它的"分"是为了"合",包括联姻共同体的联合(婚礼)、社会网络破洞的修补(丧礼)以及心灵空间的再建(精神病治病仪式)。对汤加人来说,这些都关涉他们所有人的福利。从这个角度看,两个民族在祭祀仪式中表现出来的差异,仅是相对的。

除了处理社会危机的祭祀以外,汤加人还为"幸福的事"举办庆典,比如在"丰黍节"上献牛和啤酒。"丰黍节"庆典上的祭祀仪式,主要内容是由男女在祭坛上倾倒牛的食糜和啤酒,加工祭品时并不强调通过"烹饪"进行区分的规则。在这类祭祀里,男女、内外、上下的区分得以消除,仪式就是节庆,是男女双方的亲属共同参与的盛会。(德许什,93)

与此同时,与包括祖鲁人在内的大多数南非民族一样,汤加人在旱灾时也要举办求雨祭祀。求雨是与天相关的人事,牵涉所有人。负责人是酋长,在其主持下,由其外甥女(神似南非其他民族的"雨水女王")将黑公羊(接近于祖鲁人的黑绵羊）献给他的祖先，之后再象征性地使羊的食糜流向四方，意在使天地"降温"，克服导致旱灾的"燥热"。黑公羊是特殊的羊，在汤加人的思想里，这动物象征着酋长本人，祭杀它意味着将酋长作为一物来从天那里换得雨水。德许什认为，这里头并不含有莫斯讲的"动物圣化"内容。黑公羊/酋长是为恢复宇宙秩序、解救旱灾中的人而在仪式中象征性地死去的。祭祀涉及选择特定类别的动物并对其骨肉和器官加以处理，这些处理并没有将动物推向另一个世界，相反，它们既是人为的，又是为人的，它们"使象征类别为了个人或集体的利益而起作用"（德许什，96）。

德许什表明，汤加人祭祀中的黑公羊/酋长令人联想到乐乐人的小穿山甲，后者是自然世界的象征，它"自愿"从森林中走来，将自己"献祭"给人，也被称为"酋长"。而乐乐人的邻人库巴族（Kuba），同样将王者比拟成穿山甲，认为他同时是自然的一员和文化秩序的主宰。他拥有的力量是危险的，但这力量对宇宙与社会的运行却是必不可少的。（德许什，99）

除了库巴族之外，小到尼日利亚的如库巴族（Rukuba）村社，大到乍得的姆恩当族（Mundang）和非洲东南部的斯威士族（Swazi）王国，都有将王者比拟成祭祀动物的做法。在这些民族中，都有弑君习俗。许多神话的确讲述君王在衰老之前被杀的故事，但所谓"弑君"，并不是指君王本人真的被杀，而是在祭祀中让其他物代替君王被杀（特别是本来就将病死的婴儿或老人，或者动物）。有些弑君仪式在王者刚即位后举行，意在使社会能够"长治久安"；有些在其"实习期"（数年）结束后举行，基本内容是象征性地杀死王，并使他重生。

基拉尔用弑君习俗来论证他的暴力理论，认为这些被弑的王乃是替罪羊，他们将暴力（死）施加在自己身上，以换取社会共同体的和平（生）。德许什则表明，在他看来，事情比基拉尔想象的复杂。要理解弑君，就要先理解所弑对象为何物。这里的"君"有时是人，有时是特殊动物，无论是人还是物，"君"都是协和物我的，对宇宙和社会的秩序很重要，但这种"他者"又带有巨大的危险。结果是，人们若要协和物我、维系或重建秩序，便要依靠"君"的作用，而办法却常常是减少他的力量，消除其力量的危险性，避免其危及人。在这些弑君习俗中，王（神王）的祭祀往往包含复杂的程式，其设置的主旨在于使王变得对宇宙和社会有益。这个程式往往为王者淋漓尽致地表现其"干坏事"（如乱伦、食人、行邪术）的本事提供机会，同时又要用众多禁忌来规范他，想尽办法把他强大的魔力转化成有正面作用的力量。换言之，弑君祭祀既旨在保护王，也旨在保护人民，避免他们受王的危害。（德许什，101）

以斯威士族国王的年度"重生"仪式为例，象征王的祭品是黑色的牛，它与白色对立。就像祖鲁人的分类学那样，黑色和白色用来象征热与冷、性与秩序，作为概念范畴，它们被运用于仪式的组织中，同时也构成对生命的隐喻。人们用太阳和圆月的光来形容国王的生命，他属于白色，国王如果接触到黑暗的状态，力量就会变弱，他的国家的力量也会随之受损。而正是由于王既属于光明又会接触黑暗，他的宫殿被分为白宫和黑宫，前者是王以及与他共同治国的母亲和显贵出入的场所，后者则主要接待他玩弄的年轻女情人。在象征意义上，黑牛祭祀意在减少王的黑色部分，包括黑宫里的淫乱之事（德许什，107），因为这类事不仅违背社会规范，而且制造引致旱灾的"燥热"（性事即与此相关）。斯威士族的"弑君"习俗，就是杀牛。牛有两头，都是黑色的。一头是从老百姓那里偷来的，被参与仪式的年轻人用拳头捶死；另一头是皇家养的，平时备受照顾，祭祀时被待之以礼，它不被杀死，而是被压倒在地上，再由国王赤身裸体地骑在它身上。在典礼中，王要接受性禁忌，一直带着玉制的阴茎套，以对其黑色生命力（兽性）加以节制。他制服了牛，赤身裸体地骑在它身上，俨然成为与兽一体的东西，但此兽非彼兽，它已祛除了代表兽的黑色（也是王自己的一面），在将它献祭之后，王成为"国家之牛"（德许什，105-6）。

为王的"重生"献祭的黑牛，有一头是从百姓那儿盗取的，这头牛也代表王，特别是其地上人的性质。在斯威士族中，王由代表地上氏族的母亲所生，既是"地生人"，他便担负宇宙的"黑"的一面，而他之所以祭杀黑牛，是因为作为"地生人"，他命定地会积累"污物"，需要通过祭杀自己的替代者来清除这些"污物"。

与此不同，在卢旺达族中，国王的氏族被视为是从天上来的。神话说，国王氏族的先祖从与土著妇女的婚姻中逃出，接着得到了天的脐带，因而他们的孩子与天相关，有超然的"纯洁性"，代表宇宙的"白"的一面。有这样的神话，卢旺达国王的"重生"仪式就构成了对斯威士族同类仪式的反转：后者祭杀的是有巨大巫力的黑色母牛，而前者祭杀的则是有巨大丰产力的白色公牛。卢旺达族的祭祀，是从占卜祭祀演化而来的，它有通过所祭祀动物（白色小公牛）的内脏向天贞问的环节，这一环节与其"天生人"的起源神话有关，表现的是"牛人"从天上降生的故事。（德许什，112-4）

作为"天生人"，卢旺达国王有"拯救者"和"解放者"的名号，被认为在战争期间能勇敢地独自去往前线与敌人交锋，并奉献出自己的生命。然而，与斯威士国王一样，卢旺达国王的神圣性格也是复合性的：一方面，国王是头纯洁、有益的白牛；另一方面，他又是"魔性造物"，与没有乳房的少女、单身母亲或双胞胎之类的"怪物"一样，要被赶出自己的家园，去往边境，从而构成对敌国的威胁。君王复合性格的前一个方面，使他在非仪式时间都能起到保障人民丰产与宇宙秩序的作用，后一个方面则使他的年度"重生"仪式有了自己的特殊性。与斯威士人的年度"重生"祭祀（目的在于清除内在于国王的污染物）不同，卢旺达人做这一祭祀，目的在于通过替代物的牺牲而使国王成为威胁战争中的敌方的力量。（德许什，109）

在卢旺达，王族是"天生人"，在他们的宗族之外，则是地生的"百姓"，包括牧人（Tutsi）、农人（Hutu）及猎人-陶工（Twa）三个种姓。这些种姓日常吃不同的肉，祭祀祖先时用不同的动物（牧人用绵羊，农人用母牛，猎人-陶工用山羊）。他们不被允许参与君王宫廷祭祀的秘密环节，但被允许共同参与随后的共餐仪式。不过，对他们而言，宫廷祭祀并不是什么秘密，他们也有类似的崇拜活动。

在卢旺达百姓中，有瑞阳公比（Ryangombe）神话和围绕这个神话中的主神形成的宗教团体。瑞阳公比神兼有护佑生育和繁荣的文化英雄和祭祀王的职能，与历史中的君王一样，他也要通过牺牲自己来守护宇宙和社会的秩序，但他远比这些自称"天生人"的世俗君王更富有神圣性。卢旺达人的君王属于"巫师－王"，其作用在于控制自然力量，他们死后成为祖先，而不能成神。瑞阳公比神则不同，他本身就没有宗族的根，与其信徒的交流方式是直接上他们的身，死后便完全脱离"俗界"成为神，并邀约信徒加盟他的"天国"。（德许什，119）与君王一样，瑞阳公比神要有力量给百姓带来福利，便先要被牺牲。其祭祀是仿照君王"重生"祭祀而来的，但在象征含义上产生了转化。比如，在瑞阳公比神祭祀中，女性"圣魔"也是核心施事者，她的神话人格是宫廷祭祀中的未婚母亲和无奶少女的神话人格的组合，但与宫廷祭祀中的"污女"不同，她没有被带到边疆处死，更不化作对敌国的诅咒，相反，她的作用在于把瑞阳公比神驱逐出俗界，使其成为来世的君主。（德许什，118）由于所有种姓都是由必死的人组成的，来世的理念易于超越种姓界限，瑞阳公比神因此得到了不同种姓的共同崇拜。（德许什，121）

德许什将卢旺达人的瑞阳公比崇拜与古希腊的狄奥尼索斯教相比，认为二者有一个明显的相通之处：后者与城邦的"公民宗教"对立，前者则与卢旺达王族的宫廷礼仪对立，二者作为其对立面的"象征转化"，都比"原版"要更强调神圣性和"伟大的集体欢腾",由此也都更接近莫斯笔下的祭祀。二者还有另外一个更重要的相通之处:无论是对此二者还是对其仿照的"原版"而言,祭祀都是某种创造性的行动,在其中"被祭杀的动物,一如死而复生的神王,是为着生命的复归而起着作用的"(德许什,124)。

至此,德许什用四个章节叙述了他在班图诸族中的"心游"。他在旅途中实践了某种民族志的"行读",其穿过的部落和民族,有乐乐族、库巴族、祖鲁人、卢旺达族、汤加人、斯威士人等,重新解析的民族志包括了玛丽·道格拉斯(Mary Douglas, 1921—2007)的《卡赛的乐乐人》[12],伯格兰(Axel-Ivar Berglund)的《祖鲁人的思想》[13],居诺德(Henri Alexandre Junod, 1863—1934)的《一个南非部落的生活》[14],库伯(Hilda Kuper, 1911—1992)的《一种非洲贵族制》[15],德和特菲(Marcel d'Hertfelt)等人的《古代卢旺达的神圣王室》[16]等。理论上,他的出发点是列维-斯特劳斯的思想(特别是他在《野性的思维》中所说的,"支配所谓原始社会的生活和思想的实践-理论逻辑,是由于坚持区

---

[12] Mary Douglas, *The Lele of the Kasai*, Oxford: Oxford University Press, 1963.
[13] Axel-Ivar Berglund, *Zulu Thought: Patterns and Symbolism*, London: C. Hurst, 1976.
[14] Henri Alexandre Junod, *The Life of a South African Tribe*, 2 vols., London: MacMillan and Co., Limited, 1927.
[15] Hilda Kuper, *An African Aristocracy: Ranks among the Swazi*, Oxford: The International African Institute, Oxford University Press, 1947.
[16] Marcel d'Hertfelt and André Coupez, *La Royauté Sacrée de l'Ancien Rwanda*, Tervuren: Musée Royal de l'Afrique Centrale, 1964.

分性差异［écarts differentiels］作用而形成的"[17]），终点则明显是弗雷泽的解释（特别是他在《金枝》中所说的，"人、畜，以及植物的繁盛据信都依赖于神王的生命，并且神王都死于非命，不论是单独械斗或是其他办法，为的是要使他们把神性传给精力充沛的、未受老病衰颓影响的继承者，因为，在神王的崇拜者来看，他如有任何这类的衰退，就会引起人、畜和庄稼的相应衰退"[18]）。

曼德文明：祭祀作为核心神话

在第六、七章中，德许什依据非洲研究法国学派长期积累的丰厚成果，呈现了多贡人及其相邻民族祭祀的图景。在第六章，他依据格雷奥勒与其终生追随者蒂特兰合著的《苍狐》[19]等文献，审视了这个民族的"祭祀神学"。

据多贡人的宇宙生成思想，造物主（Amma）在创世时先画出个图样，再用言辞赋予它符号。起初，世界像福尼奥种子那么小，造物主使它不断自行颤动。接着，他创造了八个将成为种植者的"种子"，又使"宇宙蛋"分化为将成为天和地的两个胎盘。然后，他相继创造了象征人的胚胎的鲇鱼，以及两对雌雄同体的双胞胎，让其中一对居住在天上，

---

[17] 列维-斯特劳斯：《野性的思维》，100页。
[18] 弗雷泽：《金枝：巫术与宗教之研究》，438—439页。
[19] Marcel Griaule and Germaine Dieterlen, *Le Renard Pâle, Tome I, Le Mythe Cosmogonique*, Paris: Institut d'Ethnologie, 1965; Marcel Griaule and Germaine Dieterlen, *The Pale Fox*, translated by Stephan Infantino, Chino Valley, Arizona: Continuum Foundation, 1986.

负责气候,另一对住在地上。这些原初的雌雄同体的双胞胎都以雄性占优,造物主本来也给他们各自配了相应的潜在双胞胎姐妹。但居住在地上的双胞胎中的一个(Ogo,下称"奥哥"),着急要找到与他相配的双胞胎姐妹,于是独自不断反抗天威。他越界跳出常规,成为"不单纯"的存在者,致使自身陷入了丧失生命力的困境。他面临死亡的危险,祭祀因此成为必要。在起源神话里,这个为了改变常规而进入危险之境的存在者(奥哥),被形容为被神驱逐到丛林里的苍狐,它举止冲动,导致"乱",也使自己陷于精神缺失的境地。祭祀的必要性正来自这个试图脱离常规去过创造性生活的苍狐欠下的债(它所导致的生命力衰减)。

通过祭祀还债,被认为有助于复原种子所代表的有机体的完整性。但此时,欠债的苍狐已失去了它的完整性,唯有用其双胞胎兄弟做补充方可复原,它也才有可能继续"活着"。这另一个存在者是诺魔(Nommo),他几乎就是为了祭祀而存在的。

诺魔是苍狐的双胞胎兄弟,通过"献祭"自己,他减少了自己雌雄同体属性中的雄性部分,成为有性别的存在者。神话里,这项"献祭"的工作是由造物主完成的:造物主想着要让万物各有其所,让雨水起到沟通天地、滋润干燥的土地的作用,让男女有别,便将诺魔身上的所有男性器官撕裂。(德许什,135)通过诺魔的"献祭",原来宇宙混沌中含有的区分符号被带到了世上,从一到多的进程被启动,万物有了性别和种系之分。

多贡人的男女割礼有减少个体的异性特征、强化其性别差异的功能，他们的丧礼有区分生死的机制，所祭杀的动物也依据丛林与农地、苍狐与诺魔之间的界限分为不同系列（德许什，150），但区分只是祭祀功能的一部分，这些不同类型的祭祀，有着同一种"化生"作用：割礼为了生育而设，丧礼为了死者（王者）之再生而设，丛林与农地的区分为了作物的丰裕而设。

多贡人的宇宙生成思想将个体发生（ontogenesis）放在优先地位，以此为基础展示种系发生（phylogenesis）的图景。据这一思想，宇宙中活着的个体存在者（omo）的动静"牵一发而动全身"，会牵连到种系乃至整个宇宙。他们的祭祀总是牵涉血，特别是动物在祭祀中出的血。所有的血都带着生命力，祭祀中动物出的血是暂时给予人与世界的生命力，它被认为是有助于后者持续"活着"的。

祭祀"构成对威胁宇宙秩序的失衡的种种回应"（德许什，158）。格雷奥勒早已指出，通过释放动物牺牲的生命力，祭祀者启动了某种能量流，这能量流通过复杂的网络，将祭祀者、被唤醒的力量、祭坛与牺牲关联了起来。牺牲的死"释放了某种力量，这一力量的推动激发了另一些力量的行动，这些力量又通过反应和互动，使祭祀者和超自然力量双方都受益"（德许什，148）。

德许什将格雷奥勒的这一解释与多贡人对宗教领袖"合贡"（hogon）的祭祀相联系，他指出，这类宗教领袖有村庄范围的，但也有部落公选出来的，被认为是上天在地上的代表。加冕期间，部落公选的合贡要到一个充满生殖力、孕育过大量图腾氏族的山洞里隐居七天，到最后一天，他必须吃白色的福尼奥种子——这是宇宙的原初种子——通过进食这类种子获得"重量"(德许什，152)。德许什认为，合贡兼有地上的诺魔和奥哥的属性，由于这两个双胞胎兄弟各负责水和土，兼有他们便能掌控宇宙。(德许什，153)换言之，合贡便是"圣王"，其加冕祭礼担负着赋予万物差异并使其增殖的双重功能。

关于多贡人宗教领袖背后的"圣王"典范，德许什说：

> 多贡人神话的范式可以被解读成一种神圣王权的完美神学。它的两个对反与互补的方面，出现于双胞胎兄弟诺魔和奥哥（苍狐）的对子中。与许多传说中的英雄一样，奥哥将自己立为宇宙之王。通过撕下天上胎盘的一部分，他在越界中完成了确立文明（农业的发明）的工作。他被驱逐出耕地，却是第一个种植者，接着统治未垦的林地。太阳与月亮是他的胎盘的见证者。天火是奥哥的雌性部分，它使诺魔提供的水起作用。奥哥与他的双胞胎兄弟是宇宙的共主。在这对人物中，诺魔承担着净化和祭祀的功能，他赎去了奥哥的罪，负责圣王的有益的方面：耕地与言辞。(德许什，156-7)

多贡人是古老的曼德文明（Mande Civilisation）的传人，这个文明体也称"马里"或"曼丁哥"，其下有西非说各种曼德语的诸民族。这些民族五六千年前独立发明了农业，其亲属制度是父系制的，重继嗣和世袭，婚姻制度是一夫多妻的，社会有鲜明的等级色彩，由王族、贵族、百姓、工匠、奴隶构成，一千多年前曾经缔造加纳索宁克王国和马里帝国。

20世纪80年代，在蒂特兰的领导下，一个法国学术团队曾费时30年，对多贡人以外的西非曼德诸族展开民族志调查研究。研究表明，这些民族与多贡人共享着古代曼德文明的遗产，它们的起源神话有许多相互对应之处，祭祀的样式也有不少共同点，在德许什看来，这可谓多贡人神话和祭祀的"转化版"。

比如，在班巴拉族中，祭祀神是法罗（Faro），他与多贡人的祭祀神诺魔（水精灵）有相似性，二者都是通过水化生的，也有像苍狐那样的伴侣。在实际的祭祀活动上，班巴拉族的做法与多贡人的做法有相似性。他们的祭祀场所很多样，其祭杀的牺牲主要是用来滋养祭坛的，这些祭坛被认为与法罗最早生育双胞胎女孩的地方有关。通过给祭坛供血，班巴拉族在祭祀者与被安抚的力量之间建立了某种能量流，这与多贡人的做法所显现出来的象征逻辑有明显的相似性。然而，两个民族的神话却很不同。班巴拉族的法罗担负的是上天的主权，而多贡人的诺魔并不如此。法罗是雌雄同体的，他并不像诺魔那样，要在祭祀中经受性别区隔带来的断裂，而是保持着雌雄同体的身份。（德许什，162-3）他也没有像诺魔那样，将自身献给世界的创生，相反，他要求在其所控制的王的代表下举办对患白化病的动物的祭祀，而这个王也被视作终极的祭品。（德许什，167）班巴拉族的祭祀神话充满着暴力，这些暴力都来自"天怒"，它针对的是种属类别穿越导致的"不洁",采取的惩戒手段大多是消灭犯忌者(牺牲)和重创种属,甚至法罗也不能幸免于"天怒"导致的灾难。(德许什,169-171)法罗所代表的宇宙的主宰者要求王承担祭祀者和祭品的双重角色,他/她必须杀死患白化病的动物并自己潜在地成为这种牺牲。尽管班巴拉人和多贡人在实际祭祀中都用公羊,但这头羊对两个民族有不同的意义:在多贡人那里,它流的血构成一个能量圈,而在班巴拉人那里,吃掉它则是吃掉自己的王的化身,是基于食人俗进行的"体变"(transubstantiantion)。两个民族的习俗和神话有许多相似之处,而之所以有这一差异,原因在于多贡人的"王"是"圣王",其角色是宗教领袖(祭司),而班巴拉人的"王"则是权力无限的君主,其角色是军事(武士)首领。(德许什,174)

共处一个文明体之下的诸民族,既是这个文明体总体观念形态的共同继承者,又是其"象征转化者",会从同一观念形态中引申出各异的"文化",因此它们之间既有同也有异。这点可以从班巴拉族和多贡人的祭祀和起源神话的比较中得到证实。当然,研究"象征转化"除了重视这一事实外,还应看到另一个事实,即一旦某个"文化"得以形成,它转而也会对临近的民族或"民间社会"产生影响,在为其赋予自己的印记的同时,也使进一步的"象征转化"成为可能。

班巴拉族附近的敏阳卡人(Minyanka)便是一例。这个族群在语言上不属于曼德文明系统,但它的许多仪式做法却直接从班巴拉族借用而来。在敏阳卡人中,可以发现与班巴拉族法罗信仰对应的信仰（Komo，人们认为这是一个通过面具来发挥其魔力的神）。与之相配的，还有尼亚（Nya）崇拜。这是一种比较特异的信仰，人们认为尼亚的神力是从口中传遁而出的，对其的祭祀旨在使祭坛给出某一"言辞"。在尼亚崇拜中，牺牲的种类不一，但狗在其中有突出地位。据传狗是人的第二代先祖，它们从自己的父母（人的第一代先祖猴子）那里盗取了养成尼亚之神的贵物。在实际的祭祀中，狗也同样起着"养"的作用，它们被吊在三个装着86种物种（或物种符号）的罐子上方祭杀，它们的血往罐子里滴，直到血止，方被扔出祭坛外。狗的祭祀，意味着给万物输入能量（或"元气"）（德许什，178），它们之所以有这一作用，是因为它们在神话中是介于丛林与村庄、自然与文化之间的，并且都有勇气通过干扰自己与父母的代际次序为世界带来能量。与班巴拉人的法罗信仰比较，可以发现，敏阳卡人的尼亚信仰同样有双胞胎的意象，无论是法罗还是尼亚，都是雌雄同体的双胞胎，他们的孩子亦是如此。然而，在敏阳卡人中，第二代先祖与第一代先祖是有继嗣关系的，而这一关系在班巴拉人神话中是没有的。（德许什，183）与多贡人的诺魔信仰相比，敏阳卡人的尼亚信仰也有特殊性。在尼亚信仰中，双胞胎祖先保持着其不可分的本来面目，并通过离开其父母打乱代际次序；而在诺魔信仰中，双胞胎祖先分成了两性，他们中的一个（苍狐）通过与大地母亲交媾打乱代际次序。（德许什，181–2）

在敏阳卡人中，还有一个其他民族没有的思想：母亲（自然）妊娠期既长又痛苦，结果生出一对一出生就离开她的怪物（丛林精灵）。这一思想是在一个父系社会中流传的。一方面，它的含义是，在现实中不被承认的母子继嗣关系在神话中有其地位（德许什，183）；另一方面，它意味着，人的第二代先祖（狗）帮助其第一代先祖（猴子）获得了生命所需的贵物，它因而也可以得到自己的"地盘"。敏阳卡人的祭祀与其他民族的祭祀一样，有圣王崇拜的特征，起着替人启用天地之力的作用，但如德许什说的，他们的仪式是一种"祭祀契约"（sacrificial pact），这一"契约"规定人的第一代先祖有占据村庄的特权，其条件是第二代先祖可以通过祭祀从神圣丛林中产生他们的影响。（德许什，182-3）

各民族的"文化"不同，因而也有各异的领袖人物范型（例如，多贡人的"圣王"是祭司性质的，而班巴拉人的"王者"更有武士气质），以及各异的社会形式（例如，比之多贡人和班巴拉人，敏阳卡人给予母亲、边缘人和边缘物种更多空间）。但同属一个文明体的曼德诸族（如多贡人和班巴拉人），以及受过这个文明体影响的民族（如敏阳卡人），在祭祀和祭祀神学上有着明显的相似性。除此之外，德许什似乎相信，在这些可见的相似性之下，还存在有待挖掘的深层的"共同逻辑"。比如，曼德诸族的起源神话都在讲述万物和人是如何从一个原生的"宇宙蛋"和它的胎盘中脱离出来的，在不同程度上，他们的祭祀都是在偿还人与构成他们生境的物所亏欠"宇宙蛋"的债。人们相信，倘若不偿还这笔与生俱来的债，人和万物也就难以延续其生命力。这个"共同逻辑"如此普遍，以至于在不受曼德文明影响的其他民族里也有存在空间。比如，曼德文明圈外的古尔曼彻人

(Gurmantche)就有献祭鸡的习俗,在杀鸡之前,他们的祭祀者要先依据占卜师用特殊符号画出的程式以蛋壳内的液体来供神。鸡蛋神似多贡人起源神话里的"宇宙蛋",是一个给出个体和种系类别的"混沌整体",它具有创造的最高潜力(例如,含有一个族系的未来),代表着所有生命的终极源泉。古尔曼彻祭祀者在仪式中打破它,使生命之液流出,接着祭杀动物牺牲(鸡),同时撕碎一个象征世界整体的葫芦。(德许什,189-190)他们由此表明,人和他们的生境是在自然母亲的碎裂过程中产生的,他们的生命要归功于自然母亲的牺牲。之所以要祭祀,正是因为要承认这一事实,但由于世界和人的创生都充满着碎裂的暴力,整体一旦毁坏,无论人如何努力,他们作为碎裂暴力的产物,也难以回到生养他们的"原初子宫"。(德许什,191)古尔曼彻人虽然不是曼德文明体的一员,但他们的"祭祀逻辑"令人不由得想到多贡人的起源神话和祭祀仪式。

祭祀之"债"

《非洲的祭祀》篇幅二百余页,与列维-斯特劳斯的巨制《神话学》[20]相比,只算得上是本小册子。然而,它展示的认识姿态却神似列氏的著作。它从一个偏远的原点出发,一步步地迈进整个大陆,带着我们在不同区位中审视形形色

---

[20] 即列氏相继于1964年至1974年间出版的《生食与熟食》《从蜂蜜到灰烬》《餐桌礼仪的起源》《裸人》,其概要内容见威肯:《实验室里的诗人:列维-斯特劳斯》,梁永安译,广州:新世纪出版社,2012,301—338页。

色的"转化"。临近旅途的终点时,峰回路转,我们再次被召唤,在离原点最远的地方透过多彩的"化身"见识了原点的本相。

德许什的"祭祀非洲",是列维-斯特劳斯"神话美洲"的非洲翻版。对列维-斯特劳斯而言,神话美洲在"转化"的和声中回归了人刚脱离自然时的惆怅,结构人类学是一门"好学问",它致力于以"具体事物的科学"挽回这一惆怅彻底流失的"不幸"。

关于这一点,列氏在起笔书写四卷本《神话学》之前的十年,便给予了描述:

> 这个世界开始的时候,人类并不存在,这个世界结束的时候,人类也不会存在……然而人类的角色并没有使人类具有一个独立于整个衰败过程之外的特殊地位……人类自己似乎成为整个世界秩序瓦解过程最强有力的催化剂……[21]

列氏接着说:

> 就像个人并非单独存在于群体里面一样,就像一个社会并非单独存在于其他社会中一样,人类并不是单独存在于宇宙之中。当有一天人类所有文化所形成的色彩或彩虹终于被我们的热狂推入一片空无之中;

---

[21] 列维-斯特劳斯:《忧郁的热带》,543页。

> 只要我们仍然存在,只要世界仍然存在,那条纤细的弧形,使我们与无法达致之点联系起来的弧形就会存在,就会展示给我们一条与通往奴役之路相反的道路……[22]

无论是来自神话美洲还是结构人类学本身,这些信息都令人想起德许什在叙述祭祀非洲时提出的"债"的概念。非洲东西部的班图和曼德诸族之所以做祭祀,是因为人们深知自己不是自己的生命来源,是他人(特别是故去的祖先和别的群体中的异性)和非人(自然和神圣)构成了自己生命的由来。人生来就欠着这笔"债",此外,他们还欠着这些广义的"他/它者"(他人、他物和他神)另一笔"债":他们怀着建立自己的生活的欲望,过早将自己与"母体"割裂开来,并在发挥"能动性"中扰乱了世界的原初秩序。祭祀就是要还这两笔"债"。"还债"对人极其重要,因为若是"债"不还,那我者的生命便必定会在衰败过程中成为空无,由我者构成的社会亦是如此。

人用以"还债"的物各式各样,如古尔曼彻人的鸡,敏阳卡人的狗,祖鲁、汤加等族的羊,斯威士人的黑牛,但这些不同的物都含有深意,它们能够代表一地人民所认同的"完美生命"——人自身或其"副本"(多数是与人长久相处而带有人性的家畜)。在许多民族中,这些也指世界秩序的纹理与其"绘制者",因而,在隐喻或转喻的意义上,"完美

---

[22] 列维-斯特劳斯:《忧郁的热带》,545页。

生命"的最好选择莫过于"圣君"。这类"权威"并不依赖实际权力,在缺乏所谓"政治文明"的社会中也广泛存在。作为宇宙和社会的"典范",这些人物往往是与家庭祭祀相对的公共祭祀的祭主,是弗雷泽所说的那些"为公众死去的神"。在多数情况下,作为一切宇宙和社会力量的化身,他们不必自杀,而仅须化作被选择的非人"物种",便可献出自己,代众人"还债",进而祈求世界和社会秩序的复原以及人之生命的绵续。换句话说,他们是列维-斯特劳斯所说的"那条纤细的弧形"(彩虹),他们以自己的生死言说着脱离他人、他物、他神必然给我者带来的"惆怅",表述着回馈我者所依存的世界的必要性。

德许什深信,无论是对祭祀活动尚未制度化的乐乐人,还是对有成熟的祭祀制度的祖鲁、卢旺达、多贡等民族,以上的心境都是生活的核心;在古希腊神话和宗教中,同样可以找到接近于非洲范型的上下求索的"圣君"(如普罗米修斯);即使是在道德形而上学发达的犹太-基督教中,基督的自我牺牲,也可以用非洲部落民族的"还债"视角来解释。

如德许什在其著第八章中所重申的,西非多贡人祭祀所依据的起源神话与双胞胎有关,它要求以仪式活动来纠正由双胞胎的一部分(苍狐)导致的世界秩序(由分类形成)的混乱。在这方面,多贡人的"祭祀神学"堪与犹太-基督教神话相比。

当然,在犹太-基督教的耶稣基督与非洲人的诺魔之类存在者之间,存在着鲜明的差异。非洲人总体上并不区分物质与精神、种子与"灵魂",诺魔之类的存在者,同样是物神、体灵不分的,甚至在性别上也摇摆不定。更重要的是,诺魔是在天上起作用的,他不是救世者。而在犹太-基督教中,耶稣基督的献祭是对《旧约》中人神结盟关系的转化(例如,在天主教中,圣餐仪式便被视作人神之间实体转换的圣事),他也拟制天地的关联,但总目的在于拯救灵魂而不是重组世界,因而基督的受难是发生在人间的。(德许什,196)

然而,在非洲神话与犹太-基督教神话之间,还是存在着引人关注的相似之处。比如,基督是上帝之子,他颇像多贡人的诺魔,后者为其双胞胎兄弟苍狐偿付其为了创造自己的世界而欠下的债,而在《旧约》里,前者则要么通过献祭将人和世界从堕落天使的"罪"和亚当的"错"所引发的"乱"中解救出来,恢复人神相分的世界秩序,要么通过宽恕取消对不洁食物的禁忌,以内心的"洁"替代"还债"的祭祀礼仪。(德许什,197–198)另外,在基督教里,撒旦被描绘成山羊,而绵羊则被当成对基督的隐喻,这两种动物在多贡人的神话里,一个属于苍狐,一个属于诺魔,也是善恶对立的。非洲人当然没有基督徒那样的"罪恶"(evil)观(他们即使有"罪"的观念,那也是与秩序错乱导致的个体之"病"相关的),但他们的"冒犯"(offense)概念,其含义也相当于对人神界限的跨越。(德许什,202)

与非洲不同的案例,似乎主要来自古印度。将多贡文化与公元前1500—前500年的古印度文明相比较,可以发现，二者的祭祀制度也不是没有任何相似之处。在古印度文明中，祭祀同样也旨在创造和维持世界秩序及其所需要的区分（分类）制度。在古印度的本体论和宇宙观中，人与宇宙同样是对应且互相转化的。然而，古印度神话中并没有多贡人的诺魔和苍狐这样的双胞胎，因此，在其祭祀仪式中，祭主只扮演至上神的角色，在一个象征子宫的黑屋中悄悄地像胎儿那样蜷曲着。与多贡人不同，古印度祭祀的食物不分生熟，也不分人神，而全都是熟食。整个祭祀意在使祭主回到其存在的本相，重获肉身。莫斯的分析固然有助于我们理解古印度祭祀，但它未能使我们看到，这一仪典有一个神话范式，即"宇宙人"（cosmic man）的自我牺牲。古印度的祭祀意在"煮熟"祭主，使"宇宙人"死而复生，这不同于多贡人的祭祀，后者旨在激活使土地重获生机的水精灵的生命力。在古印度，王既是武士又是祭主，作为祭主，他消耗着自己的能量，以换取王国的幸福，他也从司仪那里象征性地获得报酬，这报酬宛若他平日向民众收的税，是他在仪式中被吞噬的能量的一部分。在多贡人的祭祀中，献祭的是人化的神（他也是人祖），旨在换取神的生命力，因而在仪式中，祭主既要扮演祭司的角色，又要部分扮演祭品的角色，特别是要献出"比自我重要的自我的一部分"（胎盘）（德许什，192-5）。在古印度的祭祀中，则并没有"献出自己"这部分内容。

德许什之所以将古印度祭祀当作接近特例的东西来叙述，要么是因为他从列维-斯特劳斯的《忧郁的热带》中见识到了南亚"人类在有限空间内不断增加"[23]及其给人存在的生境带来的压力,要么是因为他从古印度的祭祀体制中看到了兼有武士和祭主身份的王者接近于万能君主的面目。(德许什,195)在分析非洲祭祀时,他充分注意到"圣王"有威胁邻近的敌对社会的功能,也承认许多部落祭主在武力方面有破坏力。然而,他同时坚信祭祀与战争迥然有异,前者追求的是人之生,后者则以人之死为法式,因此不能用战争的"杀人"逻辑来解释通过"浪费"财富再造世界和社会条理的祭祀。而在古印度,我们看到了一种以"煮熟"(牺牲)自我与他人来成就君王的祭祀,以生/熟对反的逻辑观之,这一彻底脱离生之野性的做法令人"忧郁"。

在《非洲的祭祀》中,我们看到,社会无论是简单的还是复杂的,野蛮的还是文明的,都存在祭祀,且都以神话来解释祭祀。要把握祭祀的本质和基本功能,不能排斥来自欧亚大陆诸文明的案例给予的启发,但也不能用道德形而上学发达地区的理论类型来解释其他地区的祭祀,而要以相对简单和"野性"的社会的实践和观念作为心路的起点。

作为一个致力于将结构思想与功能思想相结合的人类学家(后者被韦尔南等人运用于研究古希腊神话与宗教),德许什对进化人类学关于起源的玄想以及莫斯悄然因袭的阶段论排序毫无兴趣。但在评论弗雷泽的贡献时,他抱怨说,这位前辈"过于焦虑地把人的祭祀推升到人类进化的野蛮阶

---

[23] 列维-斯特劳斯:《忧郁的热带》,178页。

段，从而没能看到，在基督教神坛上重新展演的基督受难剧是个普遍的主题"（德许什，206）。此话的含义似乎是，把祭祀视作文明的特殊发明是彻底错误的，因为它普遍存在于所有人类社会。

10. 布洛克及其后：祭祀与"超越"

20世纪50年代又过去三十多年，英法人类学的祭祀研究顺着两条路线展开。其中一条以埃文斯-普理查德为代表，源头可以追溯到史密斯和莫斯，追求会通人类学研究者的文明母体（如神学）与被研究者的他者文化。另一条则是列维-斯特劳斯开辟的道路，指向"人文科学"这种既外在于文明母体又外在于被研究的他者文化的普遍知识系统。这两条路线看似有历史时间的先后顺序（列氏结构人类学似乎代表了替代埃氏宗教人类学的一个新时代），其实二者是平行发展的，各有各的跟随者：当韦尔南、戴地安、德许什等人在古希腊和非洲诸文化中运用结构方法进行其研究时，基拉尔、鲍狄伦、福忒思则默默地沿着埃文斯-普理查德画出的"路线图"行进着。

直到德许什出版《非洲的祭祀》一书，欧美人类学开始出现一系列转变。

"冷战"期间，西方与苏联各自向自己的势力范围派驻民族志工作者，与此同时，两个阵营都悄然出现"资产阶级学术"与马列主义理论的综合。西方人类学家逐渐对民族志事业产生了怀疑，"看透了"上一代人类学家对"远方和谐社会"之"表述"的幻想本质，相信"远方文化的罗曼蒂克化"

与殖民主义和新殖民主义话语相关。很快,他们又神化了福柯(Michel Foucault, 1926—1984)、德里达(Jacques Derrida, 1930—2004)、布迪厄(Pierre Bourdieu, 1930—2002)等法国后结构主义者,信奉这些人对权力、话语和实践的揭示,试图以此替代知识、科学的"客观主义"与整体论。

20世纪80年代中期,后现代主义潮流在大西洋彼岸涌动,它主张人类学不是科学,而是田野工作中的跨文化对话。这与埃文斯-普理查德提出的"文化翻译"本没有太大不同,但后现代主义者坚持认为,他们的主张预示着人类学的未来。与老一代人类学家想象的不同,他们提出,人类学不应是对他者的"表述",而应是对沉睡在"土著文化"中非西方理性的"唤醒"(evocation),不应是对客观事实的描述和分析,而应是在主观意念指导下进行的对世界性不平等展开的批判。

然而,在后现代新潮的发祥地法国,各家各派依旧在各自的"自留地"上耕耘,似乎不为所动。在大不列颠,这一新潮也影响了不少年轻一代学者,但更多的人类学家不仅没有随之转向,反而迅即展开反驳。

1987年1月,在圣安德鲁斯大学召开了一次反驳美式后现代新潮的学术会议,三年后,该会主持者法尔顿(Richard Fardon)将会议论文结集,交由苏格兰学术出版社及史密森学会出版。这本名为《地方化策略:民族志书写的区域传统》[1]的著作收入的文章都来自当年英国人类学领域的佼佼

---

[1] Richard Fardon ed., *Localizing Strategies: Regional Traditions of Ethnographic Writing*, Edinburgh:Scottish Academic Press; Washington: Smithsonian Institution Press, 1990.

者，他们指出，后现代主义者将西方当作自我、将非西方当作他者，在一个虚构的二元化世界里反思表述与权力的关系，无异于抹杀这一重要事实：无论是西方还是非西方，各自内部都是多样的。人类学田野工作不仅在二元化世界格局下展开，也在不同研究者之间展开，是一些民族志作者与另一些民族志作者之间关系的表现，这类关系确实包含民族志作者与其所研究地区之间的他者之间的关系，但所谓的"他者"是多样的，不能一概而论。民族志与民族志之间的对话，可以理解为特定区域传统内不同观点的交锋，也可以理解为从不同区域传统提出的不同观点之间的对话，这些对话（以至交锋）对于人类学概念的提出、否定、再提出有着关键作用。

在大不列颠南方，有相当多人类学家照旧沉浸于自己早已开启的学术事业中，比如伦敦经济学院著名人类学家莫里斯·布洛克（Maurice Bloch）。这位1939年出生的法裔学者（他是莫斯表妹的孙子），在转向认知人类学之前，长年累月地致力于仪式的民族志研究。他在印度洋西部非洲岛国马达加斯加依麦利那人（Imerina）中长期进行实地考察，根据所获民族志材料在1986年出版名作《从祝福到暴力》[2]，围绕依麦利那人的割礼结构之绵续与历史转化展开论述。布洛克的成就更多表现在他的经验研究，但其并不缺乏理论关怀。次年，他应美国罗彻斯特大学之邀做了系列摩尔根纪念

---

[2] Maurice Bloch, *From Blessing to Violence: History and Ideology in the Circumcision Ritual of the Merina of Madagascar,* Cambridge: Cambridge University Press, 1986.

讲座，1992年将讲稿扩写成《化猎物为猎人：宗教经验的政治学》[3]一书，在书中基于广泛的比较和综合，提出了一套有关仪式的总体看法。该书成为继德许什《非洲的祭祀》之后又一部重要的祭祀人类学理论之作。

布洛克：仪式的暴力色彩

关于人类学，布洛克有列维-斯特劳斯式的"人文科学"倾向，甚至有过之而无不及。他认为，把握诸文化之外的现实是展开"文化解释"的前提。宗教人类学论著中频繁出现的"祭祀"等概念（其他还有附身、通灵、入会礼等），都是从文化传统里滋长出来的。这些文化传统要么来自人类学家自己的家园，要么来自他们所研究的他乡，它们的概念范畴不足以满足跨文化研究之需；虽然用起来方便，但一旦被运用于超出"家乡"的范围，便变得武断。因而，"要尝试进行一般理论解释，便不应受制于这类概念，而要……构建某种规避某些老问题、有整全概括力的框架"（2）。同理，要在理论上解释"祭祀"（相当于汉字"祭"之所指），便要理解其所归属的、范围更广的"仪式"。

在布洛克看来，与所有宗教现象一样，仪式有一种"最小的、不可化约的结构"或"原型"，但它不是神话性的，而是与人的实际存在相关。生活在不同社会中的人，与

---

[3] Maurice Bloch, *Prey into Hunter: The Politics of Religious Experience*, Cambridge: Cambridge University Press,1992.本章凡摘引此书仅在正文括号内标注页码。

其他生物一样，不可避免地必须面对出生、成长、繁殖、衰老和死亡的自然过程。人生的自然过程是生物性的，是文化之外最重要的现实。但在人类生活中，这个现实是不单纯的，除了生物性之外，它还有另一面：人都生活在社会中，绝大多数社会都依其文化传统将生老病死的自然过程表述为超越生死的东西（3-4）。如果仪式有其"最小的、不可化约的结构"，这个结构就是人生的自然过程及其感知与社会的超越（transcendental）之间的关系。

仪式是表征系统，这是人类的生物性存在（自然过程）的转化版，它将超文化的普遍生命历程颠倒过来，使生命不再囿于"此世"，而与"彼世""不可见力量""上天""阴间""无人登临过的山"等关联起来。在日常生活中，人们对生死有着感知，仪式发生时，这一感知被"另一种生命"的表征所替代。在这"另一种生命"的表征里，存在并不是由出生和成长促成的；相反，它是由随后的衰败与死亡推进的。仪式用象征性的"杀"来否定生养，颠倒现实，进入一个超越历史的社会整体，通过超离此生，融入永久存在之中。

仪式如何起到这一作用？绝大多数仪式往往包含两个相连的环节。第一环节将人从一个世界引向另一个世界，第二环节则使仪式主体带着超越性力量返回他所来自的世界。在前一个环节里，人从其物质存在过渡到超越性存在，在后一个环节里，人的"内源生命力"（native vitality）被"外来生命力"（external vitality）所替代，这些"外来生命力"来自社群之外的其他生命，被神圣力量"异化"后，通常包括其他物种（动植物）、其他人群（如社会共同体的外人）或性别（如社会共同体之外的女性）。也就是说，绝大多数仪式并不旨在"取消生命"，而在于使人"获得新生"，过渡到"另一个世界"获得"外来生命力"（5）。

如《化猎物为猎人》这一书名所示，在世界上所有社会中，仪式首先起着化人为"猎物"的表征作用，由超越人间的神明清除内在于人、与物相通的物质生命力，"征服"人的"内源生命力"，使人加入"外来生命力"所属的超越性世界中，与外在于人的超越性合一。接着，它返还报以人新的"外来生命力"，化仪式主体为"猎人"，成为异化了的物种，此后，他们便有了"征服"其他物种和族群（"猎物"）的能量。

对于仪式的"克俗"程式，范吉内普、特纳等早已给出精彩分析，但他们"完全未觉察到戏剧性暴力在返回此世的那个环节里的重要性"（6）。布洛克指出，仪式第二个环节的内容往往是共餐，而人在共餐中吃食的对象是其他物种（特别是动物），对其他物种的消耗预示了本社群对附近其他社群的扩张性暴力。这一暴力的源泉正是"超越"这种穿越于社会内外之间的存在，它是一种"往返式暴力"（rebounding violence）（4）。一方面，它由外而内消耗人的"内源生命力"，另一方面，在它成为社群生命力的组成部分后，便由内而外起着消耗物和人意义上的"他者"的暴力作用。

如何理解仪式的"往返式暴力"？布洛克首先引据巴布亚新几内亚的奥罗凯瓦人（Orokaiva）入会礼加以解答。

"入会礼"是奥罗凯瓦人使儿童社会化的仪式，它由长老组织。在仪式的第一环节，长老们先将作为入会礼主体的儿童当作猪，让戴着面具的成人——代表超越人间的祖灵或飞鸟——来追猎这些作为猪的儿童。他们被赶进森林，隔离在黑暗之处。据说，在这些黑暗之处，孩子们变得与那些超越死亡的人相似，变成了精灵。最后，儿童返回了日常居住的地方，此时，他们已变成与曾经"杀死"自己的祖灵有关的存在者。当从森林里返回时，整个社区的人都跟着他们回来，分享入会者在林子里得到的"霸气"，与他们一同变成猪的猎手和消耗者。这些猪是真的猪，入会者与其族人此时成为猪肉的食用者，他们征服和消耗猪，希冀由此获得这种动物可以给予人的生命力、体魄、生产力、财富和繁殖力，使他们有能力在与敌人的战斗中取胜。（8-23）

由奥罗凯瓦人的入会礼可见，作为象征系统，仪式所依托的结构乃是一种人神物我相分的框架，这一框架的基础是内外二分的世界观，它先将人置于内，神置于外，接着让人化成物（猪），由内而外加入"神界"（这也是生机盎然的物界），在那里吸收生命力，再由外而内返回"人界"，成为一致对外而有"霸气"的社会。

奥罗凯瓦人的入会礼与布洛克自己在马达加斯加看到的割礼一样，呈现了仪式的"最小的、不可化约的结构"，这一结构，也深潜在被学者称为"祭祀"的仪式中。

由于入会礼和祭祀的结构相同，不少学者用后者来形容前者。（24）布洛克认为这不无理由，但他坚信，妥当的办法是将入会礼和祭祀放在一个比这二者的范畴更广阔的范围中叙说。结构主义者德许什正确地指出,像祭祀这样的仪式与附身、通灵是相近而相关的,但为了突出祭祀的重要性,他将这个范畴的边界扩展到其难以包容的范围之外。布洛克认为,更好的观点来自结构主义大师列维-斯特劳斯本人。列氏表明,诸如图腾、祭祀之类的概念,囿于文化传统,包容性有限,优秀的人类学家应当在更为包容的层次寻找概念。列氏找到了原始分类的"同态关系",布洛克则自以为找到了带有"往返式暴力"实质的仪式。

有关祭祀,人类学解释始终被古希腊模式与神学模式所困扰。19世纪不少进化人类学家把古希腊和《圣经》记载的祭祀看作严格意义上的祭祀,并由此推测它们的"史前史"。其实,以深藏在进化人类学家心中的古希腊阿伽门农出征特洛伊之前献祭女儿依菲琴尼亚[4]和《圣经》记载的亚伯拉罕献祭儿子艾萨克[5]的相似故事观之,与其说这些故事中的"献祭"概念能解释"低级宗教"的仪式实践,毋宁说,它与后者一道,构成有"往返式暴力"实质的仪式(26-7)。在这两个西方古典故事与奥罗凯瓦人的入会礼之间,有一系列相似性,比如,它们都牵涉到儿童的生死、人为共同体给出自己的生命力、动物替代人被祭杀、动物的肉成为

---

[4] 关键时刻神明鉴于阿伽门农的诚心及对其女儿的怜悯,允许其以母鹿代替,之后,阿伽门农在战事中大获全胜。
[5] 神明先是要求亚伯拉罕献祭其儿子,后来也是鉴于他的虔诚,允许其以公羊代替,结果,亚伯拉罕获得神佑,繁衍了占领"敌人的大门"的子孙。

"外来生命力"的载体、动物之肉的消耗意味着"对外战争"的力量等,这些使两者相互印证,说明了从仪式这个更包容的范畴对奥罗凯瓦人入会礼展开的"往返式暴力"分析的价值。(27)

这当然不是说,所有基于西方文明母体展开的祭祀考据都毫无价值。从莫斯到基拉尔,一条祭祀的"沟通理论"路线得以展开。在这一方向上求索的学者,持续重视从印欧、闪米特和《旧约》引申出有助于我们理解圣俗两界之间的差异与关联的概念。20世纪70年代,以韦尔南、戴地安为代表,法兰西古典学派对古希腊祭祀提出了结构主义和社会功能论内涵兼备的解释,他们特别强调祭祀的"烹调逻辑",对于我们认识人消耗其他物种的"消耗暴力"也深有启发。布洛克的"暴力"之说与这些"烹调逻辑"的论述也有关系。不过,布洛克表明,这派学者一面责备莫斯和基拉尔等将基督教观念视作"文明顶峰",另一面也有将古希腊视作"文明顶峰"的倾向(29),这是有问题的。至于埃文斯-普理查德的《努尔宗教》,它对《旧约》与努尔祭祀制度的相似性过于重视,对莫斯的继承又太多,因此招来德许什的严厉批判,其实这一批判有失公允。此著无论是民族志还是理论解释的成就都颇高,德许什自己的《非洲的祭祀》一书也不是毫无西方文明的印记,其对《努尔宗教》的批判不过是"五十步笑百步"。

布洛克像列维-斯特劳斯那样,坚定地站在人文科学的立场上,但他并没有因此把莫斯一脉的祭祀研究贬低为基督教神学的副产品。(30)布洛克认为,即使在当下,莫斯和于贝尔的《献祭的性质与功能》仍给人不可多得的启发。两位先哲为了突出祭祀中神圣性的重要性,对泰勒的"礼物理论"提出了批评,与此同时以自己的方式重新阐释了祭祀的"礼物论"。对莫斯而言,祭祀一方面是人将自己化成"礼物"献给神圣的过程,另一方面是人接受来自神圣的"回礼"的过程。把这一"礼物理论"与"往返式暴力"概念相结合可以看到,给予与夺取可以是同义词。在祭祀仪式中,与入会礼的情形一样,内在的人先"自我牺牲"(把自己的一部分作为牲品)再获得消耗其他物种和"外人"的能力,外在的神圣——或布洛克称为"外超越"的东西——先夺取生命,再给予生命力。所谓"暴力",并不是什么了不得的东西,而仅是指神圣的"夺取"及人通过给予获得的"消耗他者"的力量。(30-1)

以非洲丁卡人(the Dinka)的祭祀为例,这类仪式是人们发现受到外力干扰而"生病"(广义的生病)时举办的。为了"治病",人们先诉诸占卜,寻找方案。接着人们会用祭祀来祛除外来干扰,若是不成功,则会诉诸另一种办法。占卜师会告诉人们,"病"来自超自然的力量,要痊愈,"病人"便应接受这一力量而不是祛除它,他/她甚至应把自己化作"病毒"来"攻击"自己的身体,使外来力量在斗争中获得胜利。(32-3)如此一来,丁卡人的祭祀变得与附身没有什么两样。

丁卡人把牛与人的言辞、青年的"牛劲"与老人的话语力量对立看待。祭祀仪式使这些对立的事物和力量得以转化。占卜师在建议"病人"接受外来力量的干扰之后,通常会继续建议他/她献祭牛。在丁卡人看来，牛就像是不完全的人（如非成人），宰牛就是献出人自己的一部分。在祭祀中，丁卡人先通过杀牛把自己当成"礼物"送出去，此后祭司（"鱼叉师"）便开始呼唤和祈祷，做他们的演说。人们相信来自老者的这些话语能够消化畜生的生命，祭祀的第一环节是人话与牛争锋的戏剧，它总是以人话的胜利告终。但人话的胜利也预示着"病人"身体力量的衰败，它的标志是"病人"或旁观者陷入附身的境地。至此，第一环节完成，祭祀进入第二环节，人们分食牛肉，使祭祀从第一环节的"自我牺牲"中解脱出来，成为"宴会"（丁卡人用"宴会"来形容祭祀），由此，祭主与他的族人"通过嘴巴重新获得他们的牛性"（37），成为一个有战斗力的团体。

布洛克在描述丁卡人的祭祀时，很少运用世俗和神圣这样的词，但他心中怀有某种二元论关切，他明确把丁卡人的牛与人话、"牛劲"与话语力量的对立当成内在性与超越性的对立来处理，后者其实可以说是变相的圣俗二元论。另外，由于他坚信超越有暴力属性，因此，在重述暴力因素并不明显的祭祀案例时，他总是毅然地点出"和平"转化为"战争"的潜能，比如在点评比林哈德更侧重祭祀第二环节的美国人类学家吉布逊（Thomas Gibson）的著作时，他便如此操作。

吉布逊长期研究居住在菲律宾中部民都洛岛高地的布衣德人（Buid）[6]。据其记述，布衣德人认为人是由三种元素

---

[6] Thomas Gibson, *Sacrifice and Sharing in the Philippine Highland*, London: Athlone, 1986.

构成的，他们和物一样都有肉身与灵魂这两种元素，此外，他们还有使人不同于物的理智的"心"（mind）。对吉布逊而言，这是个人的观念"三元说"，但布洛克认为，三元其实可以化约为二元，因为，布衣德人的肉身与灵魂相当于内在性或世俗性，而其"心"的概念则与超越性相通。（38-42）据吉布逊，布衣德人遇到问题，会组织通灵、降神、祭祀等仪式活动。其仪式的第一环节往往也要求主体为了获得社会性的新生给出他/她的生命力（即其与物相通的部分）。与丁卡人相比，布衣德人更看重仪式的第二环节，这个环节的内容主要是屠宰活猪和集体吃食猪肉。布衣德人没有直接将集体吃食猪肉以获得"外来生命力"与对外战斗力的养成相联系；对他们而言，共同体内部成员的"共享"（sharing）是祭祀的要义。共享也给予人"外来生命力"，但这种生命力的好处在于保障共同体自身的绵续和增殖，其作用在于避免本族被异族当作"猎物"来对待。（43-4）

布洛克承认，布衣德人的社群确实有突出的内向性，而这一内向性也确实与这一社群的特定处境与气质有关。但他随即表明，在他看来，我们应当相对地看待内向的平和与外向的侵略性。他引用罗纳托·罗萨多（Ronato Rosaldo）对布衣德人附近的依隆戈人（Ilongot）的研究[7]表明，后者在经济、观念和社会组织诸方面均与前者相似，但依隆戈人这个"猎头民族"显然远比前者看重"外来生命力"带来的

---

[7] Renato Rosaldo, *Ilongot Headhunting,1883-1974:A Study in Society and History*, Stanford: Stanford University Press, 1980.

愤怒感与侵略性，他们以征服邻人为傲，这使他们有别于布衣德人。但差异不是绝对的，仅能说是一种转化，是相对于布衣德人内向性的依隆戈人侵略性意义上的转化。（44）

起源神话、国家、婚姻、千禧年运动

对巴布亚新几内亚、非洲、东南亚小规模社群的研究表明，这些民族的入会礼、祭祀、通灵术等处理特殊问题的仪式，有特定的工具性，但它们也把特殊与普遍、工具性与超越性的辩证相关联。由此，"在所有这些例子中，仪式都使特殊目的融化于社会再创造的一般语法之中"（46）。仪式这一由普遍消融特殊、由社会消化个人的作用，在规模较大的社会中被放大，成为宇宙起源神话的演绎。

以印度火葬圣地贝拿勒斯为例，该地的丧礼一方面处理亡者尸体，另一方面则处理着宇宙起源问题，前者与毁灭之神湿婆相关，后者与创造之神毗湿奴相关。在丧礼中，致人遁世苦行的湿婆与化死为生的毗湿奴，一个使亡者给出生命，一个通过火葬亡者赋予其生命力，保障人的繁衍。

在印度社会中，婆罗门的功能被视作与湿婆的同类，负责遁世苦行等内部事务，王者则与毗湿奴同类，负责"消耗"（包括"吃"）与对外征战，二者两相配合，成就了仪式的完整性。湿婆与毗湿奴及婆罗门与王者这两对，就像是巴布亚新几内亚入会礼和非洲祭祀中夺取人的"内源生命力"与返还"外在生命力"的超越性。布洛克认为，贝拿勒斯的丧礼，完全与祭祀的"往返性暴力"一致（47-50）。

为了否弃莫斯的印欧中心主义，德许什将印度教祭祀当成特例处理，而布洛克则认为，无论是非印度教祭祀还是印度教祭祀，都牵涉到共同体之化生，是普遍的"往返式暴力"仪式的特殊表现。比起奥罗凯瓦入会礼和丁卡祭祀，印度教仪式更凸显社会的内外上下关系及神明与王者在其中的作用，富有政治性，但出于特定原因，其在这方面的实现并不明显。相比之下，在日本社会的仪式中，这一内涵得到了突出表现。

日本存在着与印度的夺命湿婆和创生毗湿奴、遁世苦行婆罗门与武士王者"双重功能"的对应物，也就是佛教和神道教。每个传统日本村社都有佛教与神道教神堂，前者的功能在于把亡者引向净土，后者的功能在于把生命力从森林、山、瀑布乃至仅仅是一棵树引向人间。双重功能在盂兰盆节得到综合。这个节日的第一环节是将祖灵招引回家，再将其引向社区的边界，使祖灵离开家宅，其作用与遁世是一样的。第二环节则主要由表现胜利和力量强化的神道教仪式构成，其间，祖灵被引回人间，青年演绎暴力打仗之事，有些像印度教毗湿奴宇宙创生的神话所呈现的王者之风。（51-62）

与印度不同，近代日本有其特殊的世界处境。为增强国族的力量，明治政府重神抑佛，即使是在难以压灭佛教的情况下，也在国家宗教中把它改造成与神道教一起服务于天皇获取"往返性暴力"的工具。（62-3）日本军国主义大部分是在与西方帝国主义接触后才形成的，其本土的仪式原理并不能解释它的生成。然而，在布洛克看来，仪式双重性的一重（神道教的外来生命力信仰和对外暴力）之所以在近代日本几乎成了一切，事出有因："毕竟，为自己更高的精神目的而消耗外来生命力，一向是军国主义和扩张主义自我宣扬的方式。"（64）

祭祀通常用浸染了人性的家畜为牲品，它们先与人同化，带着人的牲畜性离世，再被异化为彻底的非人，成为人的食物。在诸如丁卡人这样的社群中，人畜之间的同化和异化往往也与两性之间的同化和异化相对应。这对丁卡人来说很自然，因为他们习惯上就是用牲畜（牛）当作聘礼，换取外来的新娘。在婚事中，损失牛等于得到女人，这些女人成为人妻后，会为自己和族人生育后代，像食物那样，增殖人与他们的共同体的生命力。因而，丁卡人的祭祀可以被理解为先夺取作为牲品的公牛的雄性特质（男），使其与雌性（女）同化，再使离世的雌性（女）异化后成为族人用以再生成的"养料"（66-9）。

丁卡人的祭祀与他们实践的外婚制紧密相关，是一个铜板的两面。对布洛克来说，这并不是特例，在非婚事类的仪式中发现的死亡、超越、征服、消耗及"军国主义"等形式，在各民族性别与婚姻的表征中是常见的。（69）以拉达克地方居住的藏民为例，他们生活在有严格外婚制规定的家屋中，女性配偶是外来的。其理想中的婚礼，第一环节由新郎家屋启动"远征"，去另一个家屋接新娘。人们骑着马，由一个带着弓箭的人领队，就像是军事征战。他们"猎获"新娘后，领队立刻将箭插入一碗谷物中（常常多次重复这一动作），队伍便浩浩荡荡地将新娘接到新郎家屋中，之后，举办庆祝胜利的仪式。（70-1）

把箭插入谷物既象征性行为又象征男方家屋对女方家屋的财产（女性代表财产）的夺取。在藏民中，新娘在许多方面都与财富和五谷相联系，将她给出去意味着接受自己的损失，在外人面前承认"战败"。新郎这方则被理解为取得某种"征战"上的胜利，其结果是给自己的家屋带来"战利品"，而这些是本家屋的物和人之生命力和生产力的要素。（72）

这种结婚如征战的情形，无论是在古印度还是在古罗马都很常见，被认为是人类曾经普遍实践的"抢婚制"的例证。令人费解的似乎是新娘家屋接受"战败"的做法。不过，这也不难解释。每个家屋都有两性成员，要"抢"别人家屋的新娘，也要给出新娘。藏民认为人与家屋是一体的，他们经历给出妻子和抢走妻子的时序，也是家屋摆动在作为"神佛的信使"的男性与女性之间的时序，这与丁卡人在祭祀中摆动在牛的雄雌之间的情形相似。（76）

当然，比起拉达克藏民理想中的婚礼，现实要复杂得多。藏文化区整体既有家屋间对等交换的婚事，又有一妻多夫制，更有一夫多妻制。平民多实行一夫一妻制和一妻多夫制，而王者和贵族则通常实行一夫多妻制。（80）相比于旨在确立一个相对平衡的人与物再生成局面的一夫一妻制和一妻多夫制，一夫多妻制有着更鲜明的对外扩张的特征，它用被征服者的生命（女）来再生成自身，扩大己身（如王者）的权势所及范围，由此，它的仪式也更张扬地表现"征战"的戏剧。（81）

除了以上这两种可能，婚礼象征还有第三种可能，这就是将本来对外的"战斗"化为对共同体内部地位低下之人的"征战"或"侵略"。在这第三种可能中,祖先信仰往往替代外在超越性和生命力信仰,它使人以为,人的道德存在不表现为对外征战能力而来源于祖先的授予。以布洛克自己研究的马达加斯加依麦利那人为例,这个民族的仪式是由祖先性的、永久的、"干"的元素和有活力的、混乱的、"湿"的元素构成的。在割礼中,干与湿两种对立元素也经过我们在其他仪式中看到的第一环节和第二环节那样转化,当其对立被确立之后,两种元素便被表述为"干"的祖先总是能征服和祛除"湿"的生命力的不平衡冲突。19世纪时,依麦利那国家得以扩大,它随之将本来局限于家族的割礼升格为国家典礼。新创造的国家割礼由君主亲自主持,其程式发生了一个微妙变化。传统上,仪式的第二环节以吸收"外来生命力"之后对外征战能力提升告终,而到此时,这点不再被突出,代之以君主对臣民的征服,它以君主代表祖先,由其"干性"对青年的"湿性"施加"消耗"。(86-7)

这种化对外战斗力为对内支配力的转变,固然接近古代印度和近代日本的仪典政治,但它更易于导致内部分裂。当依麦利那王国强大之时,仪式的第二环节也凸显对外征战的内容,但到19世纪60年代拉玛达二世在位时,王国被英法侵略,依麦利那君主为了"现代化"废止了皇家割礼。百姓们认为,王国的衰败是由君主放弃祖先的传统"干性"导致的,它必然引起"湿性"的乱局出现。为了改变"湿性"(乱)占支配地位的局面,1863年,人们纷纷放弃农耕(物质生产)和人的再生成(婚配),沉迷于组织各种仪式运动,试图以生命的终止换取祖先及其墓地所代表的彼世永久性，恢复祖先的"干性"（治）（88-9）。

作为1863年依麦利那反抗核心内容的这些仪式无异于某种"世界性的丧礼"，它们几乎仅有拿走人内源生命力的第一环节。由于没有重新赋予生命力的第二环节，它们变得很像大量人类学文献记载的"千禧年运动"（millenarian movements），特别是早期基督教为了化当世的"乱"为千年的"治"而展开的"革命"。这一"革命"针对罗马帝国的统治而爆发，如《保罗书信》所显示的，保罗反对犹太教的割礼。据《圣经》，历史上犹太教割礼是人与神订约的形式，含有在亚伯拉罕祭祀逻辑中得以清晰表达的人服从神的征服的意思，这如同依麦利那人的割礼，旨在通过与有暴力性的神明"合作"，为人间的物与人的繁盛获得"外来生命力"方面的保障。反对割礼因此意味着反对通过使人神和谐保障世间的物和人的繁盛。（92-3）保罗神学还凸显基督受难这一面（犹如仪式的第一环节），淡化玛利亚天孕（犹如仪式的第二环节）的内容（91-2）。这点也与反对割礼起的作用相似，意在弃绝通过人神"联姻"得来的物我生产力（95-6）。同样的"革命"内容也在美拉尼西亚的"船货崇拜"（cargo cults）中得以展开，这些崇拜的信众拒绝耕作和生孩子，他们相信"继续尘世生活等于证明整个世界的此生之死是错误的"（91）。

当然，诸如依麦利那人的反抗、基督教"革命"（千禧年运动）、船货运动等与传统仪式的对立并不绝对。一方面，执行传统仪式的人们，往往知晓仪式有可能停滞在第一环节并致仪式主体于死地，使仪式无异于千禧年运动式的"此生之死"。另一方面，上述各种"革命"似乎总是命定地以自身的结束及再生产的复归为终结。在历史上，保罗既以千禧年运动来反对罗马帝国，又保留着罗马帝国公民的身份，"革命"之后，他的两面性演变成基督教与罗马帝国的融合。旨在祈求"此生之繁盛"的仪式得以复归，玛利亚天孕神话也在地中海地区诸文化中得以广泛传播。（95）

社会的超越与暴力

《化猎物为猎人》是一项基于不同区域民族志既有成果展开的跨区域研究。在此项研究中，布洛克极少提及他所熟知的马达加斯加。他把包括法国人类学家伊塔努（André Iteanu）对巴布亚新几内亚的奥罗凯瓦人入会礼的分析[8]及林哈德对丁卡人神圣感与仪式的描述[9]等在内的优秀民族志作品，与既有的古希腊、犹太–基督教、印度、日本等文明研究之作，以及他的同事和学生的藏区及东南亚人类学论著相结合，概括出一个有关仪式的总体说法。

照此说法，我们所关注的"祭祀"这个词是有文化/文明特殊性的，要真正理解它，便要超越其界限，将视野拓展到所有仪式上。仪式之所指与汉文"礼"字相近，其范畴远比西文"sacrifice"一词或汉文"祭"字广泛。布洛克主张，

---

[8] André Iteanu, *La Ronde des Échanges. De la Circulation aux Valeurs Chez les Orokaiva*, Paris: M.S.H.; Cambridge: Cambridge University Press, 1983.

[9] Godfrey Lienhardt, *Divinity and Experience: The Religion of the Dinka*, Oxford: Oxford University Press, 1961.

要理解祭祀，便要明白，这是仪式的一种，其他仪式还有很多，如其在书中分析的入会礼、丧礼、婚礼，乃至"千禧年运动""船货崇拜"等。这些"礼""运动""崇拜"，各服务于特定目的，与人的成丁、死亡、通婚及对危机等事的处理相关，但它们都含有某种"最小的、不可化约的结构"或"原型"。

这个"结构"或"原型"体现于仪式过程中的"往返式暴力"。之所以是"往返式"的，因为它要求人在重获新生前给出自我的一部分，之所以是"暴力"，则因为给出自己的一部分往往以祭杀牺牲为象征，而得到"外来生命力"意味着消耗他物及由此带来的"征服力"。

这让我们不禁想起基拉尔的论点，但布洛克则坚持认为，他的主张有别于此：他反对把"暴力"归结于人性，也反对把仪式定义为人内在的侵略性的表达，他认为，"暴力的内在倾向，乃是因为宗教和政治创造了超越性所致"（7）。也就是说，在他看来，所谓"暴力"并不是内发的而是外来的，与外在于人及其共同体的神圣相关，而神圣也不像基拉尔想象的那样，是"吃暴力的暴力"，相反，它是施以暴力的东西。

对布洛克而言，超越观念普遍存在于世界各民族，它界定了人与动植物（物）的共同命运与差异。这个共同命运是，一人或一物生命力之增强，意味着另一人或另一物生命力之损耗。也就是说，无论人还是物，生命之延续都有代价，而这个代价往往是异类的生命。但人与物是不同的，差异主要表现在其与超越（神圣）相通的那一面。这一面使他们不吃同类，也不在族内婚配。作为有别于物的存在者，人要满足其"食色"（物与人的再生成）之需，先决条件是使本来与自己有共同点的存在者（如牲畜和谷物）彻底异化。对此，超越于"己"的神圣之作用成为必要，后者在仪式中被当作与人签了契约的另一方，它"取走"人的一部分，接着让人"得到"生命绵续所需要的"异类"。神圣"取走"的和人类"得到"的都是生命力，所不同的是前者内在于人，后者是外来的，其"往返"的终局是人的生命力之增强，而这几乎命定地意味着"他/它者"要为此被消耗。

布洛克将莫斯称为"互惠"的东西形容成"往返式暴力"，强调了人神之间的"报应"关系，他还认为，无论是"往返"的过程还是终局，都涉及消耗，如在仪式第一环节中神对人的消耗，第二环节中人得到授权对"他/它者"的消耗。

"往返式暴力"的视野有其存在论的所指，它指出了人的存在对于物的存在的威胁[10]，此外，它还有其社会学之所指，指向了"一战"爆发前社会学年鉴派导师涂尔干的"社

---

[10] 布洛克对既往祭祀的研究提出了一个整体批评，他认为所有研究都倾向于挖掘祭祀的"神学"内容而仅关注仪式的第一环节，对于仪式第二环节中献给神明的礼物返回祭主及其社会共同体成为共餐的主食这一内容漠不关心。在分析丁卡人的祭祀时，布洛克指出，正是出于这个原因，林哈德没有重视祭祀中第一环节中的动物（牛）到第二环节中变成了肉这一事实，更没有充分解释缘何丁卡人用"宴会"来指祭祀（Maurice Bloch, *Prey into Hunter*, 36—37）。对他来说，第二环节的重要性甚至可能高于第一环节。祭祀的总目的往往是人及其社会的生命更新，要达成此目的，就需要将动物"异化"为人的食物（肉），为此，必须宰杀、分割、烹煮动物（对之施加暴力）并吃掉它（再次对之施加暴力）。

会团结"理论的危机。涂尔干过于强调宗教（意识形态）对于社会形成的正面作用及凝聚力的道德属性，没有充分估计到，一个社会的生命力和凝聚力越强大，其对外的威胁及对内的支配越严重。分析仪式和王权中的"往返式暴力"可以使人认识到，社会生命既是人的现实存在所不可或缺的，又必然会威胁到人自身之存在（特别是其他社会共同体中的"陌生人"或本社会共同体内部的"阶级"中的人之存在）。

"往返式暴力"固然是"结构"或"原型"，但它并不是一成不变的。如布洛克概括的：

> 往返式暴力的象征为合法实践提供了三种可供选择的途径，以及三种途径的任何结合形式：（1）再生产的宣明；（2）扩张主义的合法化，而这又采取两种形式：（a）它可以指向社会之内，为社会等级提供合法性；（b）它可以指向社会之外，鼓励侵略邻人；（3）放弃此世存在。（98）

这三种途径——大抵与美拉尼西亚和非洲的仪式、近代日本神道教及古今各种"千禧年运动"对应——常常适应不同时代的不同条件而此强彼弱，它们也并不排他，常常以相互掺杂的面目出现在历史中。但作为"结构"或"原型"，"往返式暴力"的象征（仪式）适应于不同条件的情形表明，相对于政治经济过程，其系统是相对稳定的。

布洛克也深刻意识到，人是有分析和批判其所建构的意识形态能力的。在考察了千禧年运动之后，他检视了神话，并且表明，神话并不像从马林诺夫斯基到利奇的人类学家所想象的那样，是社会制度的"章程"，也并不像列维-斯特劳斯所相信的那样，是"物以类聚，人以群分"的思维工具。恰恰相反，神话除了可以是仪式的稳定结构，还可以是疑虑和不确定感的表达，在思维的内涵上，有的神话是分类性的，有的则是反分类的。当人面临严重灾难时，他们会诉诸神话，表达疑虑和不确定感，会以神话的反分类、混融观点来对人与动植物之间的关系进行重新思考，甚至诉诸神话，建构一幅人与万物共生的景象，从而颠覆仪式的"往返式暴力"（99–105）。

然而，在书的最后，布洛克还是坚持认为：

> 审视人共有的生命过程感知及仪式化和隐喻的有限工具，我们得以认识到，往返式暴力的建构，有许多形式和内容，这些构成人建构作为一个超越性和合法性的社会之必要形象的唯一方法。这也意味着，除了为支配和暴力的合法化提供立足点，我们便难以建构宇宙观了。（105）

从布洛克到德斯科拉

在神话世界里，天地、人神、物我往往是相混的，但现实世界却普遍存在区分事物的范畴，即使是在最"野性"的社会亦如此。布洛克认为，祭祀乃至所有仪式是处理类别的区分和关联的办法，其过程是在人和社会的内部与外部、内在性与超越性之间展开的，它们通过超然的精神存在来关联物与人两个系列上的类别。这一观点与列维-斯特劳斯神话论有关,后者指出,"在所有的美洲神话中,甚至可以说在全世界的神话中,我们都可以见到神祇和超自然的人物,扮演着上界的权力与下界的人类之间的中介角色"[11]。"中介角色"形式多样,布洛克注意到了祖灵、湿婆、毗湿奴、佛、神等"神圣",这些与列维-斯特劳斯关注的救世主、天界的双胞胎或生命的其他"非典型"形式有些不同。列氏认为,"中介角色"性格暧昧难明,"有时候是一位非常聪明的神祇,负责维系整个宇宙的秩序,有时候却是滑稽的丑角,蠢事接连不断",作为双胞胎,两种相反的性格"纠结在同一个人身上"[12]。而布洛克的"超越"则是一个更确定的、外在于生活世界的系统。

承继英国宗教人类学传统,布洛克把大量精力用来分析仪式过程。他一面收缩祭祀概念的适用范围,一面从祭祀的具体程式提炼出结构(即"往返式暴力"),广泛地运用于各类仪式的呈现。他深受结构思想影响,同时也是一位马克思主义者,曾主编过《马克思主义分析与社会人类学》[13]一书,倾向于把仪式的象征看作某种意识形态。在他看来,与其他意识形态一样,仪式这一意识形态也是对现实的扭曲,特别是对有生命之限的物与人的存在本质的扭曲(它以超越性制作社会的"永生"观念),它带着暴力形质,用以"征服"共同体内外之

---

[11] 列维-施[斯]特劳斯:《神话与意义》,51页。
[12] 同上书,51—52页。
[13] Maurice Bloch ed., *Marxist Analyses and Social Anthropology*, London: Malaby Press, 1975.

人,仅是在特殊情况下才变身为千禧年运动式的反抗。

在底色上,布洛克对祭祀中人、物、神关系的分析有异于结构主义。结构主义者德许什为了否弃莫斯等的印欧中心主义,将这类关系重新解释为"祭祀之债"。他认为,人之所以要祭祀,是因为我们了解自己的生命是自然(及与之相关的神圣)赋予的,我们对这些"超越的存在者"负有生命之债。与德许什不同,布洛克因袭了莫斯观点中的不少元素,他甚至为泰勒的"礼物理论"翻案,将之与莫斯的互惠思想关联起来,将祭祀中的关系处理成"交换"。诚然,他赋予了"交换"不同内涵。他认为,流动于人神之间的主要不是神圣性,而是生命力,是人的内源生命力与来自超越的外来生命力。仪式的"原型"中的前后环节都关涉到生命力的"往返",其"往"的给予及"返"的获取,都命定地是在暴力的作用下进行的。

布洛克宣称自己的仪式界定受列维-斯特劳斯《图腾制度》《野性的思维》等书的启发,但与德许什不同,他没有因此把矛头指向莫斯、埃文斯-普理查德、基拉尔等"神学论者"。在他活跃于伦敦学界的20世纪80年代里,在著名人类学家大卫·帕金(David Parkin)的召集下,英国社会人类学界曾经涌现了关于"恶"的观念的讨论[14]。这组讨论在思想方法上因袭埃文斯-普理查德的"文化翻译论",但在内容和主张上则结合文化相对主义与法国新出现的圣经批判,强调犹太-基督教——特别是新教——的"恶"的概念

---

[14] David Parkin ed., *The Anthropology of Evil*, Oxford: Basical Blackwell, 1985.

范畴是特殊的，难以用来"翻译"非西方社会中的相似概念范畴。与参与这组讨论的人类学家不同，布洛克是个坚定的普遍主义者，他相信人有存在和感知的一致性，我们不应以我者与他者两方中的一方之文化传统来解释另一方，也不应停留于对二者之差异的解释，而应贯通我者与他者。他深信，与人的存在和感知的一致性一样，意识形态也是普遍存在于各社会的——无论它们是"原始的"还是"文明的"。为了其欲言又止的意识形态主张，布洛克悄然延伸了"神学"一脉的前辈从印欧和犹太-基督教文明"三元说"引申来的理论，将之融入他的比较和综合研究中，用以揭示意识形态——往返式暴力的象征——的运行逻辑。

从他的《化猎物为猎人》一书，我们了解到了"三元"（人、物、神）与"二元"（内与外、人与神、文化与自然）相互转化的情形。通过比较和综合，布洛克使这些情形成为由祭祀探入超越的路标。对他而言，如意识形态一样，超越广泛存在于世界诸文化中，作为生命之限的"扭曲"，它起着社会再生成的作用。我们可以从祭祀的象征结构看出，本质上，超越是夺取人的"内源生命力"、报以"外来生命力"的"另类力量"。

布洛克借助列维-斯特劳斯的"科学概念"成就了自己的意识形态主张。然而，他的普遍主义与列氏的普遍主义是不同的。当述及神话逻辑的普遍性时，列维-斯特劳斯并不是在讨论祭祀的普遍性，而在分析中间者的中介作用时，他也不是在彰显自然和人（社会）两个世界之外的"第三世界"（超越）的重要性。对他而言，神话逻辑虽是各个社会的思维体系的共同特征，其中的中间者角色虽然也普遍地得到诸社会的重视，但重要的依旧是物与人两个分类系列的隐喻或转喻关系，这与祭祀逻辑不同。像布洛克这样的宗教人类学家尽可以把他的二元对立论和中间者意象运用于祭祀的分析，但倘若他们得出的结论超出了神话思维领域并有了决定论的色彩，列氏是不会相信的。

列维-斯特劳斯认为，祭祀与神话既不相同，也不如神话古老，更不如它普遍。作为人类"知识探险"的成就，神话与人同时产生，而祭祀这类依赖超越或神圣的幻象存在的实践，仅与弗雷泽所说的早期文明的特殊发明有关，并不普遍。

对布洛克来说，列氏对于神话与仪式所做的区分有一定道理，但过于绝对。就他观察到的事实而言，虽然此二者之间有区分，但仪式含有不少神话的内涵，而也有不少神话"服务于为保守性的社会实践和仪式建构其往返式暴力提供图式"（100）。

《化猎物为猎人》出版后，没有引发具有实质意义的讨论。20世纪末，后现代主义走入死胡同，替代它的是全球化、移民、都市语言-文化多样性、认知转向、新存在主义、伦理等纷繁的话题，布洛克自己成为"认知转向"的主要发起者，他所参与的祭祀研究并没有终结，但相当凄凉。直到"本体论转向"（ontological turn）出现，情形方才有了些许改变，但此时，年轻一代的人类学家所关心的已不再是仪式，他们转向了对自然主义二元论之外的其他"主义"的凝视。

不过，在"本体论转向"的一些角落里，我们还是看到了与布洛克祭祀解释具有潜在关联的论述，这些论述触及了布洛克所因袭的祭祀普遍论的深层问题——我们可以借列维-斯特劳斯的镜片加以鉴别。比如，21世纪到来后，列维-斯特劳斯的传人德斯科拉（Philippe Descola）似乎基于乃师的判断，试图勘定祭祀分布的地理范围。他在其杰作《超越自然与文化》[15]中提出，祭祀被人们实践的区域属于"类比主义"（analogism）本体论的分布范围，包括婆罗门教的印度、西非、古代中国、安第斯文明圈、前哥伦比亚的墨西哥及中世纪的欧洲。在图腾主义的澳大利亚土著住地、万物有灵论的亚马孙河流域及北美洲北极圈诸族中，祭祀都不为人所知。

类比主义也是非现代（传统）宇宙观，但它有别于其他两种非现代宇宙观——万物有灵论和图腾论，万物有灵论在存在的精神性（spirituality）线条上认识物我的通性，图腾论则在物质性（physicality）和精神性构成的双重对应线条上实现同一目的，两者都是"物我贯通"的。类比主义没有万物有灵论的"神通"，它使图腾主义的"物我对应"成倍增殖，将万物和人都看成在形质上有细微区分的"奇点"（singularities）。这些奇点形成一个复合的多元系统，通常用特定尺度规范而形成一个系统。在这种系统中，人要么被视为与宇宙相映成趣（如中国本体论），要么被当作与宇宙秩

---

[15] Philippe Descola, *Beyond Nature and Culture*, translated by Janet Lloyd, Chicago: University of Chicago Press, 2013.

序相关（如非洲本体论），在其不同的"版本"中，既有事物的性质、运动、结构调整都被看作与人相关，要么影响人，要么被人影响。

类比主义本体论既将多元世界的局部黏结成一个系统并用等级制来支撑，又使人需要在有别的实体之间建立亲近关系，从而克服命定的分支裂变，于是便需要祭祀这种制度。与此不同，在万物有灵论和图腾论社会中，神内在于物我，不存在一个等待着"联络"的另类，人们不需要祭祀这种关联物我的机制。[16]

德斯科拉圈点出的那些类比主义本体论区域，与一般被称作"古代文明"的地理范围相对应。对他而言，祭祀是古代文明特殊性的表现之一，那些历史上被称为"原始社会"的共同体因持续实践着物我贯通的本体论，甚至连祭祀这个概念都没有听说过。

在述及祭祀的少数文字里，德斯科拉仅从列维-斯特劳斯的论著里转引了埃文思-普理查德的看法，他忽略了自己的老师对埃氏用《旧约》的祭祀定义来"翻译"努尔人的相关仪式的宗教人类学做法是持批判态度的。此外，尽管德斯科拉是一个宣称拒绝以自己的文明母体为出发点的普遍主义人类学家，但在对祭祀的理解上，他似乎停留在莫斯基于印欧仪式文献研究提出的看法。

对于祭祀这个研究领域，德斯科拉显然并不是专家。但必须承认，他为了阐明比较本体论（宇宙论）的旨趣而对

---

[16] Philippe Descola, *Beyond Nature and Culture*, pp.226–231.

既有祭祀解释提出的质疑,并不是毫无意义的,它起码发挥了厘清布洛克与列维-斯特劳斯的分歧以及引发进一步讨论的作用。

可以想象,布洛克不会接受德斯科拉的说法,他想必会说:在呈现各种本体论时,德斯科拉遵循着人类学的认识范式,由远及近,从离科学的自然主义本体论最远的狩猎采集民族的万物有灵论入手,梳理人类自我与他者认识的类型;但他一进入祭祀领域便不由自主地以印欧文明的概念范畴为"主体语言",一发现有相异于这套概念范畴的案例便将之排除在外。

也可以想象,即使对列维-斯特劳斯的信徒德许什而言,列氏弟子德斯科拉的想法也是不可接受的。他结束民族志旅行的地方,正是被德斯科拉列在类比主义本体论分布范围之内的马里(曼德文明圈)。德许什明确指出,这个国度的本体论和宇宙观与犹太-基督教最接近,而他的出发地是乐乐民族的家园。他承认,乐乐人由于"几乎全然没有祭祀实践",学者通常将其与其他民族区别对待[17]。然而,他同时表明,要把握祭祀的本质,不对这类民族的仪式做法加以深究是不可能的。这个民族在特殊时刻祭杀的动物(小穿山甲)是"自愿"从林子里来到村庄的,人们相信这种动物是自然给人的、有益于人的增殖的"酋长",祭杀并食用它能将人与他们的野性自然重新关联起来,使人从中获得新的生

---

[17] Luc de Heusch, *Sacrifice in Africa: A Structuralist Approach*, p. 26.

命力。[18]德许什深信，乐乐人的小穿山甲与那些有完备祭祀制度的社会之"圣王"是同类，都是神人、物我之间的中间者。在他看来，野性与文明之间的差异并没有我们想象的那么大。总之，若是读过德斯科拉叙述祭祀的那几页文字，他一定会深表失望。

布洛克完成《化猎物为猎人》时，德斯科拉还没有提笔写作《超越自然与文化》。假如后者当时已出版，布洛克读后一定会指责德斯科拉过于重视揭示存在者的精神性与物质性本质，未充分关注所谓"本体之性"在仪式中交互转化的过程，以及生命力观念在所有这一切中的核心地位。

有证据表明，即使是德斯科拉的同道者（"本体论人类学家"），对其僵化的比较也同样会有质疑。比如，丹麦人类学家威勒斯列夫（Rane Willerslev）1993年起在萨哈共和国狩猎采集民族尤卡吉尔人（the Yukaghirs）中从事长期田野工作。他发现：

> 尽管肉被高度尊敬，但杀动物和吃动物被认为是一个问题。这里大部分的原因是，人们最喜欢吃的动物——麋鹿、驯鹿以及熊——也被看成是在行为的道德价值和规范上最像人的……猎人发展出对其猎物的危险的爱心，这一爱心甚至使他在打猎时遭到失败。并且，在猎杀动物之后举行的仪式中，猎人们总是试图装成不是那些动物死亡的责任人。而到了在村子中

---

[18] Luc de Heusch, *Sacrifice in Africa*, p.37.

分食肉的环节，人们倘若感觉那动物是以道德上不妥当的方式（如通过由萨满施巫术）被杀的，便会拒绝拿走自己的份额。[19]

西伯利亚的尤卡吉尔人从其猎物身上感受到的这一"道德困境"，表明他们与非洲的乐乐人一样，将野生动物视作自然与文化、野外与社会的中间者。对他们来说，猎物一方面像人那样有心灵和思想，这种属性使动物"不可吃"，他们是万有灵论的信仰者，相信物我齐平，在吃肉时，他们的内心总是怀有如食人一般的罪恶感。另一方面，猎物又是与人有别的"它者"，这种属性使它们"可吃"。他们相信人和动物死后会再生，这使他们在吃肉时减少了一些罪恶感。动物的这双重属性使尤卡吉尔人在吃肉时总是有道德焦虑感。[20]

威勒斯列夫没有提及祭祀的概念，但他所刻画的一个西伯利亚民族围绕狩猎和吃肉产生的"生死攸关"的道德感，与德许什力求从狩猎之意象中找到的"祭祀基本形式"相通，这一道德感，也可以说与布洛克试图基于美拉尼西亚人、非洲人、犹太-基督教徒、印度人、日本人、藏族人、东南亚人等的比较和综合达致的"往返式暴力"表征相近。所有这些显然共同构成对德斯科拉"万物有灵论文化无祭祀"假设的挑战。

---

[19] Rane Willerslev, *Soul Hunters: Hunting, Animism, and Personhood among the Siberian Yukaghirs*, Berkeley: University of California Press, 2007, p.78.
[20] Ibid., p.79.

将祭祀限定在古代文明的范围内，德斯科拉还面临着另一种挑战。祭祀主义和反祭祀主义在古代文明中往往相伴而生，以古希腊为例，其神话中普罗米修斯开启的城邦祭祀，总是遭受素食和生食这两种反祭祀主义的流派的抵制。另外，古希腊的神似乎已经是充分的"非人"，他们不需要食物便可永生，希望人献祭给他们牺牲以表示尊敬，但并不像人那样以食维生（唯有从神界分出的下界之人方需要以食物来维持生命）。古希腊人并非信奉万物有灵论或图腾论的"原始人"，其"公民宗教"中的祭祀及与之对立的教派的思想和活动，却在不同程度上含有反祭祀或非祭祀的成分。这是否表明，反祭祀或非祭祀其实是古代文明中的"轴心年代"（the Axial Age）的发明？

斯特雷森论超越主义的"节制"

究竟能否把古希腊宗教归为类比主义？这个问题很难回答，但一如视野跨越历史学、社会学和人类学的阿兰·斯特雷森（Alan Strathern）在其《非尘世的力量》[21]一书中指出的，类比主义恐怕是超越主义的一种类型，是约公元前1000年开始在欧亚大陆各地传播的"超越主义革命"（transcendentalist revolution）的成果之一。

这场革命到来之前，人类普遍生活在"内在主义"（immanentism）的"魅惑世界"中，他们通过祭祀与带有自

---

[21] Alan Strathern, *Unearthly Powers: Religious and Political Change in World History*, Cambridge: Cambridge University Press, 2019.

己特征的"超人"(metapersons)互通有无。尽管确如德斯科拉所言,祭祀并不是一种普遍的实践,但它极其广泛地分布在世界各地,是人与"超人"交流的典范形式。超人——如祖先和神——与人一样需要进食(祭祀也可以被视作将"超人"引来与人共餐),这意味着他们也需要暴力,如同人类为了吃必须对食物施暴一样。但我们不能将这等同于一般的礼物交换,因为人是在与级别更高的存在者交换,"这些存在者难以捉摸,他绝没有被迫回馈,如有权的人一样,他们可能仅是在要求人们的服从"[22]。

"超越主义"最突出的特征之一,是将伦理规范从由身体和身外之物表达的对超人的服从中解放出来,独立为"内心"(interiority)。斯特雷森将这种"解放"称作一场"伦理革命",并指出其最惊人的发明在于对血祭的拒斥。

以佛教为例,它给自己的定位是,它是吠陀文化的概念和规范的反转版,它决然拒斥吠陀文化的动物祭祀。因而,巴利文佛教经书把本用以指代祭祀的吠陀的字词扭曲为代指"教诲"的字词,并把祭祀无用论说成是这些"教诲"之要者。另一个例子是中亚和内亚,在那片广阔的大地上,不同的"超越主义"相互碰撞,佛教徒指责穆斯林,说他们宰杀牲畜的做法本质是血祭,而穆斯林则宣称,人祭起源于印度教庙宇。[23]

在欧亚大陆上,"超越主义"到来后,一些文明直接与

---

[22] Alan Strathern, *Unearthly Powers*, p.39.
[23] Ibid., pp.54–55.

血祭划清界限，另一些则将血祭转化为反血祭的武器。比如基督教向祭祀逻辑退让，承认其超人观念的用处，以一个超人的牺牲换取所有其他超人的消灭：基督在十字架上的受难，是其自我献祭，这一献祭的作用在于终结所有祭祀，使宗教从仪式转向信仰，从祭祀表达的外在服从转向信仰的内在生成。[24]另一个例子是儒教，与古希腊和古罗马的神话、宗教及哲学相似，这个思想系统保留着不少"内在主义"的因素，特别重视礼仪的社会作用，也没有将它与信仰的内在性对立看待，但以其总体认识姿态观之，这个"教"也有超离祭祀主义、朝向"内心"的倾向。[25]

斯特雷森认为，内在主义与超越主义在历史中有发生的先后顺序，内在主义几乎自有人开始便存在，超越主义这场"伦理革命"则是在近3000年前爆发的。二者是对反的，超越主义正是作为将心灵从内在主义"魅惑世界"中解放出来的"极端主义"力量涌现于"轴心文明"中。然而，历史自身不是这种"主义"对另一种"主义"的替代；相反，它是在两种主义的持续杂糅互动中展开。反祭祀主义确是超越主义"最惊人的发明"，但它从未彻底消灭或消化祭祀主义。

以斯特雷森的新论为路径，英国人类学似乎正绕回泰勒和史密斯借道德形而上学的思考展开的文明史求索，至于这一回归是否意味着"后本体论"时代的来临，则仍须观望。我们可以确信的是，斯特雷森在极致的超越主义宗教中

---

[24] Alan Strathern, *Unearthly Powers*, pp.55–56.
[25] Ibid.,pp.66–67.

发现的"反祭祀"倾向与德许什等在狩猎采集民族中发现的向自然中的不可见力量"还债"的行为及布洛克在世界范围内找到的普遍超越与"往返式暴力",相互之间存在差异的同时也有着相通之处:前者并不是要禁止"还债"或"施报",而是要使"债"或"报应之灵"的感受升华为对神的纯一性的高山仰止。后者并非只要"还债"或"施报",而是要通过它来表达人对物及物背后的不可见力量致以敬意。至于这里的敬意是否应当被理解为布洛克所指向的意识形态"扭曲",则是一个主观判断的问题了。

结语　朝向"畏天之心"

四十多年来,法国人类学在古典学和非洲学两个领域挺进,其祭祀研究,志在复原关联人生(特别是智识与社会生命)与宇宙的各种世界智慧。这个学派的人类学家不全是结构主义者,但得其"具体事物的科学"滋养,他们得以抵近区分和关联人神、物我的辩证法。与此同时,作为西方人类学的又一拨"钟摆者",他们有些人在这期间"摆"回了作为祭祀对象的神圣或超越,使结构主义二元论在古典学和非洲学中实现了"三元说变身"。

二元论与三元说之间的"钟摆",此前也频繁出现,其中最生动的例子,莫过于埃文斯–普理查德的思想。

埃氏是英国人类学家中的佼佼者,青年时代曾撰文批判那些想在原始民族(阿赞德人)里找到"上帝"这一类别的"教父人类学家"(他们很像那些苦心将古代中国的"天"字翻译成God［上帝］的神父兼汉学家),成为大师之后,他又著书阐明"上帝"在另一个原始民族(努尔人)文化中的真实存在。彼时选择科学二元论,此时运用文明(宗教)三元说,埃氏的人生似乎被两种不同的存在论和世界观分裂了。然而,其实也可以如此理解:无论是二元论还是三元说,都不足以充分代表他的观点,他的看法终究是一体两面的。

可以将三元说与二元论分别与"前科学"的文明和"后中世纪"的科学相联系，但有必要重申，在过去的一个半世纪里，英法人类学家虽有的选择站在这边，有的选择站在那边，但是都"命定地"兼顾了两边。

进化人类学的"钟摆"

在现代人类学中，有关祭祀的思想最初在英吉利海峡西岸的进化人类学中展开，它们附着于"源流研究"，但也隐含本质判断，相互之间存在着深刻分歧。英格兰的泰勒与苏格兰的史密斯均相信，祭祀伴随人的诞生而诞生，与人同时起源。但是，对与人类史共起始的祭祀到底因何而起的问题，二者则给出了不同答案。泰勒说，与其"理论基础"万物有灵论一样，作为"实践"的祭祀缘起于原始人的自我认识与世界认识，是"原始理性"的表现，特别是与早期思想里的人化世界观念相联系。史密斯则说，从原始文明到古代文明，祭祀均不属于理性范畴，它充满着情感，是古人感通社会的习俗，是共同体的根基。

与泰勒和史密斯都不同，有志于综合两个学术传统的弗雷泽不相信最早的人类有祭祀，他认为远古时代的人只有巫术而没有宗教，同样没有作为宗教仪式的祭祀。

与史密斯一样，弗雷泽相信祭祀的缘起与宗教共同体息息相关，但他不相信最初的人是社会性的。在他看来，最初的人尚无社会，只是孤独而有恐惧感的个体，而祭祀产生于巫术向宗教过渡的历史阶段，在这个历史阶段中，为了人与万物构成的共同体的再生，已从其中分离的"中间者"

(祭司-王)必须献出生命。祭祀与人类史上的"巫礼过渡"相伴而生，但人之初的"性"是泰勒所言的个体-功利主义，它并不会随"进化"而消失，因此，与"进化"相伴的祭祀（或者"礼"）其实带有不少原始巫术的色彩。

展现以上不同主张的《原始文化》《闪米特人的宗教演讲录》《金枝》等经典，均具有高度综合性，它们引用来自世界各地的民族志文献，将之与民俗学、古典学以及比较宗教史等学问相联系，既塑造了"原始他者"的形象，又构建了这一形象与人类学家所在文明母体之间的历史关联。

三位先贤均认为，初民处在某种"原始二元论"的思想状态中，万物有灵论、图腾论或巫术论，是"神"这个类别成为"第三元"之前的信仰和习俗的本来面目，它们的本质分别是人化世界论、神化物质论以及物我感应论。

三者也都认为，三元说是古代文明的产物（泰勒深信其中"神"这一元有原始"灵"的根基），无论是印欧文明还是闪米特文明，都是这一古代文明的一部分。在"古代文明三元说"替代"原始二元论"很久之后，经过"否定之否定"，科学二元论才得以出现。

依据启蒙运动以来的进步史观，三位先哲对人类大历史进行了三段论划分：泰勒的"低级宗教—高级宗教—科学"，史密斯的"传统宗教—积极宗教—科学"，以及弗雷泽的"巫术—宗教—科学"。他们都主张文化有共同的基础和发展规律，也都赋予文明史以"破裂"的特征。但与此同时，他们又赋予三段论以二元对立的特征：泰勒倾向于将低级宗教和高级宗教看作与科学对反的同类，弗雷泽倾向于将巫术和科学看作与宗教对反的同类（认为二者之间有一种是错误的，而另一种是正确的），史密斯倾向于承认宗教与科学的相异性，同时又主张唯有通过科学才能复原宗教的"史"的真相（此外，他认为在"科学时代"，宗教尚可作为"社会"继续发挥其感召集体情感的作用）。

三位学科奠基者都基于历史推测对文明大势做出了判断，对文明的源流之辨提出了理论解释。

有必要指出，对"史"的推测并没有妨碍三位先哲展开对"经"的问题的思考，后者涉及祭祀的本质：

到底是贯通物我的精神性还是物质性的生命力，使祭祀达成不同存在体的互动交流成为可能？

祭祀到底是有条件的（即对接受供奉者有所求）还是无条件的（即纯粹出于对神圣的尊敬）？

能否说祭祀之所以在某些社会中有突出的重要性，是因为这些社会尚未发展出抽象的伦理思想或道德形而上学？

对于第一个问题，三者给出了三种不同的解答，包括万物有灵论中的"精神普遍说"、图腾论中的"物神说"，以及巫术论中的"交感说"。至于第二个问题（即远古人类在祭祀时是否已抵达"奉献自身"的境界），三者则给出了相通的解答：从原始社会到古代文明，祭祀都涉及祭祀人的求应思想，只不过对于"求"与"应"，三者的看法有所不同——在泰勒和弗雷泽的看法中，所求与所应均为人为和为人的，而人是个人；在史密斯带有道德社会学色彩的看法中，求与应均与"宗教共同体"的集体生命相关。至于第三个问题，很显然，三位早期人类学家似乎都相信，抽象的伦理思想或道德形而上学是文明晚期历史发展的结果，学者不应以它为准绳来衡量原始和古代文化的价值。

早期现代人类学家的视野开阔，涵盖了知识、信仰、美感、德性、风俗习惯及制度诸事物。他们大胆推测这些事物的本原与流变，提出了大胆的解释。这些推测和解释固然带有其所处时代科学二元论的鲜明色彩，但其"操作"却是在更为古老的文明三元说的配合下进行的。

"钟摆"运动于二元论与三元说之间，三位前辈得以用不同方式暗示，人类史上曾发生过一场堪称"文化上的革命"的巨变。在这场"革命"爆发之前，人不会明确区分自身和广义他者（物和神），他们的生活在条件和状态上表现出极大的"混融"特征，宇宙观则具有高度的"魅惑"色彩。"革命"来临后，三种存在体的边界得到了越来越清晰的界定，神与物相继被归入人之外的领域。这场"革命"的最终结果，是区分物我、自他的自然主义宇宙观取得胜利。

倘若这场"文化上的革命"的前期成果是神的超越（即神从人与物中升华出来成为外在力量的进程），那么，这一"革命"到底会带来祭祀的"兴"还是"衰"？弗雷泽暗示的答案是"兴"（他认为祭祀是随着宗教替代巫术而产生的），而泰勒和史密斯暗示的答案似乎是"衰"。泰勒笔下的祭祀演化进程，是从供奉到祝宴再到放弃和替代，其最后阶段可以理解为对神发自内心的尊敬，这种尊敬意味着以"身外之物"祭祀的传统的式微，以及道德形而上学的兴起。此如《礼记·檀弓上》所言，"祭礼与其敬不足而礼有余也，不若礼不足而敬有余也"。史密斯笔下的同一进程，是从人神共餐向产权化和等级化的"献祭"的转变，这个转变意味着传统意义上的祭祀的式微。

对于上述"革命"，承袭启蒙进步论传统的泰勒、史密斯、弗雷泽都表示乐观其成。不过，他们也浓墨重彩地描绘了原始信仰、祭祀和巫术作为"低级""落后"的"小传统"在古典时代、中世纪乃至近世的绵续。这表明，三位先贤的确有将"作为文化科学的民族学"理解为在遥远的异域发现人的"蒙昧性"或文明的"源"的共同倾向，但与多数后世人类学家不同，他们不以在自我与他者之间设立不能跨越的藩篱为己任，因此不仅对"他者中的我者"（特别是蒙昧人中的文明之根）深感兴趣，而且对"我者中的他者"（特别是文明人中的蒙昧野蛮的习俗、制度和实践）有敏锐的观察。在他们述及诸如祭祀、"魔鬼庆典"以及巫术的"文化遗存"之处，我们甚至还能看到，某种与进步论相反的"好古幽思"实实在在地存在于取向不同的进化人类学中：无论是泰勒和弗雷泽的不同智识论解释，还是史密斯的宗教共同体解释，都含有对远古时代的知识、神话和情感的怀旧。应指出，这种"好古幽思"至今仍是西方人类学的突出特征之一。

英吉利海峡东西岸

"法国派"是在反思英国进化人类学中形成的，其祭祀理论系统具体出现在莫斯提出的用以替代英式"历史逻辑"的"社会逻辑"见解中。

在莫斯落笔书写的年代，科学与宗教继续为人们提供了两种对立的思想方法。与泰勒和弗雷泽一样，莫斯在二者之间选择了科学（他选择以祭祀为研究主题，主要是想对"宗教科学"的精密化做出自己的贡献），致力于借助其客观主义视角（这往往与物我二分的二元对立论相联系）和分析方法，反身检视文明的"自我"。但不同于泰勒和弗雷泽，他反对用创造性的转变来解释文明的"历史逻辑"，而主张用一种更富共时性特征的"社会逻辑"方法来考察这个"自我"的由来。

"法国派"在研究旨趣上更接近于苏格兰的史密斯。

史密斯试图用人类学观点拓展《圣经》的比较研究视野，而莫斯在其"学术双胞胎"于贝尔的配合下，则致力于用"宗教科学"为欧洲国族找到印欧文明母体。不同于前者，后者仅在个别地方触及犹太–基督教，并且总是欲言又止，似乎有意将此方面的思考留给自己（原因兴许是，他相信对于其著作的读者而言，无须更多解释；或者他相信，要科学地解释神学，有待对其历史地层加以更深的挖掘）。然而，生活在近代西欧，莫斯同样深知，与科学宇宙观那种将物视作纯粹非人和绝对"不仁"的看法不同，"前科学"的欧洲宗教宇宙观将世界放在超越物我的道德–精神层次之上。

莫斯继承了前人"以科学化宗教"的事业，但与泰勒和弗雷泽不同，他不相信宗教的出现是因为人对己身及其生境的认识有误。"祭祀中的神圣事物并不是构建了一个缥缈的幻象体系，它们所构成的乃是一个社会的体系，因而也是真实的体系"，在这个体系里，"神圣事物被当成了一个无穷无尽的力量之源，它们可以产生极其特殊而又变化多端的效应"[1]。所谓的"宗教"纷繁多样，但都有一致的本质，也都有持续产生的"功能"，其本质是社会（特别是祭祀中的人、物、神"互为主体"意义上的"社会"）的力量，其效应也是社会的。

"以科学化宗教"不是为了表明现代文明之来临必然意味着传统变成"文化遗存"，失去其存在的现实理由；它意在指出，近代自然主义宇宙观为学者对事物进行分类和联想提供了清晰的范畴，这有助于知识的精密化，但其在理念上的伸张却是有限度和危险的，而这一限度和危险，可以在古老的仪式和宇宙观反照下得到鉴知。

在莫斯看来，科学赋予人认识能力，但它若是真正的科学，那它所提供的术语体系、分类和解释方法——这些正是《献祭的性质与功能》旨在构建的——便应继续作为一种社会力量存在。它能使人认识到，还没有像犹太-基督教那样将道德-精神存在体分离于物我之外的古老文明，是"高级宗教"的基础，它们也从来不缺"社会逻辑"。倘若我们无法把握这些仪式和宇宙观的逻辑，我们也将无法理解包括科学在内的现代文明的实质，更无法对所在文明有真正的自知之明。

这个将"通古今之变"的使命与知识上的"克己复礼"紧密联系起来的主张，也为英国进化人类学派所坚持。然而，莫斯指出，"海峡西岸"的英国学者运用的是原始主义的思想方法，这种方法的基础是文明的原始幻象，这种幻象

---

[1] 莫斯、于贝尔：《巫术的一般理论》，14页。

将研究者所在的文明追溯到进化的起始点,由此构建出历史的时间谱系,这不仅严重缺乏事实依据,而且有碍于我们抵近那个超越历史时间的"心"的境界。

对莫斯而言,文明在"我们"(欧洲人)身边,它的由来之地近在咫尺,就在"旧大陆"上吠陀时代的印度人,以及上古时期的希腊人、罗马人和闪米特人分布的地带。与原始的"绝对他者"不同,这些人群是"相对他者",如同"祖先"这个概念所意味的那样,他们不是"我",却是给予"我"生命的先辈。"祖先"的生活和思想不可能与"我们的文明"无别,但自有其理由。在诸多理由中,最主要的莫过于同时满足集体和个人之"需要"的社会理由。作为"祖先"的后辈,"我们"在一个不同的世界生活和思想。在现代性的律令下,"我们"采取了一种将自然割裂于人之外的自然主义宇宙观,将"社会"圈定在人间。而返回"过去"可以发现,这种物我截然二分、缺乏"第三元"的宇宙观,扭曲了"社会"的原意,使其局限于人间,所以是危险的。

莫斯在《献祭的性质与功能》中重建的"魔法圈",是一个"广义人文关系"的舞台。在这个舞台上,二元论让位于三元说,人、物、神相互参与和互动,其活动和关系由流动于其间的神圣力量推动,其"表演"的本质内容,是角色的互换、转化和还原。

有了几代社会学家和人类学家的反思在前,我们在其出版一百多年后的今天重读这部旧著,无疑能知道它的缺憾。然而,重走经典学说提出者的心路历程,让我们得以进入一种"旧思想"的内部,领略它的教诲,从而认识到,我们的时代并不比莫斯的时代缺少对"魔法圈"的需要，也没有摆脱他那个时代的困局（我们甚至变本加厉地赋予了这个困局更多力量）。因此，我们可以在这个"魔法圈"展现的人、物（包括自然之物与人为之物）、神关系宇宙论中再次得到教导，找到反观二元论宇宙观的思想方法。

莫斯的"社会逻辑"理念对英法人类学影响极其深远，但20世纪上半叶直接或间接受惠于《献祭的性质与功能》的学者，并没有把此著作中的学说当成"真理"，他们深知所有学说都并非真理，因而都需要修正的主张，从不同角度对莫斯的学说提出了不同见解。

首先当然是涂尔干的"图腾社会学转化版"，这个版本有其两面性，它一面将《献祭的性质与功能》中的圣俗交流理论升级为由供神与"集体欢腾"构成的仪式二环节说，另一面则将从澳大利亚土著民族志中得来的图腾论化约为物－神与社会对应的社会构成说。后一面有别于莫斯和于贝尔的三元说，它比后者更接近大不列颠的原始主义，且含有后发的结构主义"人文科学"的因素；前一面则像是对莫斯"祭祀契约"之说的进一步阐明，在这一点上比莫斯的理论更接近苏格兰思想中的图腾主义主张。

其次是葛兰言在《古代中国的节庆与歌谣》中从华夏世界的古代节庆引申出来的解释。葛氏的解释并没有直接与《献祭的性质与功能》或《宗教生活的基本形式》对话，但两相比较可以发现，它们之间存在着微妙的关系。葛兰言思想的文明母体既不是印欧文明或闪米特文明，也不是"图腾民族"——美洲印第安人和澳大利亚土著——的文明，而是东方的华夏文明。葛兰言认为，华夏世界有其独特的文明系统，在这个世界里生活的古代人，采取"人中心"而非"神中心"或"物中心"的观点看世界。在华夏世界中，"神圣"固然也存在，特别是会在祭祀礼仪中显现，但它并不是本原性的，其"原版"是"食色"之性，含有某种古老的自然"情感"和"生命力"思想。这些"情感"和"生命力"思想固然也存在于其他文明中，但它们在华夏文明中的存在却别有风格。在低级层次上，这种"情感"和思想将人的生命和自然与其他社会共同体给予的"礼物"（食物与女性）相联系，认为"食"意味着接受自然的"礼物"，"色"意味着同性别对反的他者合一，二者的宇宙论表达是阴阳理论。在"封建"晚期，一些明显带有神圣色彩的祭祀空间出现了，但它们是以山水圣地的身份来临的，而这些正是早期社会共同体在与天地和他者的"互惠"中获得生命力的"中间地带"。

比较葛兰言与其同龄人马林诺夫斯基的相关论著，可以看出后者也有某种"食色"观。不同的是，马氏将"食色"分开论述，把"色"看成个人的心理现象，把"食"看成满足生理与社会心理需要的过程，而不像葛兰言那样重视在文明的思想深层思考物与他人对于人之生命延续的关键价值。在论及祭祀时，马氏时而强调人通过节庆"支配食物"的一面，时而强调原始人对于万物有"虔诚态度"。

为了批驳史密斯和涂尔干的社会学，马氏将原始人的民族志研究视作人类学最重要的事业，相信有关原始人的"第一手材料"能使研究者达致对普遍性的把握。这颇似在

"反扑"法国派对英国人类学的原始主义进行的批判,但它还有别的旨趣,它旨在表明,我们还很难说从欧亚大陆诸文明中引申出来的概念范畴对人类学到底有何重要价值,"文化的科学"需要来自初民社会的证据。

拉德克里夫-布朗在马氏之后充任英国人类学的"掌门人",他谙熟社会学年鉴派,可谓是最早把英国人类学带上社会学化道路的大师,但他也在著述中透露了对莫斯和涂尔干的"神圣论"的不满,而致力于创建比马氏的民族志视野开阔得多的"比较社会学"。他不否认,畅想这门"社会的科学",对于包括印欧和闪米特在内的文明都有启迪,但他极力主张,要使这门科学具有普遍适用性和价值,就要将其视野拓展到包括一切文明的疆土上。在世界诸文明中,古希腊与华夏文明系对人类学研究者特别有启发,因为它们几乎是原始宇宙观和社会形态的"升华版",对人类学的理论概括有很高的价值。

从19世纪70年代初到20世纪40年代末,英法人类学家共同把人类学归为科学,但他们处理科学与文明母体之间关系的办法有所不同。从泰勒和史密斯那代人起,有的人类学家倾向于将文明母体放在进化科学的时空系统中加以定位,而有的则倾向于据文明母体来推测其"史前史"。莫斯所做的是另一类工作,他直接用文明母体来制作"一般图式"。出于科学的要求,许多"功能主义者"放弃了莫斯的"文明主义"(其大部分内容是印欧式的),他们有的以"他者文明"为知识求索的出发点(如涂尔干和葛兰言),有的致力于返回"原始"去寻求根基理论(如马林诺夫斯基),

有的则将广泛比较视作思想的源泉（如布朗），而他们都深信自己所做的是严格意义上的科学。

为了凸显科学的地位，文明母体往往被隐去，结果是马林诺夫斯基和布朗双双退回了二元论：在马氏那里，祭祀被视作与弗雷泽界定的巫术相似，其现实作用在于处理人与令他们萌生不确定感的自然之间的关系；在布朗那里，祭祀成了宇宙这一系列的秩序与社会这另一系列的秩序之间的平行对应机制，令人不禁想起涂尔干的图腾社会学和葛兰言笔下的关联宇宙论。

文化翻译与结构主义

1950年，埃文斯-普理查德在一次纪念讲座上宣称，人类学家所做的工作，本质是用研究者自己的概念范畴和价值观对其在异域的"发现"进行"文化翻译"。埃文斯-普理查德曾师从许多前辈人类学家，包括马林诺夫斯基和布朗，对各派意见都了然于心，也善于将之运用于田野工作。通过将人类学重新定义为"文化翻译"，他意在表明，人类学的论述常常以科学的面目出现，但这门所谓的"科学"也是用人类学家的"母语"来说的，即使他们会把这一"母语"伪装成"超语言的语言"，它仍旧是特殊的、局部的、地方性的。既然"母语"无法回避，那么，人类学家与自居为俯瞰一切特殊性的观察者，毋宁主动运用自身文明的特殊性来展开跨文化研究。为此，他们应将自身重新定位为差异的转述者、人文学者或艺术家，与"事实"或"真理"的代言者身份保持距离。[2]

尽管埃文斯-普理查德的部落论明显有别于莫斯的文明论，但在仪式的释义上，他与这位英吉利海峡对岸的法兰西前辈有不少共鸣。他对莫斯思想情有独钟，欣赏这位前辈从印欧和闪米特文明出发对祭祀所做的"社会逻辑"推衍，亲自安排了对《献祭的性质与功能》的英文全译，还以《旧约》为"母语"对一个非洲社会中的祭祀展开了实验性的"翻译"。

埃文斯-普理查德表明，努尔人这个非洲民族与他自己的欧洲先辈们一样，将世界看成由神明创造的。他们认为上下两界之间充满精灵，在神明之下有人与物，其分类既明晰又含有模糊性，沟通不同存在者的则既有象征又有仪典，而所有这些都表达了人对神明的依赖。这些相似性使他的"文化翻译"成为可能，但"文化翻译"并不止于发现相似性，它还会自然地带给研究者对差异的认识（比如，努尔人的"罪"并不指犹太-基督教中发乎人的内在性的那种"罪"）。

埃氏"文化翻译说"有两个要点：其一，作为替代"科学"的"翻译"主张，它是对西学"他者认识"的普遍主义自负的批判，是一种真挚的跨文化研究构想；其二，作为朝向神学与人类学之结合的主张，其理想在于实现"他者

---

[2] 埃文斯-普理查德的"文化翻译说"与哲学家维特根斯坦（Ludwig Wittgenstein, 1889—1951）20世纪30年代起陆续从弗雷泽智识论"历史推测"中引申出来的"仪式-神话-语言说"有诸多相似之处。Lars Albinus, Josef Rothhaupt and Aidan Seery eds., *Wittgenstein's Remarks on Frazer*, Berlin: De Gruyter, 2016.

认识"与"我者认识"、原始研究与文明研究的互惠。

具体到祭祀,就是把仪式中的人-神关系媒介——牲品——解释为一种替代品。埃文斯-普理查德称,努尔人认为牲品本是牛,所以他们即使用山羊来祭祀,也要称为牛,在没有牛的时候,甚至会用野黄瓜来替代。而牛也不完全是牛,它可以是人,或者说人的替代品;祭祀就是送给神礼物,不过所送的礼物不完全是物,而是人自己的一部分。努尔人的祭祀含有某种象征逻辑:祭祀情景中的物之所指,超出了物种边界,跨越了此物与彼物之间的界限。这种逻辑之所以可能,是因为努尔人相信世界中的一些存在者是神的"折射",另一些——物与人——则是神创的。仪式的要义在于以内心的虔诚通神,因为努尔人只有在祭祀时才宰杀牲畜,也会谴责那些为了大吃大喝而献祭的人缺乏虔诚之心。[3]

埃文斯-普理查德笔下内心虔诚的努尔人,令其他非洲学家感到疑惑。有同行称,他们在非洲看到的情况与此不同:在非洲人看来,如果没有献祭实质性的牺牲,光是内心虔诚并不足以表达人对神或祖先的崇敬。

埃氏的确在"象征"这条路上走得太远了,但他考虑的不一定是"象征"本身,他对祭祀加以解释时想强调的,是祭祀者将自己的存在与神明的存在关联看待的"心理"。这种依赖性令人不禁想起葛兰言笔下的华夏节庆,后者早已表明,这是人对自然世界和他性之依赖的表现。不同的是,对努尔人而言,依赖主要出自人的自我道德状况的缺失;而

---

[3] Edward Evans-Pritchard, *Nuer Religion*, p.163.

对华夏人而言，它主要表现为"食色"生命力的非自足性。

埃文斯-普理查德指出，社会学年鉴派的解释是对英国古典进化人类学"原始宗教理论"其中一种解释（史密斯的解释）的反思性继承。为了"破旧立新"，年鉴派有选择地对另一种解释（泰勒的解释）进行了"否证"，但其事业既难以与其批判对象（泰勒的智识论）的思想遗产隔断关系，又实难阻碍另一种思想（弗雷泽的巫术论）以新的面孔（如结构人类学的"野性思维"理论）重返学界。

埃氏所言甚是，在《努尔宗教》出版后不久，英吉利海峡东岸的法兰西养育出了一种与之对反的学术。这一学术的主要引领人是列维-斯特劳斯，他对欧亚大陆诸文明早已失望。在比《努尔宗教》早一年出版的《忧郁的热带》中，列维-斯特劳斯表明，有史以来的东西方文明和介于两者之间的那些形态，似乎都陷在某种"自恋"中不能自拔。其结果是都不能保持包容他者的心境，它们不是演变成以生命的空无化为己任的信仰，便是演变成在表面的情谊表演中将他者排除在外的体制。从其共同导致的总的结局看，诸文明又都把人的心灵推离他们的自然母亲，甚至使其发明创造所起的作用总是与破坏人安身立命的根基相关。列维-斯特劳斯对文明极其失望，甚至彻底不提他的思想导师葛兰言在学术上与欧亚文明的关联。这样一个对文明避之唯恐不及的人类学家，必定会反对埃文斯-普理查德借助自身文明母体的一部分（《旧约》）对黑非洲展开的"文化翻译"。

列维-斯特劳斯自己讲述的神话，满是穿越在社会的内外、上下、天地各界的"英雄"，他们必须征战，但征战却不是"战争"一词所指的那些事,而大多与"英雄"在天地各界物种间的"变身"有关。列氏倾向于用通婚的横向关系和"穿越"的纵向关系来解释这些人物"变身"的纵向行为,但他讲的故事并非与埃文斯-普理查德在《努尔宗教》中讲的神、物、人的故事完全无关——起码这些神话"人物"与努尔人"精灵"的"多物种性"相通。

然而,他相信科学才是人类学的出路,因而未曾努力从"精灵"等事物中找到符合其所追寻的"野性思维"的类别,更未曾努力理解神-人-物"三联体"中的"神"除了"幻象"之外还能有什么别的"身份"。对他而言,祭祀是一种由子虚乌有的"类"推动的活动,对那些真正想在"野性"中追寻人文科学之根的学者而言,其研究价值极其可疑。要使祭祀研究对科学认识有用,先要把那个子虚乌有的"类"还原到实在的"类"中,而这些实在的"类",必定属于朴素的物物关系与人人关系范畴。[4]

作为结构主义导师,列维-斯特劳斯对"源流研究"深恶痛绝,但吊诡的是,他也深有对"源流"的关切。比如,当他说祭祀不是"原生性制度"时,他便是在说祭祀背后有"更古老的原生性制度"(比如"图腾制"一词指向的神话思维),这使我们想起弗雷泽,正是弗雷泽最早怀疑祭祀的"原生性"。

在其作品中,弗雷泽对习俗和信仰加以浓墨重彩的描绘和大胆的历史推测;与其不同,追求人文科学的列维-斯特

---

[4] 列维-斯特劳斯:《野性的思维》,254—255页。

劳斯,把几乎所有心思都放在与思想方式相关的事项上,他谨小慎微,对历史推论敬而远之。人类学史上两位著述最丰的大师之间存在着这样或那样的鲜明差异,但在有关祭祀是否普遍存在这个问题上,两者的看法却何其相似:他们都认为,对最初的人而言,祭祀及与之相随的观念即便不是子虚乌有,也不具有根本的重要性。在弗雷泽看来,宇宙对最初的人来说变化莫测,令人好奇,也令人惊恐,而在认识和感受自然的过程中,人们形成了既与科学同类又非科学的"错误认识"。人原本并没有宗教(只有当人已达至"道德境界",宗教方得以产生),也没有作为宗教之一部分的祭祀,而仅有巫术这种源于"认识失误"的实践。在列维-斯特劳斯看来,原始人或石器时代的人,生活在自我与一个有活力的广阔宇宙之间,其认识、感觉和情感都与这个宇宙(自然)相关。对最初的人来说,宇宙固然变化莫测,但并不令人惊恐,它是个纹理清晰的世界,人们受宇宙的"外在自然"启迪引申出对自我的认识,通过心灵的作用构想物我相关的"他者的认同"(即人通过心灵认同于自然之物)。原始人到底是否有做巫术、办仪式的习惯,这个问题不那么重要,对原始人而言,最重要的是思想。思想——或"野性的思维"——不能用"信仰"来理解,其与祭祀更是存在着鲜明差异:思想是整体的、逻辑的,而祭祀则是"化整为零"的、反逻辑的。

提到弗雷泽时,列维-斯特劳斯总带着讥讽的口吻,但在一个根本点上,他显然与弗雷泽没有分歧:他也主张将原始文化与科学相比较,反对将它视作宗教的前身,坚定地站在那些相信所有社会都存在宗教的前辈人类学家和宗教学家的对立面。

列维-斯特劳斯的态度,也与莫斯和写作《努尔宗教》时的埃文斯-普理查德存在可比之处。与这一脉络上的前人一样,他批评泰勒、史密斯、古朗士等人,说他们不该在原始文化中寻找宗教的"低级前身"。不过,与他们不同,他对印欧文明不抱希望,甚至对这些文明忧心忡忡。他从旧大陆转身,一路向南,在远离莫斯的"古式社会"(欧亚大陆)之处,踏上他的心游之旅。他在新大陆摸索"遥远的目光",将这种"目光"与他从《野性的思维》和《神话学》中挖掘出的二元对立式"具体事物的逻辑"等同看待。关于祭祀,列维-斯特劳斯闪烁其词,从《野性的思维》论及祭祀的那短短几页可以看出,他的"反祭祀"是与"反图腾"搭配的,这表达了他对既往人类学以文明推知野蛮的做法的不满,透露了他对藏在祭祀、图腾等习俗和信仰背后的物我、自他关系之认识的重视。

认为世间只有物我两类真实存在者的看法,正是科学所依据的自然主义二元论的主张,列维-斯特劳斯与弗雷泽一样,对此从不讳言。正是在二元论的立场上,他对既有人类学祭祀解释中的三元说保持着警惕,并深信这种易于将学术导向信仰的宇宙观是应当遭到否弃的。

以语言的区分与关联辩证法代替涂尔干以来在英法人类学中占支配地位的"宗教",列维-斯特劳斯将人类学推回其自然主义状态,他不断重申,他的思想来自"野性的思维",他所要创造的,是重视物我"同态关系"研究的结构人类学。列维-斯特劳斯选择科学、规避自身文明母体[5]的做法有些绝对,当被用来反驳莫斯和涂尔干的"宗教社会学"和埃文斯-普理查德的"宗教人类学"时,它甚至有些过火,但其对英法人类学中的三元说的警惕,却不是毫无根据的。

埃文斯-普理查德用与信仰共情的态度展开跨文化研究,有其可以理解的关切。到其观点形成之时,欧洲绝对主义国家已发动了两次世界大战。从两次世界大战的教训可以引申出两点认识:其一,科学解放思想的作用已让位于以技术的反复运用来服务于暴力;其二,起码在"后中世纪"时代的欧洲,相较于那些越来越接近宗教迫害机构的绝对主义国家,宗教越来越像是自然生发的社会秩序的来源,其"功能"越来越接近努尔人的"无政府有秩序状态"。埃文斯-普理查德背向科学、面向宗教,重新构想人类学,恐与其对这两点认识的共鸣有关,这是可以理解的。然而,他兴许尚未意识到,在他指出的方向上走得太远,也可能引来危险,其中一个是19世纪的文明自我中心主义或"认识帝国主义"的复兴。在其有生之年,埃文斯-普理查德似乎没有遭遇这一问题,但在其身后,这一问题却实实在在地出现了。

---

[5] 涂尔干曾言:"科学会很好地去解释信仰,但是这种做法就是以信仰为前提的。"(《宗教生活的基本形式》,566页)列维-斯特劳斯不赞同此说,作为20世纪中后期少有的科学-宗教对立论者,他倾向于将科学思维与原始神话思维结成一对,使之与宗教对反。

从仪式到"畏天之心"

进化人类学的万物有灵论、图腾论、巫术/感应论,大意都像晚商之前没有"示"这个部首的"祭"字。在这些解释中,祭祀的本质是在从未有"示"(指向"神")的初民心灵中找到的。不是说初民无神,只是说,在其观念中,神这一类是内在于"手"指向的人或者"肉"指向的物的。

法国社会学年鉴派从英式原始主义转身而出,在古代文明里找到了与有了"示"这个部首的"祭"字相应的范型。对其领导人之一莫斯而言,既然"祭"没有"示"这个偏旁也同样关乎神(也就是说在初民心中,神要么在人中,要么在物中),那么对其意义的更好说明,便应是离"我们"较近的"古代文明三元说"了。

20世纪初至20世纪40年代,这一有"神中心论"色彩的主张部分被涂尔干、葛兰言、马林诺夫斯基、拉德克里夫-布朗搁置。但从20世纪50年代起,有"示"的"祭"之形象返回了学术舞台,成为非洲学、神学、古典学等"区域化"人类学的方向,在格雷奥勒、埃文斯-普理查德、特纳、米道尔顿、鲍狄伦、韦尔南、戴地安、德许什、布洛克等"经验人类学家"及基拉尔之类的"哲学人类学家"中成为范畴和尺度。

"祭"字含有的人、物、神三类存在者的意象,每个都内涵丰富,不同社会共同体对于其各自身份和相互关系也给予了不同的界定,而比较这些界定可以发现,那种将人与物或神截然分开的界定是最不普遍的。学者们虽能在远古时代和遥远异乡中找到自然-文化对立论的"原始迹象",但整体观之,此论所代表的世界观仅有数百年的历史,直到当下,它作为"正统"其实也并未真的实现"思想大一统",人的现实生活中尚存在着各种非自然主义"小传统",在这些"小传统"中,人与非人的绝对二分是非主导性的,人往往被界定为"容有他者"——物或神——的关系体。

人之本体如是,物或神的存在亦如是。汉字"祭"的"示"部最初所指到底是"神圣"还是广泛的"非人间力量"?即使是在"神圣"概念担纲着文明使命的西方,这个字的对应物之所指,同样模糊难辨,它可以是"生命力"(意思有些像汉字中的"气")、"抽象的精神存在"、"德",还可以是"死亡"、"不洁"、"危险"和"不可见的存在"。

正因"神圣"概念如此多义,我们才在进化人类学以及包括社会学年鉴派学说在内的各种功能论和神话学中,看到它的不同含义此消彼长:从对祭祀的礼物和圣餐解释到道德形而上学解释,从圣餐解释到圣俗二元关系论,从"食色"生命论到宇宙-社会对应论,从宇宙-社会对应论到"解罪"说,从"解罪"说到图腾式物我"同态关系论",从物我"同态关系论"到人神区分关联辩证法,再到生活与超越的内外分界与跨越……应特别注意的是,所谓的"神",在努尔人中除了指"至上神"之外,还指各种"精灵",在许多其他非洲社会中,则指与活人有亲属制度连续性的祖先、人鬼,以及分布在不同层级的天地境界中的"力量"(例如,在多贡人中它除了指至上创世者,还指级别不同的创世"种子")。

在出现于祭祀中的人、物、神三类存在者中,物之类似乎比较易于界定:作为"流血的肉",它在大多数情况下指向动物牺牲,特别是被不同社群驯化了的牲畜。然而,它同样是多义的。比如,汉字中的"礼"字表明,祭品既可以是"流血的肉",也可以是玉以及其他有象征意义的物,甚至也可以包括盛祭品的器物(这类器物在古人那里也有"示"的意思)。又比如,一方面,动物的确是祭祀的核心物,用布洛克的话说,它代人给出"内源生命力",接着带回超越——神、祖先或自然——报以人的"外来生命力",它既可替代作为神之"猎物"的人去牺牲,也可承载"物力"返回人间,使人成为有力量"征服"或"消耗"其他物种和性别的"猎人"[6];另一方面,如不同人类学家在不同区位发现的,祭祀对牺牲之物的处理方法和目的各式各样——有些社群(如东非努尔人)重视在祭杀之前运用涂绘仪式赋予动物牺牲更多"人性",有些社群(如摩洛哥的穆斯林)重视动物牺牲的宰杀环节,其仪式突出了"流血的肉"的暴力象征[7],有些社群(如菲律宾布依德人)淡化动物的祭杀环节,突出烹煮的肉为人与精灵的共享与互惠提供的服务。[8]

此外,若说"祭"是人对神与物的世界示敬的行为,

---

[6] Maurice Bloch, *Prey into Hunter: The Politics of Religious Experience*, Cambridge: Cambridge University Press, 1992.

[7] M. E. Combs-Schilling, *Sacred Performance*, New York: Columbia University Press, 1989.

[8] Thomas Gibson, *Sacrifice and Sharing in the Philippine Highlands*, London: Athlone, 1986.

那么到底是实质性的"礼物"(带血的肉)还是非实质性的"心语"(无声的祈祷)更能表达"敬"?人们到底是因为心中有了"示"字所指向的那个与人和物都分开了的"类",才更多地进行祭祀,还是因为依旧对这个"类"抱有模糊的想象,才如此沉迷于"礼"?或者说,到底是因"示"有了超越性,还是因它仍旧内在于人和物中,祭祀之"礼"才有了重要价值?

问题涉及物和心的价值、智识的文野之别、超越的普遍性等,人类学家围绕这些方面分化成"派系",以不同方式言说或暗示各自的价值判断。他们有的倾向于在初民祭祀活动中寻找道德的非形而上学形式,有的倾向于把初民当成未有神之幻象的"反祭祀者",有的倾向于在具有高度"道德境界"的文明人中寻找克服祭祀暴力的方法和价值,其阵营之分似乎与学者对所谓"文明"的不同价值判断有关。也因此,在人类学史上,赞颂祭祀的"光明面"者有之,渲染其"阴暗面"者亦有之。

与对初民"共情"的人类学家和社会学家(史密斯、莫斯、涂尔干以及其后许多人类学家前赴后继,将祭祀解释为人、物、神共生–共享关系的体现)不同,从弗雷泽到列维–斯特劳斯,一条将祭祀与"高级文明"相联系的路线得以显现。在这条路线上,文明与不平等和"意识形态扭曲"相关,被认定与之相伴而生的祭祀,也必然被认定与幻象对人心的支配有关。

对于在这条路线上求索的学者们,相比于"高级宗教",初民文化(时常也包括了其他非西方文化)与自然主义二元论更接近,这一文化既是"科学"发生的原始基础,又比"黑暗的中世纪"更富"人情味"。

与这条路线相反的路线也存在,基拉尔的路线便是一例。

基拉尔对人类学、古典学、神学、哲学等学科的相关成果进行综合,认为在人类历史中,祭祀既表现人的暴力本性,又为克服这一本性提供了办法,它的未来是自身的消亡,以及代之而起的司法文明和宗教文明的兴起,而这一"文明进程"早在西方的古典文明时期便已启动。

基拉尔以西方古典文明(而非科学)为出发点,以作为替罪羊的基督为轴心演绎其他神话,推测祭祀的历史与本质。他的学问似乎与埃文斯-普理查德及其追随者并无二致,但二者在理念上的共通之处却极其有限。《努尔宗教》及1978年鲍狄伦和福忒思合编的人类学与神学论文集《祭祀》,旨在跨越文明边界求索文化之异同,其所追求的是学理。基拉尔的论著貌似也跨出了西方文明的边界,达致了某种"普遍认识",但其旨趣却显然不是学理性的。对基拉尔而言,在民族志提供的历史底层挖出人性的本相,再从其叠加在底层上的"文明层"找到克服人性弱点的机制,才是有价值的学术。他关切的是"应然"而非"实然"。

遗憾的是,这样的"哲学人类学"其实并不构成普遍原理,它不包容原始和东方思想,而仅指向古希腊-罗马及犹太-基督教的"反祭祀"政治、司法及宗教系统——基拉尔认定,只有这些才是文明现代性的来源。

当然,在两条对立路线之外,还有一些没那么绝对的道路。例如，韦尔南、戴地安与他们的古希腊学同道者，便为我们找到了另一种可能：城邦祭祀与非城邦的"反祭祀"都是祭祀。一个旨在使人有别于神，并使二者相互沟通以创造人的生活；另一个要么是以素食来通神的"神秘主义者"所为，要么是企图通过生食返回"野性"的狄奥尼索斯教徒所为。二者"你中有我，我中有你"，共同创造了古希腊文化。

受古希腊文化"多元一体格局"的启发，德许什在非洲学领域发现，要理解汤加人、卢旺达人、多贡人这些有系统的祭祀实践和"神学"的民族的祭祀，深入这些民族处理人、物、神之关系的"智慧"内部固然是必要而有效的，但若要充分解释他们的祭祀，就必须研究乐乐人那样的并不明显存在祭祀制度的民族，特别是必须研究这类民族通过"自愿来的动物"（它们被认为既是自然中"不可见力量"的化身，又是人自身）处理人人与物我之关系的办法。在德许什看来，这类"自愿来的动物"与弗雷泽笔下的"为社会献祭"的圣王属于一类，两者都是介于人间与非人间的存在者，其角色既是社会性的又是宇宙性的。

同样地，布洛克在比较和综合世界各地仪式的程式中表明，含有祭祀逻辑的仪式有很多，除了学者们在努尔人、丁卡人这些非洲民族中观察到的牛的献祭，以及在古典文献中读到的古印度和古闪米特人祭祀，还有成年礼、婚礼、丧礼等其他仪式。这些难以用"祭祀"来概括的其他仪式，有着与祭祀一样的"往返式暴力"象征结构，同样是在生命力的施报中获得社会意义的。即使是那些明显在反抗"礼仪秩序"中形成的千禧年运动,其"反祭祀"特征亦可通过"祭祀"的"往返式暴力"——特别是其"有往无返"的程式转化——来呈现。

21世纪到来后,围绕到底是单列了神这一类的民族才有祭祀,还是没有这类意象的民族同样有祭祀这一问题,德斯科拉与斯特雷森展开了对反的论述。前者认为,那些不慎抛弃了万物有灵论和图腾"本体论"的文明社会失去了贯通物我的方法,于是若有所失,试图通过祭祀与"外在超越"沟通,以弥补缺失。后者认为,情形正相反,那些把神这一元推到远离人间的非人间高处的社会,得到了"完美的神",这些"完美的神"无须进食便可永生,也不需要祭祀来确认自己的神性,于是祭祀便被"祛魅"了。

假如德斯科拉与斯特雷森直面对方,二者之间的争论便将是已沉寂的结构主义与"神学/宗教人类学"争鸣的新版本,其对立之所以可能,正是因为双方都没有认识到祭祀与"反祭祀"是可以相互转化的。

"礼"与"非礼"是孪生的。有些人类学家认为初民因没有区分出神这一元、没有烦琐的敬神科仪而更质朴,而有些则误以为唯有生活在"轴心文明"中的人群方懂得以质朴、非祭祀的办法克服"小人同而不和"的人性,这都是因为他们没有充分认识到"礼"与"非礼"、圣与俗的共生性,以及与之相关的人类"命定的"广义人文关系性。

西方人类学家的心灵长期在自然主义二元论与作为古代文明遗产的三元说之间摇摆,作为不同时代的局内人,他们在激烈的思想斗争中提出各种解释。带着广义人文关系这副"有色眼镜"回望过去,我们看到,正是其心灵"钟摆"运动的两端合成了"祭"字的交响,而正是这一交响——而非作为其声部的对应性关系——才构成人、物、神三维系统的音声。

事实表明,二元与三元历来可以相互转化,在自然主义二元论占支配地位的时代,这一转化仍在进行,曾被前辈学者划归为过去的观念和实践,其实有着出人意料的强大绵续力。

相比于万物有灵论、图腾论、巫术论及各种宗教"大小传统"的文化持有者,彻底的自然主义者确实可以是不做祭祀、不相信祭祀有任何效力的人。但即使是他们,也并不生活在真空中,为了生活,他们不能只依赖自己,而也要依赖他人(特别是供给其生育所需的"异性联盟")和"它者"(特别是他们的食物),而命定的物我、自他关联也往往使他们为还其所欠的生命之债而"牺牲自己"("牺牲自己"正是祭祀的最高形式)。此外,即使坚信"它者"是纯物质性的,他们也不能改变这一事实:人生活于其中的世界仍旧是我们的生境,与我们共存于其中的生灵仍旧是充满活力的(所谓"无机物"亦如是);这些"活力"固然主要是生命力及其来源,但也可以被理解为"灵",而无论如何,它们仍旧既有令人向往的"不可见性",又有令人生疑乃至恐惧的"实在性",其双重性宛若"神圣"或"超越"一词所指。

对"不可见"以及虚实之间的"神圣"或"超越"的敬畏,就是"畏天之心"。

这种"心"到底是由人在"食色"两方面对物和他人

的依赖引发的,是人在大地母亲和苍穹面前自然流露的渺小感,是人对自己的生命欠着世界的"债"的惦念,还是由唯有生命礼赞方能换得新生这一"残酷事实"导致的惧怕?一个多世纪以来,人类学家对此提出了不同解释。他们中有不少人将精力集中于社会意象的解析上,但大多数人也一直关注"如其所是的物理事实之社会影响",以及社会"在自然中应对自然的方式"[9],因而并没有将非人文的物理事实与他们重点研究的人文的社会事实对立看待,其中的佼佼者甚至达致了自然与人文的融通,坚信"物理学家以其方式所描述的世界,与我们远古祖先所构想的超自然世界几乎是对等的"[10]。

人类中心主义曾使不少人类学家忘却人是在非人的世界中生活的,但即使是这些人,也并没有否认:无论"畏天之心"的基础何在,它至今仍在。

也许如弗雷泽所言,把人带进"后中世纪"时代的科学,找到了"通向宇宙万象迷宫的线索、打开自然知识宝库的金钥匙"[11],构成了照亮宇宙的知识之光,然而弗雷泽同样承认,它的作用难免是两面的:科学的"世界",终究是"我们这个地球像一颗微尘或尘埃似的浮游其间的宇宙"(《金枝》,1091页),这意象瓦解了天空和群星的神话,增

---

[9] Ernest Gellner, *The Concept of Kinship and Other Essays on Anthropological Method and Explanation*, Oxford: Basical Blackwell, 1987, p.201.
[10] 列维-斯特劳斯:《我们都是食人族》,廖惠瑛译,上海:上海人民出版社,2016,120页。
[11] 弗雷泽:《金枝:巫术与宗教之研究》(下册),1090页。

进了人对宇宙之空虚、幽暗、深邃的感受以及对自身栖居地之渺小的认知,证明了人是难以计数的生灵的一分子。运用越来越优化的"显微"器具,人越来越多地洞察了宇宙和我们的"内里"的细枝末节,越来越清楚地知道,这些像粒子或原子那样无限小的范畴,既无处不在又形同虚设,它们漫流于物我之间,使个人的生命与宇宙一样"自然"。我们用"显微"器具照亮了我们的"内里",同时也增进了对这种"自然"之空虚、幽暗、深邃的"自知之明"。吊诡中,我们意识到,"科学的概括,或者用一般的说法,自然的法则,只是一些假设,用来说明'世界'和'宇宙'的现象"(《金枝》,1090页),而人所积累的知识,比起在无限大与无限小之间伸缩的空虚、幽暗、深邃的"自然",不过是一丝烛光。

"即使科学能够表达生活,它也不能创造生活。"[12] 同理,即使科学能够表达"畏天之心",它也不能减少人的"畏天之心",相反,它的"非人间性"潜存着强化"畏天之心"的可能。

弗雷泽早已在结束其于《金枝》中的"心游"时,对这种可能予以如下形容:

> 许多更明亮的星星将在我们未来的航行者、思想领域的尤利西斯的头上出现,而不像对我们这样只是远远地照耀着,有一天巫术的梦想将成为科学清醒的现实,然而这一美好前景的最前端却横着一道阴影。

---

[12] 涂尔干:《宗教生活的基本形式》,566页。

> 无论将来会给人类准备着增加多少知识和力量,人类也不能制止那些伟大力量的扫荡……在未来若干世纪后,人可能能够预告甚至控制风云的变幻,但是他的纤弱的双手仍将无力加快天体在其轨道中缓慢下来的运行速度、也不能重新燃起太阳快要熄灭的火焰。(《金枝》,1091页)

弗雷泽深信人类未来的进步同科学的盛衰密切相关,他在意识到科学与当代人的"宇宙幽暗感"存在密切关联的同时,坚信知识力量的增添将有助于人战胜"它者"。这是一种富有时代性的"天人相胜"态度,是对近代人类中心主义和功利主义的表达,如前所述,它并不缺乏"畏天之心"(它使人再次感到"天命无常"),但它的使命确实是"揭露那些粗糙的古老文化的遗留物"[13]的错误,其社会心理作用是使人成为歧视旧式"畏天之心"的智识进步主义者,从而更加坚信,"有关地球和太阳之类的忧虑不安都不过是人的思想从子虚乌有中虚构出来的一些想法"(《金枝》,1091页)。

无论对其作何解释,在这个智识乐观主义仍高居观念形态圣坛的时代,直面"畏天之心"仍是必要的。

为此,我们无须重新把"天"塑造成唯一的创造者和主宰者。然而,保留"天"的外在性,认识到其对人生和

---

[13] 泰勒:《原始文化:神话、哲学、宗教、语言、艺术和习俗发展之研究》(重译本),756页。

社会的生成与再生成具有关键作用,承认它的超人间性和"源"的地位,仍旧有其必然的意义。要承认超人间性的"源"的地位,我们无须对超越的感知进行一元化处理。感知可以是多样的,超越的感知同样如此:它可以借助外物或从旷野和天空中实现,也可以"发自内心";可以是古老三元说中的任何一元,就像各异的祭祀人类学释义所呈现的,也可以是化为祖灵或物神的人,带着人祖生命属性的图腾,感生社会的树与王者,"魔法圈"的驱动者,昭示人对万物之依赖的山水,赋予宇宙与人间活力的精灵,"中间者","欺神"的普罗米修斯,致力于与生物和野性合一的智者,来自灌木丛林的野生动物,给予和创造人间的"灰狐",生命力的源头,消耗和施予人"战斗力"的"元人"……如果我们对人类生活和知识境况的描述是恰当的,那么似乎也可以说,这境况构成了"当代"一词的含义。

一个半世纪以来,人类学在"当代"境况下展开其对祭祀的释义。由于这一境况含有某种"既往不咎"的倾向,为了理解"过时"的神话和习俗,人类学家更多地在历史和地理的远处寻找其踪迹。他们各有所长,有的善于运用个案研究法,有的习惯于综合和比较,有的精于理论概括;但作为整体,他们共同相信,祭祀的踪迹值得深入审视和系统梳理。对他们中的大多数而言,祭祀是遥远而古老的(因而,人类学家或将其与初民的智识境界相联系,或将其放在古代文明的"核心神话"中解释),但他们坚信,相关的神话和习俗仍旧以这样或那样的形式在此处存在着,其逻辑本与"非祭祀"的逻辑一体,其意义并没有随着"当代"的来临而丧失。

祭祀的人类学释义，关涉仪式"作其祝号，玄酒以祭，荐其血毛，腥其俎，孰其肴，与其越席……然后退而合享，体其犬豕牛羊"[14]之类的供神与宴饮两个环节的程式及其变异，而这一切构成了人处理与其生境之关系的历史。这部历史不能用从过去到现在的过渡来理解，我们也不能为纠正"旧社会"之"幻象"的偏差，而把一切文化的神话和习俗揭露为对现实的扭曲。原因并不复杂，一方面，一如哲学家维特根斯坦在评论《金枝》时所言，无论是过去还是现在，"一个人的影子（看上去像是他）或他的镜像、雨、雷雨、月亮的盈亏、四季的更迭、动物相互之间以及与人类之间相似和不同的方式、生与死以及性生活现象，总之，我们周围年复一年看到的、以不同方式相互联系着的一切，将在他的思想（他的哲学）和他的习俗中起着作用"[15]，仪式正是发挥着这些"作用"的神话和习俗，是生活的一个重要方面，是人之本质的构成要素；另一方面，一如结构人类学大师列维-斯特劳斯感叹的，"这个世界开始的时候，人类并不存在，这个世界结束的时候，人类也不会存在"[16]，真正"不朽"而"超越"的是天地而非我们，作为"外在性"，天地依旧是我们赖以获得生命的生境，虽然它可以"内化"，

---

[14] 王文锦：《礼记译解》（上），北京：中华书局，2001，293页。
[15] 维特根斯坦：《评弗雷格［泽］的〈金枝〉(1931—1936)》，载其《维特根斯坦全集》，第12卷，涂纪亮主编，江怡译，石家庄：河北教育出版社，2003，16—17页。
[16] 列维-斯特劳斯：《忧郁的热带》，543页。

从而使人成为"天地之德,阴阳之交,鬼神之会,五行之秀气"[17],但它仍旧是我们难以割舍的"令人生畏"的世界。即使可以彻底否证神话和习俗的实效,为了在恢宏的"外在性"下创造生活的条件,我们也依然需要借助"祭"字所指向的种种想象,以"物语"或"心语"为形式,"以天地为本",通过"神游冥想"参与到与可见和不可见的超越的"际会"之中。

---

[17] 王文锦:《礼记译解》(上),301页。

参考文献

中　文

埃里邦:《神话与史诗:乔治·杜梅齐尔传》,孟华译,北京:北京大学出版社,2005。

埃文斯-普理查德:《原始宗教理论》,孙尚扬译,北京:商务印书馆,2001。

埃文斯-普理查德:《社会人类学:历史与现状(马雷特讲座)》,载其《论社会人类学》,冷凤彩译,北京:世界图书出版公司,2010,99—112页。

埃文斯-普理查德:《宗教与人类学家》,载其《论社会人类学》,冷凤彩译,北京:世界图书出版公司,2010,113—127页。

埃文斯-普理查德:《赞德神话》,载其《论社会人类学》,冷凤彩译,北京:世界图书出版公司,227—264页。

贝多莱:《列维-斯特劳斯传》,于秀英译,北京:中国人民大学出版社,2008。

弗雷泽:《社会人类学界说》,载其《魔鬼的律师:为迷信辩护》,阎云翔、龚小夏译,北京:东方出版社,1988,151—188页。

弗雷泽:《〈旧约〉中的民俗》,童炜钢译,上海:复旦大学出版社,2010。

弗雷泽:《金枝:巫术与宗教之研究》,上下册,汪培基、徐育新、张泽石译,汪培基校,北京:商务印书馆,2013。

福尼耶:《莫斯传》,赵玉燕译,北京:北京大学出版社,2013。

葛兰言:《古代中国的节庆与歌谣》,赵丙祥、张宏明译,桂林:广西师范大学出版社,2005。

基拉尔:《祭牲与成神:初民社会的秩序》,周莽译,北京:生活·读书·新知三联书店,2022。

拉德克里夫–布朗:《安达曼岛人》,梁粤译,桂林:广西师范大学出版社,2005。

拉德克里夫–布朗:《原始社会的结构与功能》,丁国勇译,北京:中国社会科学出版社,2009。

李安宅:《〈仪礼〉与〈礼记〉之社会学的研究》,上海:上海人民出版社,2005。

李金花:《学术、信仰与宗教研究——英国人类学家埃文斯–普理查德的宗教人类学研究》(博士后研究工作报告),北京:中国社会科学院世界宗教研究所,2013。

利奇:《文化与交流》,郭凡、邹和译,上海:上海人民出版社,2000。

李学勤(主编):《字源》,天津、沈阳:天津古籍出版社、辽宁人民出版社,2012。

梁永佳:《玛丽·道格拉斯所著〈洁净与危险〉和〈自然象征〉的天主教背景》,《西北民族研究》,2007年第6期,27—30页。

列维–斯特劳斯:《野性的思维》,李幼蒸译,北京:商务印书馆,1997。

列维–斯特劳斯:《忧郁的热带》,王志明译,北京:生活·读书·新知三联书店,2000。

列维–斯特劳斯:《结构人类学》,1–2卷,张祖建译,北京:中国人民大学出版社,2006。

列维–斯特劳斯:《神话学:裸人》,周昌忠译,北京:中国人民大学出版社,2007。

列维–斯特劳斯:《图腾制度》,渠敬东译,北京:商务印书馆,

2012。

列维-斯特劳斯:《马塞尔·莫斯的著作导言》,载莫斯《社会学与人类学》,佘碧平译,上海:上海译文出版社,2014,3—36页。

列维-施[斯]特劳斯:《神话与意义》,杨德睿译,郑州:河南大学出版社,2016。

列维-斯特劳斯:《我们都是食人族》,廖惠瑛译,上海:上海人民出版社,2016,120页。

列维-斯特劳斯、埃里蓬:《亦近,亦远:列维-斯特劳斯谈话录》,汪沉沉译,深圳:海天出版社,2017。

罗素:《宗教与科学》,徐奕春、林国夫译,北京:商务印书馆,2010。

马林诺夫斯基:《西太平洋的航海者》,梁永佳、李绍明译,北京:华夏出版社,2002。

马林诺夫斯基:《巫术、科学、宗教与神话》,李安宅译,上海:上海社会科学院出版社,2016。

莫斯:《礼物:古式社会中交换的形式与理由》,汲喆译,上海:上海人民出版社,2002。

莫斯:《社会学与人类学》,佘碧平译,上海:上海译文出版社,2014。

莫斯、于贝尔:《巫术的一般理论·献祭的性质与功能》,杨渝东等译,桂林:广西师范大学出版社,2007。

钱穆:《灵魂与心》,桂林:广西师范大学出版社,2004。

萨林斯:《人性的西方幻象》,赵丙祥、胡宗泽、罗杨译,北京:生活·读书·新知三联书店,2019。

泰勒:《原始文化:神话、哲学、宗教、语言、艺术和习俗发展之研究》(重译本),连树声译,桂林:广西师范大学出版社,2005。

特纳:《多贡人的词语》,载其《戏剧、场景及隐喻:人类社会的象征性行为》,刘珩、石毅译,北京:民族出版社,2007,184—195页。

涂尔干:《宗教生活的基本形式》,渠东、汲喆译,上海:上海人民出版社，1999。

涂尔干、莫斯：《原始分类》，汲喆译，上海：上海人民出版社，2000。

涂尔干：《职业伦理与公民道德》，渠东、付德根译，上海：上海人民出版社，2001。

王国维：《释礼》，载其《观堂集林》上卷，石家庄：河北教育出版社，2001，177—178页。

王国维：《人间词话》，载傅杰编校《王国维论学集》，昆明：云南人民出版社，2008，382—419页。

王铭铭：《人文生境》，北京：生活·读书·新知三联书店，2021。

王文锦：《礼记译解》，上下册，北京：中华书局，2001。

韦尔南：《古希腊的神话与宗教》，杜小真译，北京：生活·读书·新知三联书店，2001。

韦尔南：《众神飞飏：希腊诸神的起源》，曹胜超译，北京：中信出版社，2003。

威肯：《实验室里的诗人：列维-斯特劳斯》，梁永安译，广州：新世纪出版社，2012。

维特根斯坦：《评弗雷格［泽］的〈金枝〉》（1931—1936），载涂纪亮主编《维特根斯坦全集》，第12卷，江怡译，石家庄：河北教育出版社，2003，11—32页。

吴文藻：《吴文藻人类学社会学研究文集》，北京：民族出版社，1990。

杨堃：《社会学与民俗学》，成都：四川民族出版社，1997。

外 文

Ackerman, Robert, *J. G. Frazer: His Life and Work*, Cambridge: Cambridge University Press, 1987.

Albinus, Lars, Rothhaupt, Josef and Seery, Aidan eds., *Wittgenstein's*

Remarks on Frazer, Berlin: De Gruyter, 2016.

Allen, N. J., *Categories and Classifications: Maussian Reflections on the Social*, New York: Berghahn Books, 2000.

Barrington-Ward, Simon and Bourdillon, Michael, "Postscript: A Place for Sacrifice in Modern Christianity?", in Michael Bourdillon and Meyer Fortes eds., *Sacrifice*, London: Academic Press, 1980, pp.127–134.

Beattie, John, "On Understanding Sacrifice", in Michael Bourdillon and Meyer Fortes eds., *Sacrifice*, London: Academic Press, 1980, pp.29–44.

Beidelman, Thomas O. ed., *The Translation of Culture*, London: Tavistock Publications,1971.

Beidelman, Thomas O., *W. Robertson Smith and the Sociological Study of Religion*, Chicago: University of Chicago Press, 1974.

Benveniste, Émile, *Le vocabulaire des institutions Indo-Europeenes*, Paris: Les Editions de Minuit, 1969.

Benveniste, Émile, *Dictionary of Indo-European Concepts and Society*, translated by Elizabeth Palma, Chicago: Hau Books, 2016.

Berglund, Axel-Ivar, *Zulu Thought: Patterns and Symbolism*, London: C. Hurst, 1976.

Bloch, Maurice, *From Blessing to Violence: History and Ideology in the Circumcision Ritual of the Merina of Madagascar*, Cambridge: Cambridge University Press, 1986.

Bloch, Maurice, *Prey into Hunter: The Politics of Religious Experience*, Cambridge: Cambridge University Press,1992.

Bloch, Maurice ed., *Marxist Analyses and Social Anthropology*, London: Malaby Press, 1975.

Bourdillon, Michael, Introduction to Michael Bourdillon and Meyer Fortes eds., *Sacrifice*, London: Academic Press, 1980, pp.1–27.

Campbell-Jones, Suzanne, "Ritual in Performance and Interpretation: the Mass in a Convent Setting", in Michael Bourdillon and Meyer Fortes eds., *Sacrifice*, London: Academic Press, 1980, pp.89–106.

Combs-Schilling, M. E., *Sacred Performance*, New York: Columbia University Press, 1989.

de Brosses, Charles, Morris, Rosalind and Leonard, Daniel, *The Return of Fetishism: Charles de Brosses and the Afterlives of an Idea*, Chicago: University of Chicago Press, 2017.

de Heusch, Luc, *Sacrifice in Africa: A Structuralist Approach*, Manchester: Manchester University Press, Bloomington, Indiana: Indiana University Press,1985.

d'Hertfelt, Marcel and Coupez, André, *La Royauté Sacrée de l'Ancien Rwanda*, Tervuren: Musée Royal de l'Afrique Centrale, 1964.

Descola, Philippe, *Beyond Nature and Culture*, translated by Janet Lloyd, Chicago: University of Chicago Press, 2013.

Detienne, Marcel, *Dionysos Mis a Mort*, Paris:Gallimard, 1977.

Detienne, Marcel, "Pratiques culinaires et esprit du sacrifice", in Marcel Detienne and Jean-Pierre Vernant eds., *La cuisin du sacrifice en pays grec*, Paris: Gallimard, 1979, pp.7–35.

Detienne, Marcel and Vernant, Jean-Pierre eds., *The Cuisine of Sacrifice among the Greeks*, translated by Paula Wissing, Chicago: University of Chicago Press, 1998.

Douglas, Mary, *The Lele of the Kasai*, Oxford: Oxford University Press, 1963.

Evans-Pritchard, Edward E., "The Itellectualist (English) Interpretation of Magic", *Bulletin of the Faculty of Arts*, vol. 1, 1934, pp.1–21.

Evans-Pritchard, Edward E., "Lévy-Bruhl's Theory of Primitive Mentality", *Bulletin of the Faculty of Arts*, vol. 2, 1934, pp.1–26.

Evans-Pritchard, Edward E., *Witchcraft, Oracles and Magic Among the Azande*, Oxford: Oxford University Press, 1937.

Evans-Pritchard, Edward E., *Nuer Religion*, Oxford: Oxford University

Press, 1956.

Evans-Pritchard, Edward E., "Zande Theology", in his *Social Anthropology and Other Essays: An Investigation of the Aims and Methods of Modern Anthropology by One of the Major Figures*, New York: The Free Press of Glencoe, 1962, pp.288–329.

Evans-Pritchard, Edward E., Foreword to Henri Hubert and Marcel Mauss, *Sacrifice: Its Nature and Function*, translated by V. D. Hall, Chicago: University of Chicago Press,1964, pp.vii–viii.

Fardon, Richard ed., *Localizing Strategies: Regional Traditons of Ethnographic Writing*, Edinburgh: Scottish Academic Press; Washington: Smithsonian Institution Press, 1990.

Firth, Raymond, "Offering and Sacrifice: Problems of Organization", *The Journal of the Royal Anthropological Institute of Great Britain and Ireland*, vol.93, 1963, pp.12–24.

Fleming, Chris, *René Girard: Violence and Mimesis*, Cambridge: Polity Press, 2004.

Fortes, Meyer, Preface to Michael Bourdillon and Meyer Fortes eds., *Sacrifice*, London: Academic Press, 1980, pp.i–xix.

Fournier, Marcel, *Marcel Mauss: A Biography*, translated by Jane Marie Todd, Princeton: Princeton University Press, 2006.

Frazer, James, *The Golden Bough: A Study in Magic and Religion*, 2 vols., New York and London: MacMillan and Co., Limited, 1894.

Frazer, James, "Totem", in his *Totemism and Exogamy: A Treatise on Certain Forms of Superstition and Society* (4 vols.), London: Routledge-Curzon, vol.1, 1910[2000], pp.1–87.

Geertz, Clifford, *The Interpretation of Cultures: Selected Essays*, New York: Basic Books, 1973.

Gell, Alfred, *The Anthropology of Time: Cultural Constructions of Temporal Maps and Images*, Oxford: Berg, 1992, pp.8–9.

Gellner, Ernest, *The Concept of Kinship and Other Essays on Anthropological Method and Explanation*, Oxford:Basical Blackwell, 1987, p.201.

Gernet, Louis, "Ancient feasts", *The Anthropology of Ancient Greece*, translated by John Hamilton and Blaise Nagy, Baltimore: The Johns Hopkins University Press, 1968, pp.13–47.

Gibson, Thomas, *Sacrifice and Sharing in the Philippine Highland*, London: Athlone, 1986.

Girard,René, *Deceit, Desire, and the Novel: Self and Other in Literary Structure*, Baltimore: The Johns Hopkins University Press, 1965.

Girard, René, *La Violence et le Sacré*, Paris: Éditions Bernard Grasset, 1972.

Girard, René, *Violence and the Sacred*, translated by Patrick Gregory, Baltimore: The Johns Hopkins University Press, 1977.

Girard,René, *The Scapegoat,* Baltimore: The Johns Hopkins University Press, 1986.

Girard,René, *Things Hidden since the Foundation of the World,* Research undertaken in collaboration with Jean-Michel Oughourlian and Guy Lefort, translated by Stephen Band and Michael Metteer, Stanford, CA: Stanford University Press, 1987.

Granet, Marcel, "Catègories matrimoniales et relations de promimitè dans la Chine ancienne", *Annales Sociologiques*, série B, fasc. 1–3, 1939.

Gray, Buchanan, *Sacrifice in the Old Testament: Its Theory and Practice*, Oxford: Clarendon Press, 1925.

Griaule, Marcel, *Conversations with Ogotenmmeli: An Introduction to Dogon Religious Ideas*, London: Oxford University Press for the International African Institute, 1970.

Griaule, Marcel, "Remarques sur le mécanisme du sacrifice dogon (Soudan francais)", in *Systèmes de pensée en Afrique noire*, Cahier 2, Le

Sacrifice, edited by Luc de Heusch,Paris: CNRS, 1976,pp.51-54.

Griaule, Marcel and Dieterlen, Germaine, "The Dogon of the French Sudan", in Daryll Forde ed., *African Worlds: Studies in the Cosmological Ideas and Social Values of African Peoples*, London: Oxford University for International African Institute, 1954, pp.83-110.

Griaule, Marcel and Dieterlen, Germaine, *Le Renard Pâle, Tome I, Le Mythe Cosmogonique*, Paris: Institut d'Ethnologie, 1965.

Griaule, Marcel and Dieterlen, Germaine, *The Pale Fox*, translated by Stephan Infantino, Chino Valley, Arizona: Continuum Foundation, 1986.

Hayley, Audrey, "A Commensal Relationship with God: the Nature of the Offering in Assamese Vaishnavism", in Michael Bourdillon and Meyer Fortes eds., *Sacrifice*, London: Academic Press, 1980, pp.107-126.

Horton, Robin and Finnegan, Ruth eds., *Models of Thought: Essays on Thinking in Western and Non-Western Societies*, London: Faber, 1973.

Hubert, Henri and Mauss,Marcel, "Essai sur la nature et la fonction du sacrifice", *L'Année sociologique*, deuxième année (1897-1898), 1899, pp. 29-138.

Hubert, Henri and Mauss, Marcel, *Sacrifice: Its Nature and Function*, translated by V. D. Hall, Chicago: University of Chicago Press,1964.

Iteanu, André, *La Ronde des Échanges. De la Circulation aux Valeurs Chez les Orokaiva*, Paris: M.S.H.; Cambridge: Cambridge University Press, 1983.

James, E. O., *Sacrifice: A Study of Comparative Religion*, London: Murray, 1933.

James, Wendy, " 'One of Us': Marcel Mauss and 'English' Anthropology", in Wendy James and N. J. Allen ed., *Marcel Mauss:A Centenary Tribute*, Oxford: Berghahn Books,1998, pp.3-26.

Junod,Henri Alexandre, *The Life of a South African Tribe*, 2 vols., London: MacMillan and Co., Limited, 1927.

Kuper, Adam, *Anthropology and Anthropologists: The Modern British School*, London: Routeldge, 1983.

Kuper, Hilda, *An African Aristocracy: Ranks among the Swazi*, Oxford: The International African Institute, Oxford University Press, 1947.

Lévi-Strauss, Claude, *Le Cru et Le Cuit*, Paris: Plon, 1964.

Lévi-Strauss, Claude, *The Elementary Structures of Kinship*, translated by James Bell and John von Sturmer, ed. by Rodney Needham, Boston: Beacon Press, 1969.

Lienhardt, Godfrey, *Divinity and Experience: The Religion of the Dinka*, Oxford: Oxford University Press, 1961.

McLennan, John, "The Worship of Animals and Plants", parts 1-2, *Fortnightly Reviews*, vol.6, pp.407-427, vol.7, pp.194-216, 1869-70.

Middleton, John, *Lugbara Religion: Ritual and Authority in an Eastern African People*, London: Oxford University Press for International African Institute, 1960.

Nelson, Arthur, "The Nature and Significance of the Ceremony of Sacrifice", *The Open Court*, vol.xl, 1926, pp.33-45, 93-108, 169-179.

Parkin, David ed., *The Anthropology of Evil*, Oxford: Basical Blackwell, 1985.

Radcliffe-Brown, Alfred R., "Religion and Society", in his *The Social Anthropology of Radcliffe-Brown*, ed. by Adam Kuper, London: Routledge & Kegan Paul, 1977, pp.103-128.

Ribeiro, Gustavo Lin and Escobar, Arturo eds., *World Anthropologies: Disciplinary Transformations in Systems of Power*, Oxford: Berg, 2006.

Rogerson, John, "Sacrifice in the Old Testament: Problems of Method and Approach", in Michael Bourdillon and Meyer Fortes eds., *Sacrifice*, London: Academic Press, 1980, pp.45-60.

Rosaldo, Renato, *Ilongot Headhunting 1883-1974: A Study in Society and History*, Stanford: Stanford University Press, 1980.

Smith, W. Robertson, *Kinship and Marriage in Early Arabia*, Cambridge: Cambridge University Press, 1885.

Smith, W. Robertson, *Lectures on the Religion of the Semites: First Series, the Fundamental Institutions*, first edition, Edinburgh: A. and C. Black, 1889.

Smith, W. Robertson, *Lectures on the Religion of the Semites: First Series, the Fundamental Institutions*, new edition, London: Adam and Charles Black, 1894.

Spencer, W. Baldwin and Gillen, Francis J., *Native Tribes of Central Australia*, London: MacMillan and Co., Limited, 1899.

Stocking, George W., Jr., "Matthew Arnold, E. B. Tylor and the Uses of Invention", *American Anthropology*, vol.65, 1963, pp.783–799.

Stocking, George W., Jr., "Animism in Theory and Practice: E. B. Tylor's Unpublished Notes on 'Spiritualism'", *Man* (New Series), vol.1, 1971, pp.88–103.

Stocking, George W., Jr., *Victorian Anthropology*, New York: The Free Press, 1987.

Stocking, George W., Jr., *After Tylor: British Social Anthropology, 1888–1951*, Madison: University of Wisconsin Press, 1995.

Strathern, Alan, *Unearthly Powers: Religious and Political Change in World History*, Cambridge: Cambridge University Press, 2019.

Sykes, Stephan, "Sacrifce in the New Testament and Christian Theology", in Michael Bourdillon and Meyer Fortes eds., *Sacrifice*, London: Academic Press, 1980, pp.61–83.

Tylor, Edward B., *Primitive Culture: Researches into the Development of Mythology, Philosophy, Religion, Language, Art, and Custom*, 2 vols., London: John Murray, 1871, 1873.

Turner, Victor, *Forest of Symbols*, Ithaca: Cornell University Press, 1967.

Turner, Victor, "Sacrifice as Quintessential Process: Phrophylaxis or

Abandonment?", *History of Religions*, vol.16,1977, pp.189–215.

van Beek, Walter, "Dogon Restudied: A Field Evaluation of the Work of Marcel Griaule", *Current Anthropology*, vol.32, no.2, 1991, pp.139–167.

Vernant, Jean-Pierre, "The Myth of Promitheus in Hesiod", in his *Myth and Society in Ancient Greece*, translated by Janet Lloyd, New York: Zone Books, 1990, pp.183–202.

Vincent, Jean-Françoise, "Conception et déroulement du sacrifice chez les Mofu", *Systèmes de pensée en Afrique noire*, cahier 2, Le sacrifice I, Paris: CNRS, 1976, pp.177–203.

Westermarck, Edward, *The Origin and Development of Moral Ideas*, 2 vols., London: MacMillan and Co., Limited, 1906,1908.

Willerslev, Rane, *Soul Hunters: Hunting, Animism, and Personhood among the Siberian Yukaghirs*, Berkeley: University of California Press, 2007.

后　记

本书是在过去四年里写出来的，但所依据的书本知识，部分得自三十多年前我在伦敦大学东方非洲学院的课业，所处理的研究主题也已于十年前在我组织的一次国际学术工作坊上得到了讨论（该工作坊以"不同文明中的祭祀"为主题，2013年4月在成都安仁古镇举行，会上提交的部分论文以特辑形式发表于《民族学刊》2014年第2期）。我要感谢引导我进入人类学思想世界的"洋老师们"，以及热心参与那次工作坊并给予我诸多启迪的David Parkin、Fred Damon、Mike Rowlands等师友。

本书述及的西学文本，有些已有了汉文版。在此，我应向其译介者——包括译介各类英法"功能派"经典的杨堃、吴文藻、李安宅、费孝通等前辈，翻译英国进化人类学巨著的连树声、汪培基等，研究和翻译法国社会学年鉴派民族学和结构人类学作品的李幼蒸、渠敬东、汲喆、David Gibeault、佘碧平、赵丙祥、张宏明、梁永佳、杨渝东等——致以敬意和谢忱。

本书的"问题意识"与我在田野工作和穿行中遇见的各种仪式有关，而书中的多数内容则是为了授课而择取的，与我在北大开设的人类学原著选读、神话学与人类学、阅读讨论课·人类学经典选读等课程有关。我也借此机会，向与我在不同区域行读的学友及历届与我在课上读过部分文本的北大学子们致以谢意。他们的陪伴给了我温暖。

动笔写作本书前，我阅读过李零兄论述"太一""方术""八主祭祀"等主题的文章。这本书主要是关于西学的，我尚须厘清其与此类"国故"之间的关联，但我模糊看到，二者之间存在着值得思索的关系。我感谢李零兄的启发。

完成初稿后，我曾向甘阳兄呈上目录和绪论，他以其特有的语调鼓励我完成一本有真意义的书。修订书稿的过程中，他的话音时刻伴随着我。我之为学离其所指向的境界仍很遥远，但我必须感谢他的启示。

本书各章节是在《人文生境：文明、生活与宇宙观》一书交稿（2019年）以来的四年时间里陆续写就的。我要感谢生活·读书·新知三联书店学术分社敬业的冯金红、钟韵学友，前者安排了该书的编辑出版事宜，后者细致审读编辑了那本文集；正是该文集的出版，为眼下这本专著的写作创造了心理条件。浙江大学人类学研究所《人类学研究》和《读书》杂志曾刊登本书有关进化和"替罪羊"理论的部分内容。我应感谢编辑两篇文章的梁永佳和刘蓉林，我从他们的支持中获益颇多。

王铭铭
2023年4月19日
于泉州小山丛竹书院